L'*INTRODUCTION À LA MÉTAPHYSIQUE* de Heidegger

À LA MÊME LIBRAIRIE
SUR HEIDEGGER

BEAUFRET Jean, *De l'existentialisme à Heidegger*, 1986, 2002

BIEMEL Walter, *Le concept de monde chez Heidegger*, 1987, 2005

COURTINE Jean-François, *Heidegger et la phénoménologie*, 1990

COURTINE Jean-François (éd.), *Heidegger 1919-1929. De l'herméneutique de la facticité à la métaphysique du Dasein*, 1996

DASTUR Françoise, *La phénoménologie en question. Langage, altérité, temporalité, finitude*, 2004

DASTUR Françoise, *Heidegger. La question du* logos, 2007

GADAMER H.-G., *Les chemins de Heidegger*, 2002

KELKEL A. L., *La légende de l'être. Langage et poésie chez Heidegger*, 1980

PANIS Daniel, *Il y a le « il y a ». L'énigme de Heidegger*, 1993

SERON Denis, *Le problème de la métaphysique. Recherches sur l'interprétation heideggérienne de Platon et d'Aristote*, 2001

SCHNELL Alexandre, *De l'existence ouverte au monde fini, Heidegger 1925-1930*, 2005

ZARADER Marlène, *Heidegger et les paroles de l'origine*, 1990

ÉTUDES & COMMENTAIRES
Directeur : Jean-François COURTINE

JEAN-FRANÇOIS COURTINE (éd.)

L'*INTRODUCTION À LA MÉTAPHYSIQUE* de Heidegger

PARIS
LIBRAIRIE PHILOSOPHIQUE J. VRIN
6, Place de la Sorbonne, V[e]

2007

Imprimé en France

ISSN 1291-9683

ISBN 978-2-7116-1934-4

www.vrin.fr.

PRÉSENTATION

En 1950 l'interdiction d'enseigner qui avait frappé Heidegger cinq ans plus tôt est définitivement levée. Il donne durant le semestre d'été 1952 un cours public qui connaît immédiatement un grand retentissement : *Was heißt Denken?* et dont une traduction française, due à A. Becker et G. Granel paraît aux Presses Universitaires de France en 1959. Pour Heidegger qui venait d'avoir soixante ans en septembre 1949, les années cinquante sont des années d'intenses activités intellectuelles et éditoriales : après le recueil des *Holzwege* en 1950, il publie en 1954 un volume d'*Essais et Conférences,* qui sera bientôt traduit par A. Préau en 1958; il met au point la publication d'un cours de 1935, *Introduction à la métaphysique,* dont une traduction française paraît également en 1958. Dans le contexte de ce que Dominique Janicaud a justement nommé, s'agissant de la France, l'« embellie des années cinquante » [1], cette traduction, si étrange et rebutante qu'elle fût par ailleurs, aura joué un grand rôle dans la seconde réception de Heidegger en France, celle qui s'ouvre, en gros, avec la publication de la *Lettre sur l'« humanisme »* (Francke, Berne 1947; trad. fr. R. Munier, Aubier 1957).

Rappelons en effet que la traduction de l'*Introduction à la métaphysique,* due à Gilbert Kahn, qui séjournait alors à Fribourg comme « lecteur » de français, est parue en 1958 dans la collection « Épiméthée », que dirigeait alors Jean Hyppolite aux Presses Universitaires de France. C'est elle qui a été rééditée, sans aucun changement [2], et en perdant son copyright (mystère de la politique éditoriale des « grandes » maisons d'édition françaises… !) en 1967 chez Gallimard, avant de reparaître dans la série « demi-poche » *Tel.* La traduction Kahn, assurément très soignée, est aujourd'hui comme hier à peu près inutilisable en raison notamment de

1. D. Janicaud, *Heidegger en France* 1, Paris, Albin Michel, 2001, p. 162 *sq.*
2. Ni suppression de la double note grotesque de la page 202.

la multiplication des néologismes et des détournements de sens qui la caractérisent. Nous n'entendons évidemment pas ici proposer un quelconque sottisier, indiquons seulement à titre d'illustration, pour le lecteur germaniste, l'élémentaire *unumgänglich,* devenu l'omniprésent « incontournable », rendu par « né-cessaire », ce qui pour le coup – et c'est peu dire – ne s'imposait pas; *Geschichte,* rendu par « pro-venance », ou *durchwalten* par « per-dominer ». Certes, on ne saurait dire que la situation se soit sensiblement améliorée en matière de traductions françaises, à l'ère de la « factivité », de l'« aître » et de son malheureux « aître », de l'« advenir à l'avenance », pour ne rien dire de la « garance », qui l'a emporté sans qu'on sache trop pourquoi sur « garage » (au féminin, bien sûr), et autres trouvailles *ejus farinae* de nos vaillants « heideggériens radicaux ».

Si, en la modifiant chaque fois que nécessaire, les auteurs des études qui suivent ont cependant maintenu le plus souvent les références à la pagination de la traduction française, dans sa réédition Gallimard, c'était aussi une façon de rendre hommage à la rigoureuse honnêteté du traducteur qui, grâce à un index français-allemand et à un « index des termes allemands groupés par famille », permettait en tout cas au lecteur de s'y retrouver jusque dans ses choix les plus discutables, pourvu qu'il pratiquât une constante rétroversion.

Usage de l'index, sans aucun doute encore trop « scientifique » et « philologique », qui a consciencieusement disparu des traductions françaises plus récentes, puisque aussi bien l'éditeur-en-chef, « responsable » des traductions de Heidegger en France, en a rigoureusement et unilatéralement interdit l'usage[1].

Une nouvelle traduction française d'un cours de Heidegger particulièrement sensible, de par son inscription historique, ses circonstances précises – le semestre d'été 1935, après la démission du Rectorat en avril 1934 – serait évidemment souhaitable. Signalons qu'aux États-Unis une seconde excellente traduction du cours de 1935, due à Richard Polt et Gregory Fried, est parue en 2000 (Yale University Press)[2], mais il est vrai dans un malheureux pays qui ne connaît... ni le monopole du « grand » éditeur parisien, ni le « contrôle » de l'éditeur-en-chef.

1. L'interdit ici – la chose est assez cocasse pour mériter d'être signalée – s'appuie sur une disposition testamentaire de Martin Heidegger qui, à la lettre, stipule le contraire ! On aurait pu d'ailleurs s'en douter en consultant n'importe quelle traduction récente des volumes de la *Gesamtausgabe,* en Italie, en Espagne, au Portugal, aux États-Unis, en Argentine, au Chili, au Pérou... « Heidegger et la France » – quelle admirable exception culturelle qui aura presque réussi à marginaliser l'œuvre du penseur de Fribourg, pour la « réserver » à une petite secte à « la R. Guénon » !

2. Première édition, chez le même éditeur, due à Ralph Manheim, 1959.

Un peu de philologie

Le volume Niemeyer de 1953 demeure en un sens la seule version « autorisée » par Heidegger, puisqu'il en a très soigneusement préparé l'édition; le volume 40 de la *Gesamtausgabe* (*Ga.*), due à Petra Jaeger (Klostermann, Francfort 1983), qui porte en marge la pagination de l'édition originale, apporte peu d'éléments nouveaux :

– en appendice, une brève « Kritik der Vorlesung » (p. 217-219), malheureusement non datée;

– une première version des pages 78-90 qui, faisant suite au chapitre consacré à la « grammaire et l'étymologie du mot « être » », explorent la plurivocité de l'être et, après en avoir distingué différentes significations ou fonctions (l'être au sens du *Vorhandensein,* au sens de l'être-là-présent devant la main, l'être comme verbe dit « auxiliaire »), s'attachent plus précisément à l'élucidation de la « copule » chez Schopenhauer et Nietzsche, et répondent enfin assez violemment et sommairement à la critique formulée par Carnap dans la revue *Erkenntnis* (II, 1931) : « Le dépassement de la métaphysique par l'analyse logique du langage » [1].

– Mais la véritable nouveauté qu'apporte l'édition Jaeger concerne l'usage des parenthèses et des crochets droits dans le texte de 1935/53. Dans une Remarque préliminaire à l'édition de 1953, Heidegger avait en effet distingué « ce qui est entre parenthèses, rédigé en même temps que l'élaboration du cours » et « ce qui est entre crochets droits et qui a été ajouté durant les années suivantes ». Petra Jaeger, qui a pu collationner le manuscrit et la transcription dactylographique effectuée par le frère de Martin (Fritz Heidegger), corrige à de nombreuses reprises l'édition

1. C'est en effet R. Carnap qui, comme le montre plus loin, au chapitre V, Franco Volpi, est implicitement visé dans ce chapitre II de l'*Introduction à la métaphysique*. *Cf.* aussi C. Romano, « Une phénoménologie du néant est-elle possible? Autour de la controverse Carnap-Heidegger », dans *Il y a,* Paris, P.U.F., 2003, p. 295-344.

Pourquoi avoir laissé de côté ces pages lors de la première édition de 1953? Probablement en raison de la violence politique de l'attaque, plus tout à fait de mise dans les années cinquante. Qu'on en juge : « Cette conception de la vérité comme assurance du penser conduit à la dédivinisation définitive du monde. La direction prétendument « philosophique » de l'actuel positivisme physico-mathématique prétend fournir la justification de cette position. Ce n'est point par hasard que ce type de « philosophie » entend fournir ses « fondements » à la physique moderne, dans laquelle en vérité tous les rapports à la nature sont détruits. Ce n'est pas non plus un hasard si ce type de « philosophie » se tient dans une connexion interne et externe avec le communisme russe. Pas davantage un hasard si ce type de pensée triomphe en Amérique. Ce ne sont là que les dernières conséquences de ce point en apparence purement grammatical, à savoir que l'être (*Seyn*) est conçu à partir du « est », et que cet « est » se trouve à chaque fois interprété à partir de la conception de la proposition » (*Ga.*, 40, p. 228).

Niemeyer et restitue les crochets droits ([...]) qui indiquent un ajout ultérieur au texte du cours. En réalité, l'édition Niemeyer ne comporte que six insertions entre crochets, alors que l'édition de la *Gesamtausgabe* en compte aujourd'hui trente cinq[1].

– Très significativement la plupart de ces adjonctions correspondent à des auto-références (à *Qu'est-ce que la métaphysique?* au *Discours de Rectorat,* mais surtout à *Sein und Zeit*)[2]. Il s'agit là pour Heidegger en 1953 de faire apparaître la continuité du mouvement de pensée qui conduit du chef d'œuvre de 1927 au cours de 1935. Il faut également rappeler ce point capital que la septième édition de *Sein und Zeit,* elle même revue, tout juste contemporaine de l'*Einführung in die Metaphysik,* comporte cette remarque préliminaire : « ... le sous-titre : « Première moitié », présent dans les premières éditions a été supprimé. Après un quart de siècle, il ne saurait être question d'annexer cette deuxième moitié à la première sans procéder à une refonte de celle-ci. Le chemin qu'elle suivait, néanmoins, demeure encore aujourd'hui un chemin indispensable si la question de l'être doit mettre en mouvement notre être-là. – Pour un éclaircissement de cette question, qu'il soit permis de renvoyer à notre *Introduction à la métaphysique,* parue chez le même éditeur, qui reproduit le texte d'un cours prononcé durant le semestre d'été 1935 » (la traduction d'E. Martineau porte ici par erreur « semestre d'hiver »)[3].

1. S'agissant d'un texte aussi « sensible » que l'*Introduction à la métaphysique,* ces corrections introduites sur le dactylogramme du cours prononcé en 1935 sont évidemment capitales.

En voici la liste : *Ga.* 40, p. 40, 50, 66, 67, 69, 89, 91, 105, 107, 111, 113, 118, 122, 140, 153, 158, 166, 168, 169, 173, 176, 179, 181, 183, 185, 188, 190, 194, 195, 196, 197, 199, 200. On corrigera aussi dans la traduction française (p. 32), fin de l'alinéa où se ferme le crochet ouvert p. 30. Il faut lire : « Par ce questionner tombe aussi une première lumière sur l'*estance* <italique oublié> (*Wesen*) de la métaphysique, jusqu'ici comprise dans cette latence] (sic !) ». On dira plus simplement : « Par ce questionner tombe aussi pour la première fois une lumière sur le *déploiement essentiel* de la métaphysique demeurée également celée jusqu'ici ». À la p. 33, fin du premier alinéa, on rétablira un crochet droit avant la phrase : « l'essence du vouloir est ici ramenée et reprise dans la déclosion déterminée <*Entschlossenheit* : résolution, décision> ». Ces deux passages, évidemment ajoutés après coup, « corrigent » le texte du cours de 1935.

2. Cf. *Ga.*, 40, p. 23, 31, 40, 44, 52-53, 87, 179, 183, 194, 215.

3. Rappelons aussi, dans le même sens, la lettre adressée par Heidegger au magazine *Der Spiegel,* le 24 septembre 1953, qui soulignait la conjonction des deux publications : « L'*Introduction à la métaphysique* a été choisie en premier lieu, parmi les cours que depuis longtemps l'on projetait de publier, parce que je la tiens pour particulièrement propre à rendre visible, par sa thématique même, un tronçon du chemin qui va de *Sein und Zeit* (1927) aux dernières publications. C'est ainsi que la septième édition de *Sein und Zeit,* parue chez le même éditeur, contient une allusion à cette introduction ».

– Certaines de ces adjonctions sont de simples explicitations, d'autres plus importantes concernent des paragraphes entiers, comme celle des pages 14-15 qui prennent de la distance par rapport à l'introduction, telle qu'elle a été conduite jusque là, comme « introduction dans la métaphysique », et soulignent sa nécessaire ambiguïté (*zweideutig)* s'agissant en particulier de l'articulation, qui vient d'ailleurs des premiers cours consacrés à Nietzsche en 1936/37, entre d'une part la question fondamentale de la métaphysique (*Grundfrage*), telle qu'elle se dégage de la question initiale : « Pourquoi y a-t-il quelque chose plutôt que rien ? » et de la question directrice (*Leitfrage*), et d'autre part la *Seinsfrage,* à proprement parler. À vrai dire, cet ajout « stylise » après coup aussi bien la démarche du cours de 1935 que l'entreprise ouverte par *Sein und Zeit,* à la faveur notamment de la distinction ultérieure de la métaphysique et de son essence (*Wesen*), elle-même non métaphysique.

– D'autres adjonctions encore peuvent avoir une fonction capitale et sont destinées à ressaisir très laconiquement l'économie de l'ensemble du cours, en lui donnant une nouvelle inflexion capitale. Tel est le cas de la page 47 (*Ga.*, 40, 66/72). À propos du fragment 53 d'Héraclite, sur lequel nous reviendrons, et du πόλεμος entendu comme *Auseinandersetzung* (*Aus-einander-setzung*) – ex-plication éristique, différend :

> Ce qui est ici appelé πόλεμος est une confrontation (*Streit*) qui règne avant qu'il soit question du divin et de l'humain, ce n'est pas une guerre (*Krieg*) à la manière humaine. Le combat (*Kampf*) pensé par Héraclite est ce par quoi tout d'abord ce qui se déploie en présence se sépare en s'affrontant (*im Gegeneinander auseinandertreten*), ce par quoi d'abord position, état et rang établissent des rapports dans la présence (*Anwesen*). Dans une telle dis-cession, s'ouvrent des failles, se creusent des distances, des espacements et des jointoiements. Dans le s'expliquer-l'un-avec-l'autre advient le monde.

– Et Heidegger d'ajouter, au moment de la révision pour l'édition (?), ce qu'il aurait donc fallu indiquer entre crochets droits – et qui fait sans doute la « pointe » du Cours, dans sa reprise de 1953 : [« Cette explication ne disloque pas l'unité, encore moins la détruit-elle. Elle lui donne sa configuration, en est le recueil (*logos*). Πόλεμος et λόγος sont le même »] [1].

1. Curieusement, dans son commentaire et sa discussion, si complexes et acribiques, de cette formule en 1980 (« L'oreille de Heidegger. Philopolémologie (*Geschlecht* IV) », conférence d'abord prononcée à l'Université de Loyola, puis reprise dans le volume *Politiques de l'amitié,* Paris, Galilée, 1994, p. 341-418, ici en particulier p. 391-392), Derrida n'a pas remarqué ces crochets droits, et commence par opposer la « polémo-logie » de 1935 à la « philo-logie » de la Conférence de Cerisy de 1955 : *Was ist das – die Philosophie ?,* même si c'est pour souligner ensuite – et c'est là le point fondamental –, qu'on pourrait « sans

Encore faut-il préciser que dans la dernière partie du Cours, le chapitre IV, et avant de commenter le premier Stasimon de l'*Antigone* de Sophocle, Heidegger présentait différents fragments d'Héraclite pour élaborer la question : « qui est l'homme ? » en faisant notamment appel au fragment 8 :

> τὸ ἀντίξουν συμφέρον ... ἐκ τῶν διαφερόντων καλλίστην ἁρμονίαν.

Heidegger, qui ne traduit pas à proprement ce fragment[1], commente : « l'antagonisme est recollection qui rassemble, recueille, λόγος. [...] Le rassemblement des plus hauts efforts antagonistes est πόλεμος, combat au sens du différent...[2] ».

– À quoi il faut encore ajouter (*Ga.*, 40, 25), l'apparition d'une note tout à fait importante, appelée à la fin des phrases suivantes :

> Pourquoi questionner encore sur le néant. Le néant est simplement : rien. La question n'a ici plus rien à chercher. Et en outre, par cette mention du néant, nous ne gagnons absolument rien quant à la connaissance de l'étant.

La référence en note va à Heinrich Rickert, *Die Logik des Prädikats und das Problem der Ontologie,* 1930, p. 205. – Tout donne à penser que cette note, sur laquelle nous reviendrons plus loin, est bien de Heidegger. Ce qui demeure alors plus problématique est de savoir pourquoi elle ne figurait pas dans l'édition de 1953.

Assez curieusement et en toute incohérence, l'éditrice maintient la parenthèse de la tristement fameuse page 152 (édition Niemeyer) : « ce qui est aujourd'hui mis sur le marché au titre de philosophie du national-socialisme, qui n'a rien à voir avec la vérité interne et la grandeur de ce mouvement (à savoir la rencontre de la technique déterminée planétairement et l'homme des temps modernes)... », alors que l'on sait pertinemment que la phrase, qui n'a pas été prononcée durant le cours (Heidegger en convient finalement), n'a pas non plus été rédigée lors de son élaboration[3].

inconséquence », dès 1935, remplacer *pólemos* par *philía* (410), jusqu'à risquer le mot-valise de *philopolémologie* (413).

1. Dans la traduction M. Conche : « L'adverse, bénéfique ... à partir des différents la plus belle harmonie. »

2. *EiM.*, 100-101/139 : « Das Gegenstrebige ist sammelnde Gesammeltheit, λόγος. [...] Versammlung der höchsten Gegenstrebigkeit ist πόλεμος, Kampf im Sinne der Auseinander-setzung. »

3. Nous n'entendons pas rouvrir ici ce dossier déjà très bien instruit et analysé par Dominique Janicaud, *L'ombre de cette pensée, Heidegger et la question politique*, Grenoble, Jérôme Millon, 1990, p. 77-96; voir aussi J. D. Caputo, « Heidegger's Revolution : An Introduction to *An Introduction to Metaphysics* », dans J. Risses (éd.), *Heidegger toward the Turn, Essays on the Work of the 1930s,* State University of New York Press, 1999, p. 53-73, et surtout Theodor Kisiel, « Heidegger's philosophical Geopolitics in the Third Reich »,

Mais l'édition P. Jaeger introduit aussi, de manière tout à fait discutable – et qui heureusement n'aura pas fait école dans la *Gesamtausgabe,* du moins pour les volumes déjà publiés par Heidegger lui-même – une subdivision en paragraphes (59) qui vient se superposer aux quatre grandes divisions du cours. À sa décharge, si l'on peut dire, l'éditrice invoque une sorte de « synopsis des leçons » établie par Heidegger. Que ne l'a-t-elle pas publié en appendice ? Petits mystères de l'édition « de dernière main ».

*

Pour tous les lecteurs de Heidegger depuis des générations, l'*Introduction à la métaphysique* aura été un document décisif pour comprendre le chemin parcouru par Heidegger dans les années trente et cerner le fameux « tournant » qui le caractérise[1] ; le cours inaugurait en effet – en rupture tranchée avec les cours de Marbourg et avec *Sein und Zeit* – une nouvelle lecture de la pensée grecque, à travers le retour aux paroles les plus anciennes de la philosophie (Héraclite et Parménide), mais aussi des Tragiques, Eschyle et surtout Sophocle[2].

Le Cours de 1935 pouvait être aussi – il aura été en fait – considéré comme un jalon important d'une prise de distance complexe, après la démission du Rectorat, d'avec le national-socialisme « réel ». Aujourd'hui, la publication des cours ou des notes que Heidegger rédigeait pour lui-même (les *Beiträge zur Philosophie,* notamment pour la période 1936-1938) permet de mieux comprendre la conjonction de différents motifs qui font la singularité du cours de l'été 1935.

La « polémo-*logie* ».

Seraient ici à considérer le cours du semestre d'été 1933 et celui du semestre d'hiver 33/34, *Die Grundfragen der Philosophie, Vom Wesen der Wahrheit, Ga.* 36/37, éd. H. Tietjen, Francfort, Klostermann, 2001 ; c'est

in *A Companion to Heidegger's Introduction to Metaphysics,* éd. R. Polt et G. Fried, New Haven-Londres, Yale University Press, 2001, p. 226-249, en particulier p. 239-246.

1. Voir, chapitre II, l'étude de Servanne Jollivet.

2. Dans *Sein und Zeit,* Héraclite est cité une fois (§ 44, p. 219), dans un fragment certes décisif qui concerne le *logos* dans son intime coappartenance à la vérité comprise comme ἀ-λήθεια. Certes le terme n'apparaît pas dans le fragment 1, mais Heidegger le dégage de manière tout à fait convaincante, comme l'arrière-plan qu'indiquent les deux verbes λανθάνει et ἐπιλανθάνονται. Quant à Parménide, il est cité à deux reprises (p. 171, 212), et il s'agit du célèbre fragment III : τὸ γὰρ αὐτὸ νοεῖν ἐστίν τε καὶ εἶναι que Heidegger commentera inlassablement.

dans ce dernier cours qu'apparaît pour la première fois, semble-t-il, un long commentaire du fragment 53 d'Héraclite, le célèbre :

> Πόλεμος πάντων μὲν πατήρ ἐστι, πάντων δὲ βασιλεύς, καὶ τοὺς μὲν θεοὺς ἔδειξε τοὺς δὲ ἀνθρώπους, τὸυς μὲν δούλους ἐποίησε τοὺς δὲ ἐλευθέρους.

Est-ce bien la première occurrence ? Il s'agit là encore d'un point tout à fait « sensible » à propos duquel la plus grande prudence s'impose. D'abord parce qu'il est permis de considérer que le Discours de Rectorat, même s'il ne cite pas expressément le fragment d'Héraclite, s'y réfère pourtant sans ambiguïté[1] :

> Toutes les capacités de volonté et de pensée, toutes les forces du cœur et toutes les aptitudes de la chair, doivent se déployer *par* le combat, se renforcer *dans* le combat et se conserver *en tant que* combat.
> Le combat seul tient l'opposition ouverte, lui seul implante dans l'ensemble du corps des maîtres et des élèves cette disposition fondamentale, à partir de laquelle l'auto-affirmation auto-définissante autorise l'auto-médiation résolue en vue d'une auto-nomie authentique (Granel, p. 43).

La réalité de cet arrière-plan est d'ailleurs confirmée par Heidegger lui-même dans son exposé apologétique de 1945 : « Le Rectorat 1933-34. Faits et Réflexions »[2]. Il faut évidemment relire cette page capitale où Heidegger souligne à juste titre que son interprétation du fragment est directement liée à sa conception « polémique » et « éristique » de la vérité (ἀλήθεια) comme lutte, conquête, rapt, arrachement. Voir aussi le Discours de mai 1934 (26/27 mai), prononcé à Constance à l'occasion d'une réunion d'anciens élèves. Heidegger s'adresse en ces termes à ses « camarades », anciens combattants pour la plupart de la Première Guerre Mondiale :

> Ce qui est exigé de nous : le courage endurant, le clair savoir, le maintien de critères intangibles, la confiance en la mission du peuple. La Grande Guerre doit encore être gagnée *spirituellement* par nous, autrement dit le *combat* doit devenir la *loi la plus intime* de notre être-là.

Vient alors la citation du fragment 53[3].

1. *L'auto-affirmation de l'université allemande*, trad. G. Granel, édition bilingue, Mauvezin, TER 1987[2], p. 40-44.

2. *Ga.*, 16, *Reden und andere Zeugnisse eines Lebensweges*, éd. Hermann Heidegger, Francfort, Klostermann, 2000, p. 379-389; trad. fr. F. Fédier, *Écrits politiques*, Paris, Gallimard, 1995, p. 223-225.

3. *Ga.*, 16, p. 279-285.

Dans le premier cours qu'il consacre à Hölderlin durant le semestre d'hiver 1934/35, qui précède donc immédiatement l'*Introduction à la métaphysique,* Heidegger explicite la proximité reconnue Hölderlin-Héraclite et cite ou commente un grand nombre de fragments (48, 50, 51, 67, 80, 93), en réservant une place de choix au rapprochement des deux fragments 53-54 : le πόλεμος, mais aussi l'harmonie inapparente :

> ἁρμονίη ἀφανὴς φανερῆς κρείττων

avant de commenter :

> cette harmonie (*Einklang, ἁρμονία*) n'est pas indifférente, ce n'est pas un accord sans tension, voire une concordance qui s'instaurerait à la faveur d'un effacement supprimant les oppositions ; bien au contraire, le dévoilement de la contradiction (*Widerstreit*) authentique ouvre l'harmonie, ce qui veut dire : assigne aux puissances antagonistes leurs limites respectives. Cette dé-limitation n'est pas un enclavement, mais un désenclavement, une mise au jour et un accomplissement de l'essence. Si donc tout étant est en situation d'harmonie, le conflit et le combat doivent justement déterminer tout de fond en comble [1].

Dans les mêmes pages du premier cours consacré à Hölderlin, Heidegger cite également le célèbre fragment 80, que nous rappelons ici pour souligner principalement sa structure parataxique, même si la traduction en forme de glose qu'en donne Heidegger dissimule cette structure :

> εἰδέναι δὲ χρὴ τὸν πόλεμον ἐόντα ξυνόν, καὶ δίκην ἔριν, καὶ γινόμενα πάντα κατ'ἔριν καὶ χρεών [2].

La parataxe (cf. aussi le fragment 67) est sans doute en effet un élément essentiel de ce retour à Héraclite, c'est-à-dire à une entente pré-logique au sens de pré-apophantique. Libérer – nous y reviendrons – la grammaire de la logique, cela passe aussi, au moins quand il s'agit du « penser », par la parataxe et la tautologie [3].

Mais demeure un élément troublant, au-delà de ce premier repérage, auquel il conviendrait sans doute d'ajouter la première version (non prononcée) de la Conférence *De l'origine de l'œuvre d'art*; elle précède la seconde élaboration de la Conférence prononcée en novembre 1935 (c'est cette seconde version dont Emmanuel Martineau avait procuré naguère une

1. *Ga.*, 39, éd. S. Ziegler, Klostermann, Francfort 1980, p. 124-125; trad. fr. F. Fédier, J. Hervier, Paris, Gallimard, 1988, p. 121.

2. Dans la traduction française citée : « Il faut savoir : le combat est toujours présent (*ständig mit dabei*) [en tout étant], et donc la « justice » n'est rien d'autre que le conflit, et tout étant qui vient à l'être est par conflit et nécessité » (p. 122).

3. Voir en particulier le chapitre VII et l'étude d'Éliane Escoubas.

édition bilingue « non autorisée »). La première version, sans doute contemporaine du Cours, ou qui le précède de quelques mois, a été publiée en 1989 par Hermann Heidegger[1]. Heidegger y évoquait en ces termes le « conflit » terre-monde, et monde-terre :

> Sie sind im *Streit.* Aber dieser Streit ist die Innigkeit ihres widerwendigen Sichzugehörens[2].

Thème repris dans la Conférence prononcée en novembre 1935 et janvier 1936, et dans le texte publié ensuite dans les *Holzwege,* qu'il faut évidemment lire comme un commentaire du fragment 53 :

> Quand l'œuvre de parole s'instaure dans le dire d'un peuple, c'est sans discourir qu'elle dit cette lutte ; elle transforme le dire du peuple de telle façon que désormais, chaque parole essentielle mène elle-même cette lutte et décide du sacré et du profane, du hardi et du lâche, du noble et de l'inconsistant, du maître et de l'esclave[3].

Il est clair que dans ces quelques lignes se trouvent tenues ensemble les déterminations nouvelles du λόγος et du πόλεμος, c'est-à-dire aussi de la différence et de la décision. L'ensemble de la réflexion qui porte sur l'origine de l'œuvre d'art se focalise en effet sur une nouvelle acception de la τέχνη, celle-là même qu'esquisse le Cours de 35 : la τέχνη dans son ouverture de la vérité, entendue dans sa dimension proprement événementielle et historiale, dans son irruption conflictuelle sur fond de non-vérité. Se donne ainsi à lire un prolongement et une radicalisation renversante des analyses du paragraphe 44 de *Sein und Zeit* :

> L'essence de la vérité est en elle-même le conflit originaire (*Urstreit*) dans lequel se conquiert le milieu ouvert dans lequel l'étant vient se tenir et à partir duquel il se dérobe en lui-même[4].

La question, à présent directrice, « comment la vérité advient-elle dans sa dimension historiale ? » (*wie geschieht Wahrheit?),* radicalise la thématique de l'« ontologie fondamentale » qui se bornait à souligner,

1. *Heidegger-Studies,* 5, 1989, p. 5-22 ; *cf.* aussi les premières esquisses publiées dans les *Heidegger-Studies,* 22, 2006, p. 9-24, où figure l'expression directement empruntée aux *Remarques sur Œdipe et sur Antigone* de Hölderlin : « die reißende Zeit » – le temps dans son arrachement.

2. « Elles sont au sein du *conflit.* Mais ce conflit est le plus intime de leur co-appartenance contra-versée ». Voir sur ce point le commentaire de J. Taminiaux, « La première élaboration de la Conférence de 1935 », dans *Art et événement. Spéculation et jugement des Grecs à Heidegger,* Paris, Belin, 2005, en particulier p. 117-119.

3. *Holzwege, Ga.*, 5, p. 29

4. *Ibid.*, p. 42 ; trad. fr., Paris, Gallimard, 1980 (seconde édition), p. 60.

quant à elle, et par rapport à l'être-là, la nécessaire conjugaison d'un « être-dans-la vérité » et d'un « être-dans-la non-vérité ». *Die Wahrheit ist Un-Wahrheit,* énoncera avec beaucoup plus de force l'*Origine de l'œuvre d'art.*

Ce qui vient troubler et compliquer cette reconstruction du motif du Πόλεμος, c'est en effet la lettre, très brève, adressée par Heidegger à Carl Schmitt en août 1933, à réception de l'ouvrage *Le concept du politique*, et que nous citerons *in extenso* :

> Je vous remercie pour l'envoi de votre écrit que je connais déjà dans sa seconde édition <1932> et qui contient un coup d'envoi (*Ansatz*) de grande portée (*Tragweite*). J'apprécierais beaucoup de pouvoir un jour m'en entretenir de vive voix avec vous. S'agissant de votre citation d'Héraclite, je me réjouis tout particulièrement que vous n'ayez pas oublié le βασιλεύς qui donne sa pleine teneur à l'ensemble de cette Parole (*Spruch*) lorsqu'on l'explicite entièrement. Depuis des années, je tiens prête une telle explicitation en référence au concept de vérité – l' ἔδειξε et l' ἐποίησε qui apparaissent dans le fragment 53. Mais je me trouve à présent moi-même au milieu du *polémos* et les projets littéraires doivent marquer le pas. Aujourd'hui, je voudrais seulement vous dire que je mets beaucoup d'espoir dans votre collaboration décisive, lorsqu'il s'agit de reconstruire entièrement de l'intérieur la Faculté de Droit, dans ses orientations scientifiques et pédagogiques. Ici la situation est hélas tout à fait désespérante (*trostlos*). Le rassemblement des forces spirituelles qui doivent faire surgir ce qui vient (*das Kommende*) est toujours plus urgent. Je conclus pour aujourd'hui avec mes salutations amicales. – Heil Hitler ! – Vôtre, Heidegger.

« Votre citation d'Héraclite » ? La référence va probablement à la dédicace ou à un mot d'accompagnement de Carl Schmitt, puisque l'ouvrage ne contient aucune allusion directe à Héraclite.

« Depuis des années » ? Cela renvoie peut-être au cours de 1932 : *Der Anfang der abendländischen Philosophie (Anaximander und Parmenides),* à paraître comme volume 35 de la *Gesamtausgabe*; mais on peut penser aussi aux premières versions, en 1930, de la Conférence *Vom Wesen der Wahrheit.*

Quoi qu'il en soit, si la formule du Cours de 1935 : « πόλεμος et λόγος sont le même » (*EiM.*, 72/72) est un ajout ultérieur, impossible aujourd'hui à dater plus précisément, la lettre à Carl Schmitt fournit en tout cas une indication précieuse quant à la méditation heideggérienne du fragment d'Héraclite; indication qui nous invite à réexaminer la question déjà formulée dans la Leçon inaugurale de Fribourg : « Est-il permis de toucher à la souveraineté de la logique ? »[1].

La destruction de la « logique »

Dès 1924, dans son grand cours consacré à Platon et au *Sophiste,* où il montrait en quoi l'élucidation du λόγος, abordé dans une optique résolument théorétique (« le phénomène primordial du λόγος a été la proposition, l'énoncé théorétique au sujet de quelque chose »), était pour les Grecs une « tâche fondamentale », Heidegger fixait clairement le programme de « destruction » de la logique et ses enjeux pour une approche entièrement renouvelée de la question de la langue :

> Toutes nos catégories grammaticales, y compris celles de la toute récente *étude* scientifique de la *grammaire* – recherche en linguistique indo-européenne, etc. –, sont essentiellement déterminées par la logique théorétique, à tel point qu'il n'y a, semble-t-il, pas le moindre espoir de comprendre le phénomène de la langue indépendamment de cette logique traditionnelle. Demeure pourtant *la tâche de saisir la logique de manière beaucoup plus radicale encore que les Grecs n'y sont parvenus, et en même temps, sur la même voie, d'élaborer une entente plus radicale de la langue elle-même et, avec elle, également des sciences linguistiques*[2].

En partant de l'étude des « vertus intellectuelles », telles qu'elles sont analysées par Aristote au livre VI de l'*Éthique à Nicomaque* comme autant de modalités différentes de l'ἀληθεύειν, Heidegger s'est d'abord attaché à mettre en lumière « la portée et la limite » du λόγος, en soulignant notamment le fait que le discours, appréhendé comme apophantique, se trouvait indexé sur la pré-compréhension de l'être comme présence ou présence constante (*Ga.*, 19, 466-467) : le sens de l'être ou mieux le sens de « être » se définit d'abord en fonction de cet « abord discursif » de l'étant (*Ansprechen*), alors même que, comme le souligne aussi Heidegger, en

1. On rappellera aussi, sans pouvoir tirer ici depuis le tout début le fil du cheminement de Heidegger, que l'ouvrage d'Emil Lask dont l'influence aura été décisive dès l'*Habilitation*, *La logique de la philosophie et la doctrine des catégories* (trad. fr. Paris, Vrin, 2002), est sous-titré : « Une étude sur le domaine de souveraineté de la forme logique ». – S'agissant de la thématique du *Polémos,* prise comme telle, renvoyons, au-delà du texte de Derrida, déjà cité, à l'étude très fouillée de Gregory Fried, *Heidegger's Polemos. From Being to Politics,* Yale University Press, 2000; et à l'excellente contribution de Servanne Jollivet, « De la guerre au *Polemos* : le destin tragique de l'être », publiée dans la revue en ligne *Astérion,* n° 3, septembre 2005, p. 241-276 (http : //asterion.org/).

2. *Platon : Sophistes, Ga.*, 19, éd. I. Schüßler, Francfort, Klostermann, 1992, p. 253 (souligné par Heidegger) ; trad. fr., J.-F. Courtine, P. David, D. Pradelle et Ph. Quesne, Paris, Gallimard, 2001, p. 242.

commentant Aristote, la parole (*Rede*) ne montre et ne devient « discursive » que si déjà en elle a surgi l'ἀληθεύειν, l'être-véritatif :

> La parole n'est pas le support premier et unique de l'ἀληθές; elle est telle que l'ἀληθές puisse être présent en elle, mais ne le doive pas nécessairement. *Aussi le λόγος n'est pas le lieu (Stätte) au sein duquel l'ἀληθεύειν est chez lui et trouve son sol*[1].

Le propos, qui est bien de reconquérir les acceptions originelles de l'ἀληθεύειν dans toute son amplitude, passe donc nécessairement par une critique radicale du domaine de domination de la logique, entendue comme « logique de la *Vorhandenheit* », à laquelle il convient de substituer ce qu'on pourrait nommer une « logique temporelle ». Pour ce faire, pour « libérer la grammaire de la logique », comme le proposera encore *Sein und Zeit* (§. 34, p. 165-166), il importe tout à la fois de mettre en évidence le caractère « dérivé » de l'énoncé (*Aussage*) par rapport à l'explicitation (*Auslegung*) et de monter en quoi la « logique du λόγος » plonge ses racines; dans ce que *Sein und Zeit* nommait encore la *Rede*, à titre d'existential, et que Heidegger caractérisera ensuite simplement comme *Sprache*, ou *Sage*, dans le cours du semestre d'été 1934, donné immédiatement après la démission du Rectorat, et d'abord annoncé sous le titre : « L'État et la science », avant de devenir un cours consacré à la « logique » : *La logique comme question de l'essence de langue*[2], et bien sûr dans l'*Introduction à la métaphysique*. Cette tâche qui consiste à dégager les principes d'une autre « logique » que celle du λόγος ἀποφαντικός, déjà fixée dans les derniers cours de Marbourg, et ressaisie dans *Sein und Zeit*, en remontant de la vérité du jugement à une articulation véritative prélogique, se trouve approfondie et radicalisée dans le cours de 1929-1930, *Concepts fondamentaux de la métaphysique*, qui pourrait bien marquer sur ce point un véritable tournant. En revenant, dans la dernière partie de ce cours (chapitre VI[3]), sur les raisons qui font de la forme de la proposition apophantique ce qui « détermine de manière décisive la doctrine de la parole en général (*Rede*) – λόγος – (la logique) », Heidegger indique, en

1. *Ga.*, 19, p. 182; trad. fr., p. 174. *Cf.* aussi *ibid.*, p. 196/186 : « le λόγος lui-même en tant que λόγος ne constitue pas sans plus le mode d'effectuation de l'ἀληθεύειν, et ainsi le *découvrement* ne trouve pas un sol ferme *dans le λόγος en tant que* λόγος ».

2. *Ga.*, 38, *Logik als die Frage nach dem Wesen der Sprache*, éd. G. Seubold, Francfort, Klostermann, 1998. Victor Farias avait publié en Espagne, chez Anthropos, en 1991, une édition bilingue (non autorisée), fondée sur les notes d'une auditrice (sans doute Luise Grosse). *Cf.* La postface de l'édition Seubold, p. 174.

3. *Cf.* sur ce point l'étude de Franco Volpi : « La question du *logos* chez le jeune Heidegger », dans *Heidegger 1919-1929, de l'herméneutique de la facticité à la métaphysique du* Dasein, Paris, Vrin, 1996.

continuité avec les analyses de la quotidienneté et de la déchéance (*Verfall*) dans *Sein und Zeit* :

> Le trait fondamental de l'être-là quotidien est cette tenue indifférenciée d'un rapport avec l'étant en tant qu'il est simplement là *(das eben Vorhandene)*[1].

La forme discursive qui s'impose alors en réponse à cette « attitude », ce *Verhalten,* c'est la « forme normale et indifférente de l'énoncé : a est b », celle qui prenant en vue le λόγος lui-même comme *vorhanden,* « détermine la théorie philosophique du λόγος, la logique. » Logique qui impose sa « domination » sur toute considération du *logos* en général, comme « parole » et comme « langue » (*Rede und Sprache),* en un mot sur la « grammaire » (*ibid.* 438)[2]. Reprendre à neuf la question de la « proposition », c'est donc répondre à cette tâche décisive : « la tâche d'une explication (*Auseinandersetzung*) principielle avec la logique antique, explication qui ne peut pas du tout être amorcée sans qu'on reconduise cette logique à la métaphysique antique » ; explication qui entraîne aussi une « refondation » de la philologie, au sens fort du terme, à savoir, précise Heidegger, « la passion pour le λόγος en tant qu'il est ce en quoi l'homme s'exprime en ce qu'il a de plus essentiel, afin de s'exposer du même coup (*hinausstellen*), à travers cette parole, dans la clarté, la profondeur et l'urgence des possibilités essentielles de son agir, de son existence. » Tâche qui consiste aussi à dégager cette « dimension tout autre » (*eine ganze andere Dimension – diese Dimension als das ganz Andere*) sur laquelle s'enlève la forme de la proposition comme apophantique ou encore, comme le dit Heidegger un peu plus loin, à libérer cet « espace de jeu (*Spielraum*) dans lequel se meut nécessairement l'énoncé », à savoir l'« être-ouvert *prélogique* pour l'étant » :

> En tant qu'énoncé, le λόγος ἀποφαντικός est assurément dans la possibilité d'être-vrai ou d'être-faux. Mais ce genre d'être-vrai, de devenir-manifeste, se fonde sur une manifesteté que nous qualifions, parce qu'elle se situe *avant* la prédication et l'énoncé, de *manifesteté antéprédicative,* ou mieux de *vérité prélogique.* « Logique » est pris ici dans un sens tout à fait rigoureux : c'est ce qui concerne le λόγος ἀποφαντικός.

1. *Ga.*, 29/30, *Die Grundbegriffe der Metaphysik, Welt – Endlichkeit – Einsamkeit,* éd. Fr.-W. von Herrmann, Francfort, Klostermann, 1983, p. 438; trad. fr. D. Panis, Paris, Gallimard, 1992, p. 437.

2. « La constitution interne, les concepts fondamentaux et les problèmes de la grammaire générale et spéciale, en tant que sciences des langues au sens le plus large du terme, se trouvent depuis des siècles, et aujourd'hui encore sous l'autorité de la logique ici en question » (*ibid.*).

> [...] Cette manifesteté originelle survient *avant* ce λόγος, *avant* lui au sens où elle fonde la possibilité de l'être-vrai et de l'être-faux du λόγος, au sens où, en le fondant, elle se trouve avant lui [1].

Or cette ouverture pré-logique, c'est, selon l'analyse du cours de 29/30, le *Weltbilden*, dans sa dimension « événementielle » et historiale, celle-là même que Heidegger thématisera peu après comme *Stiftung*, institution, instauration. La *destruction* ainsi menée et poursuivie[2] ne reconduit certainement pas à une quelconque primitivité a-logique ou irrationnelle, mais bien plutôt à une autre écoute du λόγος, au premier chef, celui d'Héraclite.

Il faudrait pouvoir relire ici les toutes dernières pages du cours de 1929/1930, entièrement placées sous le signe de Nietzsche, et pas seulement parce que le cours se clôt sur une citation du *Zarathoustra* (« le chant d'ivresse »), mais d'abord parce que Heidegger y reprend en termes nietzschéens l'analyse du « projet », telle qu'elle avait été déjà développée dans *Sein und Zeit* :

> So geworfen im Wurf ist der Mensch ein *Übergang*, Übergang als Grundwesen des Geschehens [3].

C'est dans cette « historialisation » du projet que se configure un monde, que « surgit originellement l'« entre » » (531) (« das ursprünglich *einbrechendes* Zwischen »), en lequel peut se déployer dans la multiplicité de ses acceptions le « est », celui qui sous-tend toute apophantique, celui qui porte secrètement l'unité contrastée de la σύνθεσις et de la διαίρεσις (*Verbinden* und *Trennen*) :

> Le projet est cet advenir-historial originairement simple qui – pris de manière logico-formel – réunit en soi ce qui est contradictoire : relier et séparer.

1. *Ga.*, 29/30, p. 494/490.

2. *Ibid.*, p. 495 : « ... die Notwendigkeit der Destruktion ».

3. « Ainsi lancé dans le jet, l'homme est une *transition*, transition comme essence fondamentale de l'advenir-historial. » Rappelons aussi, dans le même sens, la conclusion du cours de 1930-1931, *Hegels Phänomenologie des Geistes*, trad. fr. E. Martineau, Paris, Gallimard, 1984, p. 227-228 : « Où se tient l'homme ? Se tient-il en général d'une manière telle qu'*il* puisse se déterminer son lieu, et apprécier s'il doit le *quitter* ? Ou bien l'homme ne « se tient »-il pas du tout, ou l'homme est-il bien plutôt le passage ? Et, comme tel, est-il l'étant absolument incomparable, qui peut être pressé (*gedrängt) devant l'être*, afin de se comporter de manière existante vis-à-vis de l'étant ? – L'homme peut-il et doit-il vraiment, en tant que passage, sauter loin de lui-même, pour se quitter à titre d'étant fini, ou bien son être n'est-il pas justement l'abandon même... ».

L'autre nom de ce projet – s'il n'est plus entendu dans une perspective anthropo-logique –, c'est très précisément : λόγος – πόλεμος [1].

Sous le signe de Nietzsche

L'*Introduction à la métaphysique* commence par une question, ou mieux renoue avec une des formulations de la question leibnizienne que Heidegger avait déjà commentée de manière singulière dans sa Leçons inaugurale de 1929 : *Qu'est-ce que la métaphysique ?*

> Pourquoi y a-t-il en général de l'étant, et non pas plutôt rien ?

Telles sont en effet les dernières lignes de la Leçon qui présentent enfin la question directrice, mais retenue rhétoriquement, jusqu'à son terme : La Leçon inaugurale s'attachait aussi – dans un contexte très ancien, chez Heidegger, de politique universitaire, au sens le plus large et le plus fort du terme – à déterminer, eu égard à sa « puissance » propre [2], le type de

1. Sur les enjeux véritables de cette critique, de cette destruction et de ce véritable « combat » mené contre la logique, voir aussi la lettre de Heidegger à Egon Vietta, du 16 juin 1931 : « Mein Kampf gegen die « Logik » ist nicht der eines Verächters des *Begriffes* : im Gegenteil – radikale Durchdringung aber eben der wesentlichsten Dinge ist nur gefordert – sondern ein Stück weit wohl getan. Der Kampf gilt der bodenlos gewordenen « Ratio », die im Wesenslosen ein Spiel des Scharfsinns treibt. Es gilt gerade das verborgene Walten des alten griechischen « Logos » ursprünglich zu verstehen und ins Werk zu setzen » (cité par Silvio Vietta « Dialog mit den Dingen », dans *Erinnerung an Martin Heidegger,* Neske, Pfullingen 1977, p. 234-235. – *Cf.* aussi la remarquable formule de la lettre de Heidegger à W. Jaeger (12 déc. 1932), en réponse à l'envoi de l'étude « Tyrtaios über die wahre ἀρετή (dans *Sitzungsberichte der Preussischen Academie der Wissenschaften zu Berlin,* 1932, repris dans *Scripta Minora,* t. 2, Roma, 1960, p. 75-114) : « ... die bisher kaum geahnte Schicht der *gleichsam unterirdischen* antiken Philosophierens <nous soulignons>. Diese Wirklichkeit muß erst noch entdeckt werden, wobei die übliche Schulphilosophie nichts tun und höchstens schaden kann. Ihre Behandlung der ἀρετή scheint mir paradigmatisch zu sein auch für die Geschichte von ἀλήθεια – δόξα etwa bei Aischylus-Sophokles. Ich meine nicht die Werke- und Begriffsgeschichte sondern die Wirklichkeit und Macht der sobennanten Phänomene im ganzen griechischen Dasein » (cité par Frank H. W. Edler, « Heidegger and Werner Jaeger on the Eve of 1933 », dans *Research in Phenomenlogy,* t. XXVII, 1997, p. 123-124).

2. *EiM.*, 5/5 : « La question perd aussitôt son rang dans le cercle d'un être-là historico-humain auquel demeure étranger le questionner en tant que puissance originaire. » *Cf.* Sur ce point l'étude de Christian Sommer (chapitre I). Un des traits fondamentaux de cette véritable « reprise » de la Leçon inaugurale qu'est le Cours de 1935 tient certainement à cette dramatisation et à cette « historialisation » fatale du questionner : « Demander : Qu'en est-il de l'être ? – Cela ne signifie rien de moins que *ré-péter (wieder-holen)* le commencement de notre être-là historico-spirituel, pour le transformer en un autre commencement » (29/50). C'est donc, en un sens, très logiquement que Heidegger peut renvoyer dans le Cours à la Leçon inaugurale (*EiM.*, 37/59-60). Il est frappant de noter aussi que, dans cette même page, Heidegger renvoie également au Discours de Rectorat, et à la définition de l'esprit qui y figure : « l'esprit est l'être résolu à l'essence de l'être, d'une résolution qui s'accorde au ton de

questionnement qui caractérise la métaphysique par distinction d'avec celui des sciences ou mieux des disciplines scientifiques, telles qu'elles sont pratiquées dans la recherche universitaire (« la science ne veut rien savoir du Rien »); et la Leçon inaugurale posait en conséquence la question : « *Wie steht es um das Nichts ?* » – « qu'en est-il du Rien ou du néant ? » ; question à laquelle fait évidemment écho, dans l'*Introduction* de 1935, le leit-motiv : « Qu'en est-il de l'être ? » (*Wie steht es um das Sein ?)* ou mieux, et l'adverbe marque sans doute ici toute la distance qui sépare 1929 de 1935 : « Qu'en est-il du néant *aujourd'hui* ? »[1].

Il s'agit, dans les deux textes, de « déployer » (*Entfaltung)* la question (*EiM.,* 17/34) et d'en dégager les présupposés. L'*Introduction à la métaphysique* s'attache d'abord à les mettre en évidence en soulignant le caractère préalable de cette question (*Vor-frage)* par rapport à ce qui est déterminé d'abord comme « question fondamentale » (*Grundfrage*)[2].

C'est en effet d'un seul et même geste que dans le Cours de 1935 Heidegger pose la question : « Qu'en est-il de l'être ? » – « Qu'en est-il du néant ? » Et en ce sens, il n'est pas légitime de soutenir que c'est seulement dans le *Nachwort* à *Qu'est-ce que la métaphysique?* que Heidegger envisage le « rien » comme « l'autre de tout étant »[3]. C'est sans doute cette connexion essentielle de la question de l'être et du néant avec la question du nihilisme[4] qui joue également un rôle déterminant dans la thématique de l'histoire de l'être, telle qu'elle vient désormais au premier plan :

l'origine et qui est savoir » (TER, bilingue, trad. G. Granel, 1987). Toute interprétation de l'*Introduction* doit certainement être attentive à ces effets d'écho, si problématiques par ailleurs, avec la Leçon inaugurale et le Discours de Rectorat.

1. *EiM.,* 25-26/44-45; 29/50; 30/50; 32/52-53; 57/84; 70/100-101; 153-154/204-205. Le Cours se referme très significativement sur la « question préalable » : *Qu'en est-il de l'être ?,* dans son accentuation et sa dramaturgie historico-politique : « La question : qu'en est-il de l'être ? se dévoile du même coup comme la question de savoir ce qu'il en est de notre être-là dans l'histoire (*wie es mit unserem Dasein in der Geschichte steht),* de savoir si nous nous *tenons debout* (*stehen)* dans l'histoire, ou si nous titubons. Du point de vue métaphysique, *nous titubons.* »

2. *EiM.,* trad. 20 : « Philosopher, c'est demander : « Pourquoi donc y a-t-il de l'étant et non pas plutôt rien ? » Questionner véritablement ainsi, cela signifie : courir le risque de questionner jusqu'au bout, d'épuiser l'inépuisable de cette question, par le dévoilement de ce qu'elle exige de demander. Là où quelque chose de ce genre advient, il y a philosophie. » *Cf.* sur ce thème du « philosopher » l'étude de Martina Roesner (chapitre III : « Hors du questionner point de philosophie. Critique du Christianisme et de la philosophie chrétienne »).

3. *Ga.*, 9, p. 306 : « Dies schlechthin Andere zu allem Seienden ist das Nicht-Seiende. Aber dieses Nichts west als das Sein. »

4. C'est elle, sans aucun doute, venue de Nietzsche qui radicalise la question de l'historicité et l'ouvre sur celle de la politique (la « grande politique » !).

> La question : qu'en est-il de l'être ? doit se maintenir elle-même dans l'histoire de l'être, pour pouvoir elle aussi déployer et garder sa portée historiale[1].

Mais poser la question de savoir ce qu'il en est de l'être aujourd'hui (un mot vide, une vapeur ou le destin de l'Occident), c'est aussi bien et tout uniment poser la question de l'homme ou mieux la question : « qui est l'homme ? », réélaborée dans le Cours à partir d'Héraclite (107/147) et de Sophocle[2].

Cette question initiale : « pourquoi y a-t-il quelque chose et non pas plutôt rien ? » qui, dans son premier déploiement, avait déjà permis d'aborder l'interrogation portant sur le « nihilisme » (18-19/35-36) est reprise à la fin du chapitre IV quand il s'agit de récapituler les principaux résultats du Cours (154/204) à la faveur d'un nouveau coup d'œil sur l'ensemble de l'*Introduction*[3]. Heidegger y met remarquablement en lumière l'économie véritable du cours : « Tout repose – souligne-t-il – sur la question fondamentale énoncée au début : « Pourquoi y a-t-il de l'étant et non pas plutôt rien ? » » ; question fondamentale dont le déploiement nous à conduit à envisager la question préalable : « Qu'en est-il de l'être ? » Question qui n'est pas liée à un « mot », susceptible d'être privé de sens et vide, qui n'est pas liée à la grammaire ou à l'étymologie (chapitre II), mais à l'Histoire ou à cet événement historial, cet advenir fondamental à partir duquel un être-là historique peut surgir ou « se décider » :

> L'être et la compréhension de l'être ne sont pas une donnée de fait. L'être est l'événement fondamental (*Grundgeschehnis*), et ce n'est qu'à partir de ce fondement que se trouve assuré un être-là historique au milieu de l'étant mis à découvert dans sa totalité (*EiM.*, 153-154/204).

Suivons encore un instant le mouvement de cette rétrospection : pris en vue comme histoire ou dans son historicité foncière (l'histoire de l'être), l'être qui n'est ni un mot[4], ni un concept, ne saurait être considéré comme vide ou indéterminé :

> Il est totalement erroné de parler de l'indétermination et du vide de l'être (*ibid.*).

1. *EiM.*, 70/101.

2. « La question de savoir qui est l'homme doit toujours être posé dans une connexion essentielle avec la question de savoir ce qu'il en est de l'être. » Voir ici les chapitres VIII et IX, « L'autre de l'être » (Jean Greisch), « La question de l'être de l'homme » (Françoise Dastur).

3. Ce développement est isolé par une scansion marquée par trois astérisques dans l'édition originale (152).

4. « La déterminité de l'être n'est pas l'affaire de la délimitation de la simple acception d'un terme » (*EiM.*, 154/205).

L'erreur ici, ou mieux l'errance (*Irre*) qui tient à la logicisation et/ou à la grammaticalisation de l'être, au titre de l'infinitif, ne ressort que si l'on interroge à nouveaux frais, contre la tradition et accessoirement contre une de ses reprises et reformulation récentes (H. Rickert), ladite copule, le « est » :

> C'est le « est » qui détermine la signification et le contenu de l'infinitif « être », ce n'est pas l'inverse [1].

Ainsi établir la « déterminité » de l'être, c'est en un sens, et très scolairement, élucider les quatre scissions ou distinctions (*Scheidungen*) à travers lesquelles il se trouve métaphysiquement élaboré : l'être dans sa contra-position (*Gegenhalt*) au devenir ; l'être dans sa contra-position à l'apparence ; l'être dans sa contra-position au penser ; l'être dans sa contra-position au devoir-être. Autant de contrapositions caractéristiques de la métaphysique, dans son institution platonico-aristotélicienne, et dont justement le retour aux « paroles » des Présocratiques a permis de prendre toute la mesure. Par cet étayage, le sens de l'être se détermine en effet comme « demeurer stable et permanent », « toujours identique », « sous-jacent et présent-là-devant », « ce qui se présente comme devant-être pas encore ou déjà réalisé effectivement ». Autant de traits qui renvoient tous au même : la *présence constante – ständige Anwesenheit* – l'ὄν au sens de l'οὐσία[2]. Voilà bien la déterminité que l'*Introduction* de 1935 entend radicalement remettre en cause : car elle est « *la* puissance (*Macht*) qui, aujourd'hui encore, soutient et régit *tous nos* rapports avec l'étant en totalité, avec le devenir, avec l'apparence, avec le penser et le devoir » [3].

Le nihilisme

C'est presque immédiatement après la Conférence inaugurale (juillet 1929) qui reprend et radicale l'analyse du « rien » telle qu'elle avait déjà été esquissée dans le paragraphe 40 de *Sein und Zeit*, à propos de la tonalité

1. *Cf.* aussi *EiM.*, 155/206 : « Ainsi le concept traditionnel de l'être ne suffit pas pour nommer tout ce qui « est ». »

2. *Cf.* aussi *EiM.*, 65/71.

3. *Cf.* aussi *EiM.*, 32/52-53 : « Si nous *posons* la question : qu'en est-il de l'être ? quel est le sens de être ?, *ce n'est pas* pour bâtir une ontologie de style traditionnel ni encore moins pour relever de façon critique les fautes qu'on pourrait trouver dans les tentatives antérieures. Il y va de tout autre chose. Il s'agit de reconduire dans la puissance de l'être (*Macht des Seins*), à ouvrir originairement, l'être-là historique de l'homme, c'est-à-dire aussi du même coup notre être-là à venir le plus propre, dans le tout d'une histoire qui nous est destinée. » – Sur cette écoute renouvelée des « paroles » grecques et de leur portée ou puissance historiale, voir l'étude de Jean Grondin (chapitre VI) : « Le drame de la φύσις ».

affective fondamentale de l'angoisse, que Heidegger doit se défendre de l'accusation de « nihilisme » au sens où, comme il le redira dans l'*Introduction à la métaphysique* (trad. 35) :

> Parler sur le néant, non seulement cela répugne totalement à la pensée, mais c'est aussi saper toute civilisation et toute foi. Ce qui méprise la pensée dans sa loi fondamentale et en même temps brise la volonté de construire et détruit la foi, c'est pur nihilisme.

En effet, dès le cours de 1929/30, *Concepts fondamentaux de la métaphysique,* Heidegger se voit contrait de faire une mise au point contre cette accusation de nihilisme « vulgaire », presque dans les mêmes termes :

> Le non-étant et la nullité (*Nichtigkeit*) ne sont compréhensibles que si l'être-là – dès le départ et de fond en comble – se tient en rapport au *néant,* s'il est exposé au néant. Il s'agit de comprendre la puissance la plus intime du néant pour justement laisser-être l'étant en tant qu'étant. [...] Quand l'entendement vulgaire s'empare de cette élucidation des rapports fondamentaux de l'être-là et de son existence [...] il conclut : l'homme se trouve être là dans le rien ; à proprement parler il n'a rien et n'est donc rien lui-même. Une philosophie qui soutient de telles affirmations est du pur nihilisme et elle est l'ennemie de toute civilisation [1].

Il n'est pas facile de préciser de manière univoque qui est ici visé au titre de représentant de l'entendement « vulgaire ». Il faut dans tous les cas tenir compte du contexte immédiat du cours, c'est-à-dire de la discussion méthodologique engagée dans ces pages (421 *sq.*) et qui porte principalement sur la question du caractère fondamental des concepts philosophiques, par opposition aux concepts scientifiques (425), et sur le type de connexion, non systématique, qui leur appartient en propre ; ou mieux encore sur ceci que les concepts ici ne peuvent valoir que comme « indication formelle » [2] visant à la « transformation de l'être-là humain ». « Caractère fondamental » et « formation » des concepts, voilà qui déjà suffirait à nous mettre sur la piste de H. Rickert, dès cette première occurrence de l'accusation de nihilisme. Un élément supplémentaire peut nous conforter dans cette première hypothèse, le fait que Heidegger, en décembre 1929, répondant à une invitation de la faculté de philosophie de l'Université de Heidelberg y soit venu présenter et discuter sa Conférence inaugurale *Qu'est-ce que la*

1. *Ga.*, 29/30, p. 433/432.

2. « formale Anzeige », p. 425. La traduction française malheureusement très approximative ici et qui parle d'*assignations* fait entièrement perdre la continuité du propos depuis les premiers cours de Fribourg et le débat constamment mené avec Husserl et Rickert.

métaphysique?[1]. Nous ne savons pas si Rickert a assisté ou non à ses débats, quoi qu'il en soit, il est clair que la discussion du nihilisme menée dans l'*Introduction à la métaphysique* a pour principal interlocuteur non pas Carnap, ni assurément Ernst Krieck[2], mais bien Rickert, comme le confirme de manière irrécusable la note tombée du ciel dans l'édition de la *Gesamtausgabe* (p. 25).

Il faut distinguer deux moments dans cette discussion. Dans la première partie introductive où Heidegger engage le déploiement de la question de fond de la métaphysique, avant d'en mettre en évidence la pré-question (*Vorfrage*), il revendique, contre Rickert, le droit et la rigueur d'un questionnement « non scientifique » (p. 18 et 19-20); dans un second moment et à la toute fin du cours (p. 211 *sq.*/205 *sq.*), Heidegger revient expressément à Rickert, et dans un second geste, il superpose à cette accusation vulgaire de « nihilisme », la détermination nietzschéenne de celui-ci, avant de proposer une nouvelle détermination, plus radicale, du nihilisme comme « oubli de l'être ».

Reprenons plus en détail, en commençant par la fin, et en rappelant le passage célèbre :

1. *Cf.* Martin Heidegger – Heinrich Rickert, *Briefe 1912-1933*, éd. Alfred Denker, Francfort, Klostermann, 2002, note, p. 132.

2. Comme l'avait très curieusement imaginé Jean-Pierre Faye, dans un opuscule, qui fourmille par ailleurs d'erreurs et d'approximations, *Le piège, la philosophie heideggérienne et le nazisme*, Paris, Balland, 1994. Faisant fond sur un article d'Ernst Krieck, publié en 1934, dans la revue national-socialiste, *Volk im Werden* (connu depuis Guido Schneeberger, *Nachlese zu Heidegger, Dokumente zu seinem Leben und Denken*, Berne 1962, p. 225-228), où celui-ci écrivait notamment : « Le ton fondamental de la doctrine de Heidegger comme vision-du-monde est déterminé par les concepts de souci et d'angoisse, qui tous deux visent le néant. Le sens de cette philosophie est un athéisme déclaré et un nihilisme métaphysique, comme il a été surtout représenté auparavant chez nous par les littérateurs juifs, c'est-à-dire un ferment de décomposition et de dissolution pour le peuple allemand. [...] On laissera non élucidée la question de savoir si derrière ce nihilisme se cache ou non l'ultime intention de faire que les intellectuels allemands [...] soient poussés vers les sauveurs et les pauvres de l'Église » (trad. Faye, p. 101 modifiée, la dernière phrase contenant un étrange faux-sens). Où est le piège grossier dans lequel serait tombé Heidegger? Il tient à l'association : nihilisme – métaphysique. Et Heidegger de surenchérir à partir de cette date : le véritable nihilisme, c'est la métaphysique ! On ne trouve naturellement pas un mot qui aille dans ce sens dans l'*Einführung* de 1935 où Heidegger sollicite assurément le terme « métaphysique », dans la distinction de ses questions : *question fondamentale, question directrice, pré-question,* mais sans jamais l'associer au nihilisme. Et mieux encore, c'est là que le piège se refermerait définitivement : « À partir d'avril 1934 et par les soins du caporal scientifique, la « métaphysique » pour Heidegger porte l'étoile jaune ». Le « prédicat « métaphysique » se voit du coup frappé d'infamie », et désormais « attribué au nihilisme » (*op. cit.*, 45). Construction hautement fantaisiste et quasi hallucinatoire qui n'appelle pas vraiment de commentaire..., du moins littéraire et philosophique.

> La question sur ce qu'il en est de l'être se dévoile en même temps comme la question sur ce qu'il en est de notre être-là dans l'histoire ; est-ce que nous nous *tenons debout* dans l'histoire ou est-ce que nous ne faisons que tituber ? D'un point de vue métaphysique *nous titubons*. Nous sommes partout en route au milieu de l'étant, et nous ne savons plus ce qu'il en est de l'être. Nous ne savons même pas que nous ne le savons plus. Nous titubons encore quand nous nous assurons l'un à l'autre que nous ne titubons pas, et il en est même encore ainsi lorsque l'on s'efforce de montrer, *comme on l'a fait récemment* (*neuerdings* – nous soulignons), que ce questionner vers l'être ne fait que mettre de la confusion, qu'il exerce une action destructrice, que c'est du nihilisme.

À quoi Heidegger répond d'abord par une ultime question : « Mais où est donc à l'œuvre le véritable nihilisme ? »

Eu égard au semestre d'été 1935, c'est encore récemment qu'était paru en 1930 l'ouvrage de Rickert : *Die Logik des Präditats und das Problem der Ontologie*. Nous connaissons aujourd'hui la première réaction immédiate de Heidegger à l'envoi de l'ouvrage de celui qui avait été d'abord le directeur de son Habilitation. Le 26 novembre 1930, il répond en effet à l'envoi de l'ouvrage :

> ... Je vois la signification centrale de votre traité en ceci que le problème de l'être s'y concentre sur le « est » du λόγος et qu'il fait par là de l'onto-*logie* un problème. Quand, en connaissance de cause et sans équivoque, j'ai intitulé l'ensemble de mes recherches être et temps, cela implique du même coup et négativement : être et non pas λόγος, et l'ensemble n'a rigoureusement rien à voir avec l'« existence » et la « philosophie existentielle »[1].

La lettre se termine de manière assez pathétique : après avoir évoqué le « refus » énergique (*Absage*) de Husserl, prononcé à l'encontre de son travail[2], Heidegger remercie Rickert de l'honneur qu'il lui fait en le considérant comme un « véritable adversaire » (*die Ehre des wirklichen Gegners*)[3]. Il serait assurément exagéré d'affirmer que l'*Einführung in die*

1. *Cf.* aussi *EiM.*, 157. S'agissant de la critique par Rickert de la philosophie de l'existence, cf. *Geschichte und System der Philosophie* (1931), repris dans *Philosophische Aufsätze*, éd. H. R. Bast, Mohr-Siebeck, 1999, p. 295-296; *cf.* aussi « Wissenschaftliche Philosophie und Weltanschauung » (1933), dans *Logos*, repris dans Bast, p. 329-338 (la Leçon inaugurale y est aussi directement visée).

2. « ... nach der neuerdings erfogten temperamentvollen Absage Husserls an meine Arbeit » – Heidegger fait ici allusion au *Nachwort* des *Ideen*, publié en 1930 dans le volume XI du *Jahrbuch für Philosophie und phänomenologische Forschung* (trad. fr. A. L. Kelkel, *in* Husserl, *Ideen* III, *La phénoménologie et le fondement des sciences*, Paris, P.U.F., p. 175-210).

3. Heidegger – Rickert, *Briefe*, p. 69-70.

Metapysik constitue d'un bout à l'autre une réponse à Rickert, mais on ne saurait non plus sous-estimer l'enjeu représenté par cette caractérisation, venue d'un ancien maître, de l'entreprise de *Sein und Zeit,* et de son prolongement à travers la Conférence « Qu'est-ce que la métaphysique ? », comme « métaphysique du nihilisme » [1]. Relisons :

> Quand, en connaissance de cause et sans équivoque, j'ai intitulé l'ensemble de mes recherches : être et temps, cela implique du même coup et négativement : être et non pas λόγος, et l'ensemble n'a rigoureusement rien à voir avec l'« existence » et « la philosophie existentielle » [2].

Dans son ouvrage de 1930, Rickert renvoie expressément, dans son dernier chapitre qui traite de l'être et du néant, à la conférence inaugurale de Fribourg [3], pour étudier – comme le souligne avec un point d'exclamation Heidegger dans sa lettre de remerciement – le « concept » de « rien »/ « néant » (*nichts*), en commençant par le reconduire à la négation : *nicht.*

> *Nichts ist so viel wie nicht, « sonst nichts ».* Le néant est autant que le ne...pas..., « et rien de plus » – « et sinon rien » [4].

Ce *sonst nichts* – « et rien de plus », autour duquel tournait précisément toute l'économie de la Conférence inaugurale. Est-ce là « pur nihilisme », un « type de nihilisme métaphysique », ou bien, comme le note Heidegger à la fin du cours, n'est-ce pas plutôt dans la question de l'être, « s'avancer jusqu'à la limite du néant », inclure celui-ci dans la question de l'être, n'est-ce pas « *à l'inverse* » *(dagegen,* et Heidegger souligne), « le premier pas, et le seul fécond, pour un dépassement du nihilisme » (*EiM.,* 155/206) ? Est-il légitime de réduire cette question au « est » pris comme copule, en prenant pour fil conducteur le *logos apophantique,* la κατηγορία ? [5].

1. *Die Logik des Prädikats...,* Heidelberg, C. Winter Verlag, 1930, p. 233, 235. Rappelons que les dernières sections de l'ouvrage sont consacrées respectivement à « ontologie et logique » (section VII) ; « ontologie et métaphysique » (section VIII) ; « le problème logique de la métaphysique » (section IX), et enfin la dernière section X à « être et néant ».

2. Dans son cours de l'hiver 1930-1931, *La phénoménologie de l'esprit de Hegel, Ga.* 32, trad. E. Martineau, Paris, Gallimard, 1984, Heidegger avait déjà indiqué : « L'orientation de notre chemin qui, on l'a dit, doit croiser le chemin de Hegel, nous est indiqué par *Être et temps.* Négativement parlant, cette orientation est le temps, *non pas le λόγος* (*cf.* ma position fondamentale à l'égard de la « logique » traditionnelle). »

3. *Die Logik des Prädikats...,* p. 200, note 1 et tout le développement des pages 227-236.

4. *Ibid.,* p. 199-200.

5. « Les indications données sur l'emploi courant, et pourtant très varié, de « est », nous ont convaincus de ceci : il est totalement erroné de parler de l'indétermination et du vide de l'être. C'est le « est » qui détermine la signification et le contenu de l'infinitif « être » ; ce n'est pas l'inverse. »

Et dès le seuil du Cours, Heidegger revient sur ce « et rien de plus » dans son analyse de la question : « Pourquoi y a-t-il quelque chose et non pas plutôt rien ? » La leçon inaugurale formulait en ces termes la thèse que Rickert reprendra à son compte : « ce dont on doit légitimement s'enquérir, c'est de l'étant – et rien d'autre ; l'étant seul – et au-delà : rien ; uniquement l'étant et par-delà (*darüber hinaus*) : rien ». Le « rien » ici, tout comme celui de la *Grundfrage,* est-il une simple adjonction (*Zusatz*) ?

> L'adjonction est superflue non seulement si l'on aspire à une formulation serrée de la question, mais plus encore parce qu'elle demeure en somme une proposition qui ne dit rien. Car pourquoi questionner sur le néant ? Le néant est simplement : rien. Le questionner n'a plus rien à rechercher ici. Et surtout la mention du néant ne nous avance absolument pas pour la connaissance de l'étant.
>
> Qui parle du néant ne sait pas ce qu'il fait. Qui parle du néant en fait par là un quelque chose. Ainsi en parlant, il parle contre ce qu'il pense. Il se contredit lui-même. Or un dire se contredisant déroge à la règle fondamentale du dire (λόγος), à la logique. Le fait de parler du néant est illogique. Qui parle et pense illogiquement est un homme non scientifique. Si maintenant c'est à l'intérieur même de la philosophie où la logique est chez elle, qu'on parle sur le néant, on encourt d'autant plus durement le reproche de déroger à la règle fondamentale de toute pensée. Un tel parler consiste uniquement en phrases dépourvues de sens. [...] c'est pur nihilisme [1].

Ici encore, l'« adversaire » clairement désigné est Rickert (*op. cit.*, 200-201, 208-209), celui qui, très loin de Carnap, a encore la dignité de l'« adversaire » (*Gegner*), même si naturellement la stratification caractéristique du Cours de 1935, et sa situation de « transition » entre *Sein und Zeit,* la Conférence inaugurale de 1929 et le long débat, encore à venir avec Nietzsche, conduit aussi à lui donner une acception autrement grave, celle-là même qui ne se dévoile complètement que dans la conclusion du Cours. Cours qui aura été en effet et d'entrée de jeu – pour le meilleur et pour le pire – placé sous le signe de Nietzsche : celui qui aura souligné à la fois le caractère nécessairement inactuel de toute philosophie [2], et son caractère extra-ordinaire : « Philosopher, c'est un questionner extraordinaire, en dehors de l'ordre, sur ce qui est en dehors de l'ordre » [3].

1. *EiM.*, 18/35.

2. *EiM.*, 6/20. Voir aussi l'étude de Marc Crépon (chapitre IV) : « La géopolitique de l'*Introduction à la métaphysique* ».

3. Heidegger vient de citer Nietzsche (20-21/25) : « Un philosophe : c'est un homme qui ne cesse de vivre, de voir, de soupçonner, d'espérer, de rêver de choses extraordinaires... » ; « la philosophie..., c'est la vie libre et volontaire dans les glaces de la haute montagne. »

Mais un tel philosopher, inactuel et en dehors de l'ordre, celui qui s'interroge sur l'Autre de tout étant, est aussi – et c'est là sans doute ce qui constitue l'indépassable et dangereuse ambiguïté du Cours de 35 – ce qui entend bien demeurer en consonance (*Einklang*) avec un advenir historial ou l'anticiper par sa « pré-sonance » (*Vorklang*), pour en appeler ainsi, comme jamais, à la décision du peuple dans son histoire ou son historialité.

> Notre questionner de la question métaphysique fondamentale est historial parce que, par lui, l'advenir de l'être-là humain, dans ses rapports essentiels, c'est-à-dire dans ses rapports avec l'étant comme tel et en totalité, est ouvert sur des possibilités à venir encore non scrutées, parce que ainsi notre questionner renoue avec son commencement ayant été, et qu'il aiguise et aggrave cet advenir historial en son présent (34/55).

Singulière rémanence de « platonisme politique » chez celui qui, à l'instar de Nietzsche, et au delà de Nietzsche, entendait bien aussi, avec la « logique », renverser le platonisme ; renversement en référence – qui n'est assurément pas un retour – au premier commencement grec, présocratique ou tragique, puisque aussi bien c'est ce regard, en dépassement de la métaphysique, porté sur le premier commencement grec qui doit nous permettre – un « nous » qui s'entend ici, sans ambiguïté, au sens de « nous autres les Allemands » –, d'envisager un possible surmontement par historicisation radicale du nihilisme, celui dont nous avons ainsi, et au-delà de Nietzsche, touché le véritable fond[1], en posant à neuf la question « du *temps* dans l'horizon de l'*être* ».

1. *EiM.*, 155/206 : « Dans l'oubli de l'être, n'avoir affaire qu'à l'étant –, c'est cela le nihilisme. Le nihilisme ainsi compris est le *fondement* de celui que Nietzsche a mis en évidence dans le premier livre de la *Volonté de puissance*. »

CHAPITRE PREMIER

L'ÉVÉNEMENT DE LA QUESTION

PRATIQUE ET RHÉTORIQUE DU QUESTIONNEMENT CHEZ HEIDEGGER (1935)

« Pourquoi y a-t-il en général de l'étant plutôt que le néant? <*Warum ist überhaupt Seiendes und nicht vielmehr Nichts?* > Voilà la question »[1]. Pourquoi le cours de 1935 commence-t-il par une question? Parce que la mise en œuvre de la question, le questionner (*Fragen*) philosophique en acte, est la voie directe et éminente pour initier le lecteur ou l'auditeur du cours à la métaphysique, pour le conduire au cœur de la métaphysique. C'est ce que nous voudrions montrer en suivant de près l'exposition de la question dans le premier chapitre. Nous examinerons la nature « psychagogique » et « rhétorique » du questionnement, pour étudier ensuite le retournement historique de la question, opéré à partir de la pensée de l'être comme *Ereignis* qui commande et organise implicitement la pratique essentiellement ambivalente du questionnement dans le cours de 1935.

1. *EiM*. 1. Nous citons et traduisons le cours du semestre d'été 1935 d'après l'édition Niemeyer, 1953,[5]1987 (pagination reproduite dans *Ga.*, 40). Principaux sigles utilisés : *Ga.*, / n° tome / [semestre et année] / n° page = *Gesamtausgabe*, Klostermann, Frankfurt/M., 1975-; SZ = *Sein und Zeit*; D : *Denkerfahrungen*; ID : *Identität und Differenz*; KPM : *Kant und das Problem der Metaphysik*; N I, II : *Nietzsche*, Bd. I, II; SVG : *Der Satz vom Grund*; VS : *Vier Seminare*; WHD : *Was heisst Denken?*. Pour toutes les références, cf. *Martin Heidegger : bibliographie chronologique (1910-1976) / bibliographie des traductions françaises* (<www.ens.fr/umr8547/Documents/HeidBiblio.html>).

LA PRATIQUE PSYCHAGOGIQUE DE LA QUESTION

Suivons d'abord la triple caractérisation de l*a priori*té de cette question. La question est première selon son rang dans l'ordre du questionnement, car elle est la question la plus ample (*die weiteste*), la plus profonde (*die tiefste*) et la plus originaire (*die ursprünglichste*)[1]. La question est la plus ample des questions, car elle comprend tout étant passé, présent et futur, c'est-à-dire le tout de l'étant (*das Seiende im Ganzen*) et inclut même le néant (*Nichts*) parce que le néant « "est" le néant »[2]. Elle est la plus profonde en ce qu'elle met en question la raison, la cause, le fondement (*Grund*) de l'étant: pourquoi y a-t-il de l'étant? La question « creuse » l'étant, elle va au fond de l'étant, elle s'enquiert de la nature de son fondement: l'étant est-il appuyé sur un archi-fondement (*Urgrund*), un non-fondement (*Ab-grund*) ou un pseudo-fondement (*Un-grund*)? Enfin, la question est la plus originaire. Examinons de plus près ce troisième trait caractéristique.

Considérant le tout de l'étant abstraction faite des étants particuliers, la question témoigne, dans sa position même, du rôle éminent d'un étant

1. *EiM*. 2. Notons d'emblée que la position heideggérienne de la question, ainsi que la revendication de s*a priori*té, se réfère constamment mais implicitement, pour la contester puis la renverser, à la formulation de la question par le « métaphysicien » Leibniz : « Jusqu'ici nous n'avons parlé qu'en simples physiciens: maintenant il faut s'élever à la métaphysique, en nous servant du grand principe, peu employé communément, qui porte que rien ne se fait sans raison suffisante; c'est-à-dire que rien n'arrive sans qu'il soit possible à celui qui connaîtrait assez les choses de rendre une raison qui suffise pour déterminer pourquoi il en est ainsi, et non pas autrement. Ce principe posé, la première question qu'on a droit de faire sera: Pourquoi il y a plutôt quelque chose que rien? Car le rien est plus simple et plus facile que quelque chose. De plus, supposé que des choses doivent exister, il faut qu'on puisse rendre raison pourquoi elles doivent exister ainsi, et non autrement » (*Principes de la nature et de la grâce*, § 7), passage auquel Heidegger se réfère explicitement dans *Ga*., 9 [1949], 381. Parmi les relais historiques de la question, Heidegger ajoute parfois Schelling au nom de Leibniz (*Ga*., . 65 [1936-1938], 509; *Ga*., 9 [1949], 382; *Ga*., 9 [1955], 420; VS [1969] 87); il aurait pu également évoquer Hume (*Dialogues sur le religion naturelle*, 9e partie, Paris, Vrin, 1997[2], p. 166), Kant (*Critique de la raison pure*, A 613 / B 641), Schopenhauer (*Le monde comme volonté et représentation*, II, chap. 46). – Sur la structure « onto-théo-logique » de la formulation de la question et l'articulation « métaphysique » du rapport entre être et néant qu'elle implique, cf. *Ga*., 24 [SS 1924/25], 221-224; *Ga*., 22 [SS 1926], 148, 180; *Ga*., 9 [1929], 173; *Ga*., 29/30 [WS 1929/30], 63-67; *Ga*., 32 [WS 1930/31], 140-146, 183; SCH [SS 1936] 61-62, 79, 116; *Ga*., 65 [1936-38], 509; *Ga*., 66 [1938/39], 372-375; *Ga*., 67 [1938/39], 19, 26, 214; N II [1940], 321; N II [1941], 446; *Ga*., 68 [1942], 141; N II [1944-46], 347-348, 354; *Ga*., 9 [1949], 379; ID [1957] 33-73. – Sur la différence entre la question « onto-théologique » de l'origine radicale des choses et la *Grundfrage* heideggérienne, *cf*. J.-F. Courtine, *Heidegger et la phénoménologie*, Paris, Vrin, 1990, 33-53.

2. *EiM*. 2; *cf*. aussi N I [SS 1937], 277.

particulier, à savoir l'être humain qui pose cette question : « Seul *un* étant s'impose toujours de manière remarquable dans ce questionner : les hommes qui posent cette question »[1]. La question est ainsi la plus principielle et la plus concrète à la fois, car elle interroge le tout de l'étant par le biais du questionner d'un étant particulier : « si, d'aventure, le tout de l'étant se trouve porté à cette question, le questionner s'ajoute à lui, et il entre manifestement dans un rapport insigne, car unique, à ce questionner »[2]. C'est que le questionner même de cette question, la performance concrète de la question, est la condition première pour ouvrir (*eröffnen*) le tout de l'étant comme tel, c'est-à-dire pour manifester sa vérité. La question du pourquoi (*Warumfrage*) transgresse l'étant tout en y demeurant, en quoi réside l'éminence et, dirions-nous, la « trans-immanence », de son questionner : « Défiant le tout de l'étant, mais ne s'en extrayant <*entwindet*> pas pour autant, ce qui est demandé dans cette question renvoie <*schlägt... zurück*> au questionner lui-même »[3]. En mettant en question l'étant comme tel, cette question du pourquoi « précipite dans <*stösst... in*> la recherche de son propre pourquoi »[4]. La question retourne la question contre elle-même et se met ainsi rétroactivement en question : pourquoi la question du pourquoi ? Autrement demandé : « Pourquoi le pourquoi ? »[5].

La mise en question rétroactive de la question est aussi une mise en question du questionneur qui pose cette question, en quoi Heidegger voit un événement (*Geschehnis*) : « si cette question est posée, se produit alors nécessairement dans ce questionner, à supposer qu'il soit réellement performé <*vollzogen*>, un renvoi <*Rückstoss*>, à partir de ce qui est demandé <*gefragt*> et interrogé par la question <*befragt*>, au questionner lui-même <*das Fragen selbst*>. C'est la raison pour laquelle ce questionner n'est pas un processus <*Vorgang*> quelconque, mais un se-produire

1. *EiM*. 3.

2. *EiM*. 3.

3. *EiM*. 4. Sur ce renvoi ou choc en retour (*Rückstoss*, *Rückschlag*) du questionnement, *cf.* déjà *Ga.*, 61 [1921/22], 175 ; *Ga.*, 17 [WS 1923/24], 76 ; *Ga.*, 20 [SS 1925], 199 ; SZ [1927], 8 : la question du sens de l'être abrite une « remarquable "référentialité rétrospective ou prospective" <*"Rück- oder Vorbezogenheit"*> de ce qui est demandé (l'être) à l'égard du questionner comme mode d'être d'un étant. L'essentiel être-affecté <*Betroffenheit*> du questionner par ce qui est demandé appartient au sens le plus authentique de la question de l'être ». *Rückstoss* (*Rückschlag*) est également un terme d'artillerie : c'est le recul d'une arme à feu, au départ du coup.

4. *EiM*. 4.

5. *EiM*. 4. Sur le pourquoi du pourquoi (*Warum das Warum ?*), *cf.* aussi *Ga.*, 26 [SS 1928], 278-280 ; sur « la possibilité transcendantale du pourquoi en général », cf. *Ga.*, 9 [1929], 168.

<*Vorkommnis*> éminent que nous appelons un *événement* »[1]. Il est possible de faire l'expérience (*erfahren*)[2] de cet « événement excitant <*erregendes Geschehnis*> »[3] qu'est le choc en retour que la question du pourquoi produit sur elle-même et sur le questionneur. Il est possible, en effet, de performer véritablement (*wahrhaft vollziehen*) le renvoi de la question vers son propre pourquoi. Cette expérience peut nous dévoiler que la question du pourquoi trouve son fondement ou son pourquoi (son *Grund*) dans un saut (*Sprung*), par où il faut entendre à la fois le mouvement projectif, la fissuration et la source.

Le saut de la question se détourne (*Absprung*) de tout fondement supposé inébranlable et certain : il prend appui sur ce fondement pour en partir (opérant le *Satz vom Grund*, comme dira plus tard Heidegger), tout en fissurant, pour la « faire sauter », toute sécurité réelle ou apparente (*Geborgenheit*) procurée par ce fondement. Le saut de la question,

1. *EiM*. 4. *Cf.* aussi plus loin (*EiM*. 16) l'analyse de la position de la question (*Fragestellung*) dans le *Fragesatz*. Nous retrouvons, en 1935, les trois moments (*das Erfragte, das Gefragte, das Befragte*) qui articulent la position de la question de l'être dans SZ [1927], 2-15. *Cf.* aussi *Ga.*, 19 [WS 1924/25], 448; *Ga.*, 20 [SS 1925], 193-198. Sur l'inclusion performative et circonstanciée du questionneur (c'est-à-dire de l'être-là en sa finitude) dans la question (de l'être), inclusion sans laquelle l'originalité de la démarche heideggérienne demeure inintelligible, cf. *Ga.*, 56/57 [KSN 1919], 68-69; *Ga.*, 61 [WS 1921/22], 35, 174-175; *Ga.*, 20 [SS 1925], 198-202; SZ [1927], 5, 8; *Ga.*, 26 [SS 1926], 18-23; *Ga.*, 29/30 [WS 1929/30], 36; 268; *Ga.*, 9 [1929], 103 (« D'une part, toute question métaphysique comprend <*umgreift*> toujours le tout de la problématique de la métaphysique. Elle est à chaque fois le tout elle-même. D'autre part, toute question métaphysique ne peut être demandée qu'en sorte que le questionneur – en tant que tel – soit là dans la question, c'est-à-dire se trouve mis en question <*in die Frage gestellt*>. Ce qui nous indique ceci : le questionnement métaphysique doit être posé dans le tout et à partir de la situation essentielle de l'être-là questionnant. Nous demandons ici et maintenant, pour nous »), 119; *Ga.*, 31 [SS 1930], 34-35 (« Si nous survolons du regard son histoire [*sc.* l'histoire de la philosophie occidentale], il apparaît que cette question [*sc.* qu'est-ce que l'étant ?] *n'a jamais ni nulle part* incité à saisir le questionner, la philosophie en elle-même, comme une attaque radicale <*An-die-Wurzel-Gehen*>, à savoir une attaque du questionneur », 123, 130; WHD [1951-52], 81 (« Dans la question « Qu'est-ce que penser? (Qu'est-ce qui appelle à penser?) », nous sommes nous-mêmes les destinataires directs de la question. Nous sommes nous-mêmes présents dans le texte, c'est-à-dire dans le tissu de cette question. La question « Qu'appelons-nous penser? (Qu'est-ce qui nous appelle à penser?) » nous a déjà impliqué dans ce qui est demandé. Par cette question, nous sommes nous-mêmes, au sens strict du terme, mis en question »). – L'une des matrices phénoménologiques de cette inclusion performative du questionneur dans la question est l'interprétation heideggérienne, en 1921, de l'expérience de la *quaestio mihi factus sum* chez Augustin : « je suis devenu pour moi-même une question » ; cf. *Confessions*, X, 33, 50 ; IV, 4, 9 ; *Ga.*, 61 [WS 1921/22], 174, 178, 245-246, 263, 273-274, 280-281, 283.

2. *EiM*. 4. Sur l'attitude questionnante (*das fragende Verhalten*) comme expérience vécue de la question (*Frageerlebnis*), *cf.* déjà *Ga.*, 56/57 [KSN 1919], 65-70.

3. *EiM*. 4.

s'affranchissant de tout fondement par l'étant, est ainsi le « fondement secret <*geheimnisvoller Grund*> », car abyssal, de la « liberté »[1]. Bref, performer la question, c'est (faire) sauter : « Le questionner <*Fragen*> de cette question n'est que dans le saut et en tant que saut, autrement il n'est pas du tout »[2]. Le saut de ce questionner produit (*erwirkt*) et révèle délibérément le pourquoi de toute question : le pourquoi ainsi produit par le saut est le saut originel, ou, si l'on peut dire, le prime-saut (*Ur-sprung*) ou l'archi-source (*origo fontium*) dont procède toute question, par où la question fondamentale « pourquoi y a-t-il de l'étant en général et non pas plutôt le néant ? » accède à son statut de question la plus originaire qui scelle *sa priori*té sur toutes les autres questions.

Or, poser cette question des questions, c'est philosopher. Regardons comment Heidegger entend nouer au plus intime l'acte de questionner à l'acte de philosopher comme tel. Notre philosophe commence par distinguer la philosophie de la foi, laquelle détiendrait d'avance une réponse à la question du pourquoi : « Au commencement, Dieu créa le ciel et la terre » (Gn 1, 1), c'est-à-dire : « L'étant, dans la mesure où il n'est pas Dieu lui-même, est créé par lui. Dieu lui-même « est » en tant que créateur incréé »[3]. Pour Heidegger, la réponse de la Bible ne saurait être une réponse à la question de la philosophie, car non seulement elle neutralise d'emblée la question comme telle, mais elle ne s'y rapporte nullement : « Ce qui est vraiment demandé dans notre question est une folie pour la foi »[4]. Comme c'est précisément la philosophie qui pose cette question, Heidegger n'hésite pas à dire et à rappeler que « pour la foi chrétienne des origines, la philosophie est une folie »[5].

Philosopher, c'est donc questionner. Questionner en philosophe, nous dit Heidegger, c'est sortir de ce qui est à l'ordre du jour, c'est passer outre le domaine « ordinaire » de l'étant pour s'enquérir de l'« extra-ordinaire » (*das Ausser-ordentliche*) : « Un philosophe, c'est un homme qui vit, voit, entend, soupçonne, espère, imagine constamment des choses extraordinaires »[6]. C'est précisément le choc en retour que la question produit sur elle-même qui confère un caractère extraordinaire tant à ce qui est en

1. *EiM*. 10.
2. *EiM*. 4.
3. *EiM*. 5.
4. *EiM*. 6.
5. Allusion à 1 Co 1, 20 : « Dieu n'a-t-il pas frappé de folie la sagesse du monde ? » ; *cf.* aussi 1 Co 1, 22-23 : « Alors que les Juifs demandent des signes et que les Grecs sont en quête de sagesse, nous proclamons, nous, un Christ crucifié, scandale pour les Juifs et folie pour les païens » ; Col 2, 8. Heidegger citera 1 Co 1, 20 en *Ga.*, 9 [1949], 379.
6. Nietzsche, *Jenseits von Gut und Böse*, § 292, cité en *EiM*. 10.

question qu'à l'acte de questionner. Philosopher « est le questionner extra-ordinaire qui s'enquiert de l'extra-ordinaire »[1]. Or, le questionner philosophique qui s'enquiert de l'étant comme tel questionne au-delà (*méta-*) de l'étant (*-physique*) : ce mouvement transgressif de l'acte de philosopher est éminemment méta-physique. La question « pourquoi... ? » apparaît ainsi comme la question fondamentale de la métaphysique en tant qu'elle est le « milieu <*Mitte*> et noyau <*Kern*> de la philosophie »[2].

Le titre du cours s'éclaire à la lumière de cette essence méta-physique du philosopher comme questionner : l'introduction à la métaphysique (*Einführung in die Metaphysik*), c'est-à-dire dans (*in*) la métaphysique, consiste à conduire dans (*hineinführen*) l'expérience du questionnement philosophique *en s'adressant à autrui*. Regardons de plus près cette « psycha-gogie » du questionnement heideggérien, qui se nourrit tant d'éléments platoniciens qu'aristotéliciens[3].

L'introduction ne part pas d'un point externe pour s'acheminer vers son objet ; elle est une conduction (*Führung*) vers la *possibilité*, pour l'auditeur ou le lecteur du cours, de s'éveiller au questionner à son tour et de performer lui-même la question[4] : « L'introduction dans le demander de la

1. *EiM*. 10.

2. *EiM*. 13. Sur le questionner méta-physique comme « événement » de la différence ontologique, *cf.* aussi *Ga.*, 28 [SS 1928], 356 (avec réf. à Socrate); KPM [1929], 242; *Ga.*, 9 [1929], 118; *Ga.*, 29/30 [WS 1929/30], 12.

3. Sur l'appropriation heideggérienne de la dialectique platonicienne comme psychagogie, *cf.* l'excursus sur Platon et la rhétorique dans le cours de 1924/25 (*Ga.*, 19 [WS 1924/25], 308-352). En *Ga.*, 19 [WS 1924/25], 338, Heidegger considère qu'Aristote réalise, dans sa *Rhétorique*, la possibilité d'une fondation positive de la rhétorique, possibilité qui se trouve dans l'idée platonicienne de la dialectique comme psychagogie (*Phèdre*) : « Si la rhétorique est formée de cette manière, nous pouvons alors dire, en effet, qu'elle peut être une *conduction de l'âme* <Seelenleitung>, *psuchagôgia*, (271 c 10), *une conduction de la vie des autres en parlant avec eux* et en s'adressant à eux <eine Leitung des Lebens der Anderen durch das Sprechen mit ihnen *und zu ihnen*> » (*Ga.*, 19 [WS 1924/25], 337); *cf.* aussi *Ga.*, 19, 319 (*psuchagôgia = Führung*); 337 (*Seelenführung; Führen der Existenz*); 339 sur l'inscription de la *psuchè* de l'auditeur dans le champ de cette dialectique (rhétorique). Exploitant cette esquisse platonicienne, Heidegger interprétera, dans son cours de 1924 (*Ga.*, 18), la *Rhétorique* d'Aristote et sa doctrine des passions comme la première herméneutique de l'être-ensemble et du parler-ensemble (SZ [1927], 138), pour développer une psychagogie « existentielle » dont la matrice sera fixée dans *Sein und Zeit*. Sur ce point, qu'il nous soit permis de renvoyer le lecteur à notre étude *Heidegger, Aristote, Luther*, Paris, P.U.F., 2005, spéc. 123-131, 188-232.

4. *Cf.* aussi la remarque préliminaire (*Vorbemerkung*) du cours de 1935, rédigée pour la publication en 1953 : « Pour penser correctement dans quel sens <*Sinn*> et pour quelle raison <*Grund*> le nom de « *métaphysique* » se trouve dans le titre du cours, le lecteur doit d'abord avoir co-performé son cheminement <*ihren Gang mitvollzogen haben*> »; *EiM*. 65 : la philosophie « est un événement <*Geschehnis*> qui doit toujours pour elle-même provoquer

question fondamentale <*Fragen der Grundfrage*> n'est donc pas un cheminement vers quelque chose qui se trouverait et se tiendrait quelque part, mais ce conduire <*Führen*> doit d'abord réveiller et créer le questionner. Le conduire est un procéder questionnant <*fragendes Vorangehen*>, un questionner devançant <*Vor-fragen*> »[1]. L'introduction, comme propédeutique et initiation à la métaphysique, est un questionner préalable et anticipatif qui prépare et libère, pour autrui, la possibilité de questionner avec le questionneur (*Mitfragen*) en l'écoutant, puis de questionner lui-même (*Selbstfragen*)[2], de poser la question à son tour, ce qui suppose qu'il ait été conduit hors de l'étant qui, aux yeux de l'opinion, ne fait pas question[3]. Le questionner heideggérien, à côté de sa dimension psychagogique, est ainsi essentiellement maïeutique[4].

Pour conduire autrui vers la possibilité de comprendre la question, pour le faire accoucher de la question, il faut mobiliser, Heidegger l'a suggéré dès le début du cours, certains « états affectifs » susceptibles de libérer la puissance latente (*verborgene Macht*)[5] de la question, car seule une « passion » fondamentale peut provoquer une *transformation* en profondeur de l'auditeur / lecteur pour le rendre apte à performer concrètement la question, c'est-à-dire à philosopher[6]. Car l'auditeur / lecteur est un être-là

<*erwirken*> à nouveaux frais l'être [en l'être-manifesté qui lui appartient]. Ce n'est que dans cet événement que s'ouvre la vérité philosophique. C'est pourquoi, ici, il est décisif de re-performer et de co-performer <*Nach- und Mitvollzug*> chaque pas particulier dans l'événement ».

1. *EiM*. 15. Sur la non-extériorité de toute « introduction », *cf.* aussi *Ga.*, 26 [SS 1926], 8; *Ga.*, 27 [WS 1928/29], 4-6.

2. *EiM*. 16.

3. Sur la philosophie comme psychagogie (*Herum- und Herausführen des Wesens des Menschen*) à partir de *Rép.* VII, 521 c 5, cf. *Ga.*, 36/37 [WS 1933/34], 206. – Ce n'est pas le lieu ici d'analyser le lien que Heidegger voudrait établir entre sa *Führung* philosophique et la *Führung* politique de ce *Führer* (évoqué en *EiM*. 27) qui occupe alors la chancellerie de Berlin; indiquons simplement qu'à partir de 1934/35, à partir donc de sa lecture intensive de Hölderlin, Heidegger attribue aux puissances créatrices (*schöpferische Mächte, Gewalten*) de la poésie (*Dichtung*), de la pensée (*Denken*) et de la création d'État (*Staatsschaffen*) la mission (*Auftrag*) de fonder le site (*Staat, Stätte, polis*) historique du peuple allemand en sa « vérité », c'est-à-dire de provoquer (*erwirken*) l'événement (*Geschehen*) de son histoire (*Geschichte*). Sur cette triple alliance, également invoquée dans le cours de 1935 (*EiM*. 146), cf. *Ga.*, 39 [SS 1934/35], 51, 143-144, 284; *Ga.*, 65 [1936-1938], 71.

4. Sur la maïeutique socratique (*Geburtshilfe*), cf. *Ga.*, 22 [SS 1926], 92.

5. Cf. *EiM*. 1.

6. Parmi ces « passions », Heidegger cite (*EiM*. 1) la détresse extrême (*grosse Verzweiflung*), la jubilation (*Jubel*), l'ennui (*Langeweile*). Sur la dimension « affective » et « transformative » du questionner, *cf.* spéc. *Ga.*, 29/30 [WS 1929/30], 268 : « *La métaphysique* – la connaissance métaphysique est un questionner *compréhensif-inclusif* <inbegriffliches *Fragen*>, compréhensif-inclusif au double sens que 1) l'étant dans son tout

susceptible de se laisser dire quelque chose en écoutant ou en lisant : ce n'est que parce que l'auditeur / lecteur a cette faculté d'écouter l'enseignant, qui s'adresse à lui, qu'il peut apprendre, ce n'est qu'à cette condition que son *hexis*, sa manière d'être ou son attitude, peut se transformer, et le lieu de cette transformation, c'est un *pathos*. Il s'agit en effet, pour Heidegger, de former (*ausbilden*) chez autrui cette attitude questionnante (*Fragehaltung*)[1], cette *hexis* philosophique qui se traduit par une volonté de savoir (*Wissen-wollen*), ce que notre philosophe définit ici comme la résolution (*Entschlossenheit*) à se tenir (*stehen*) dans la vérité comme être-révélé (*Offenbarkeit*) de l'étant[2].

Questionner, c'est, pour ainsi dire, « réaliser » la philosophie, c'est-à-dire *agir* en enseignant pour éduquer autrui au questionnement[3]. Questionner, c'est vouloir savoir, mais aussi pouvoir apprendre. Or, si la question est bien la première des questions, le vouloir et le savoir qui lui correspondent seront, eux aussi, d'un genre tout à fait particulier (*ureigene*

est à chaque fois compris <*einbegriffen*> dans toute question métaphysique et 2) que celui qui questionne métaphysiquement est à chaque fois inclus <*mit hineingenommen*> dans la question, qu'il est co-affecté <*mit betroffen*> par le questionner et par cela même qui est demandé par la question. Il n'est touché <*getroffen*> et affecté que si l'homme, en son être-là, peut être touché et saisissable <*ergreifbar*> dans cette possibilité d'être affecté <*Betreffbarkeit*>, si en son essence réside la possibilité du *saisissement* <Ergriffenheit>. Cette possibilité essentielle de l'être-saisi <*Ergriffensein*> appartient à l'essence de l'homme, dans la mesure où son être-là <*Da-sein*> signifie, mais non exclusivement : *être affectivement disposé* <Gestimmtsein>. Seul ce qui, dès l'origine et en général, est affectivement disposé, peut être affectivement indisposé <*verstimmt*>. Ce qui est affectivement indisposé peut être changé en sa disposition affective <*umgestimmt*>. Là où il y a une disposition affective <*Stimmung*>, il y a la possibilité d'un changement <*Wandel*> de la disposition affective et par conséquent d'un *réveil* <Weckung> *de la disposition affective*. Afin de pouvoir développer un questionner compréhensif-inclusif, il nous a donc fallu réveiller d'abord une disposition affective fondamentale [*sc.* la *Grundstimmung* de l'ennui profond], créer la possibilité d'un saisissement [...] Or les expositions précédentes de la première partie du cours ne tirent leur légitimité et leur poids que de la deuxième partie. Dans celle-ci, il faudra demander réellement les questions métaphysiques qui doivent être développées *à partir* <aus> *de la disposition affective fondamentale* » ; 87. *Cf.* aussi *Ga.*, 20 [SS 1925], 200 ; SZ [1927], 8...

1. *EiM*. 16.

2. Cf. *EiM*. 16-17.

3. Cf. *Ga.*, 36/37 [SS 1933], 4-5 : « Nous voulons ouvrir ce questionner ici et maintenant, c'est-à-dire que nous ne voulons pas parler *sur* le questionner, mais agir en questionnant et risquer l'engagement <*Einsatz*> en demandant la question fondamentale de la philosophie » ; 79 (*Einsatz* = *Lehren*) ; 269-270. Sur philosopher = agir (*Handeln*, *Tun*), *cf.* SZ [1927], 300-301, 316, 357-358 ; *Ga.*, 27 [WS 1928/29], 174 ; N I [SS 1937], 261 ; *Ga.*, 66 [1937/38], 425 ; *Ga.*, 54 [WS 1942/43], 219-220 ; *Ga.*, 55 [SS 1944], 203 ; *Ga.*, 9 [1946], 361 ; *Ga.*, 16 [1966], 676 ; 685 ; VS [1969], 91 ; D [1974], 181-183.

Art)[1]. La simple répétition de l'énoncé de la question (*Fragesatz*) n'est évidemment pas la performance singulière de la question. Heidegger ne saurait performer la question à ma place : l'être-là étant « à chaque fois mien », chaque être-là singulier doit lui-même performer la question pour lui-même, chaque être-là doit se l'approprier. Pour accéder à la performance de la question, il faut d'abord former l'attitude questionnante en suivant le déploiement (*Entfaltung*) heideggérien de la question, déploiement problématisant qui seul permettra de libérer la puissance abritée par le simple énoncé de la question : « La question qui certes résonne dans l'énoncé de la question, mais qui s'y trouve en quelque sorte encore enfermée et enveloppée, doit d'abord être développée. Par ce biais, l'attitude questionnante doit se préciser, s'assurer, s'affermir en s'exerçant »[2].

LA COURBURE HISTORIQUE DE LA QUESTION

Seul le déploiement de la question est à même de problématiser la question pour la mettre radicalement en question. Il importe de comprendre qu'à ce stade propédeutique, la question n'est pas encore réellement performée. Elle demeure encore une simple possibilité : l'événement du philosopher (historique) comme saut de la question n'a pas encore eu lieu. Jusqu'ici, Heidegger n'a procédé qu'à l'exposition (*Erörterung*) et à la présentation de la question, en situant la question face à l'étant : « Notre questionner n'est pas encore le saut; pour cela, il doit d'abord être transformé ; il se tient encore, sans savoir, face à l'étant »[3].

Analysant l'énoncé de la question pour la déployer, Heidegger porte d'abord son soupçon sur la coupure (*Einschnitt*) entre « pourquoi y a-t-il de l'étant en général » / « et non pas plutôt le néant ? ». La question principale semble être le « pourquoi y a-t-il de l'étant en général ? », le « et non pas plutôt le néant » s'ajoutant comme un supplément (*Zusatz*) inutile. Car dans la position de la question, ce qui semble mis en question (*in die Frage gestellt*), c'est l'étant, et ce qui est demandé par la question (*das Gefragte*),

1. *EiM*. 17. Heidegger ne le dit pas explicitement dans ce cours, mais il le suggérait dans sa digression sur l'apparente inutilité de la philosophie (*EiM*. 7-10) : ce savoir d'un genre particulier est le savoir premier et souverain (*herrschaftliches Wissen*) mis en œuvre par la philosophie comme pensée initiale (*anfängliches Denken*). Cf. *Ga*., 65 [1936-38], 36, 59 ; D [1937] 18 ; *Ga*., 45 [WS 1937/38], 3. Sur la source et le contexte platonicien du *herrschaftliches Wissen*, *cf.* N I [WS 1936/37], 194, 196-197.

2. *EiM*. 17.

3. *EiM*. 4-5/7 : « Nous n'avons donc pas encore demandé la question. Nous nous sommes d'entrée tournés vers une exposition de la question ».

c'est le pourquoi de cet étant. Le néant dans la question passe pour superflu, voire pour une absurdité logique, car il n'est rien. Mais ce serait oublier la longue tradition historique de la question dont Heidegger situe l'origine chez Parménide[1]. De cette tradition, Heidegger tire cette leçon : « La manière de questionner le néant peut valoir comme indicateur de mesure et signe distinctif pour la manière de questionner l'étant »[2].

Le supplément, loin d'être une tournure arbitraire, abrite le sens essentiel (*wesentlicher Sinn*) de la question. La question « pourquoi y a-t-il de l'étant en général », c'est-à-dire « quelle est la raison d'être de l'étant ? », cherche implicitement (*unausgesprochen*) un étant supérieur, alors que l'insistance heideggérienne sur le supplément empêche de se fixer sur un étant prédonné (*vorgegeben*) et inquestionné et de lui chercher un autre étant comme fondement. En exposant l'étant « à la possibilité du non-être <*Nichtsein*> », le supplément confère une puissance inédite au questionner qui peut alors s'entendre ainsi : « Pourquoi l'étant est-il arraché à la possibilité du non-être ? »[3]. Cette question soumet l'étant comme tel à un vacillement (*Schwanken*) qui peut s'incliner jusqu'à la « contre-possibilité <*Gegenmöglichkeit*> la plus extrême et la plus tranchée de l'étant, jusqu'au non-être et au néant »[4]. Du coup, la recherche du pourquoi s'en trouve également transformée : « Le fondement demandé est maintenant demandé comme fondement de la décision pour l'étant et contre le néant, plus précisément, comme fondement pour le vacillement <*Schwanken*> de l'étant qui nous porte et nous délie, à moitié étant, à moitié non-étant, d'où aussi le fait que nous ne pouvons appartenir entièrement à aucune chose, même pas à nous-mêmes ; et pourtant l'être-là est à chaque fois mien <*je meines*> »[5].

Le déploiement de l'énoncé complet montre ainsi que s'y exprime « une question complètement différente de celle signifiée par la question : pourquoi l'étant est ? »[6]. Heidegger ne se situe donc plus maintenant, comme lors de l'exposition de la question, face à l'étant, mais au milieu de l'étant pour le mettre en question : « Par notre question, nous nous posons ainsi dans <*in*> l'étant, pour le priver de son caractère non problématique

1. Cf. *EiM*. 85 : « Ce fragment [*sc*. le frgt. 4] nous donne [...] le plus vieux document <*Urkunde*> de la philosophie sur le fait que conjointement avec la voie de l'être, la voie du néant <*Nichts*> doit être *pensée* explicitement, et que c'est donc méconnaître la question de l'être si l'on se détourne du néant en assurant que le néant n'est rien ».
2. *EiM*. 18. *Cf.* aussi N I [SS 1937], 460.
3. *EiM*. 21.
4. *EiM*. 22.
5. *EiM*. 22.
6. *EiM*. 22.

en tant qu'étant »[1]. Cette mise en question de la question, qui affecte l'étant d'un quotient de problématicité digne de question (*Fragwürdigkeit*) désormais irréductible, produit l'événement du choc en retour, évoqué au début, sur le questionner lui-même performé par le questionneur : « Notre être-là questionannt entre dans un suspense <*Schwebe*> tout en étant tenu par lui-même dans ce suspense même »[2]. Heidegger déclare alors à ses auditeurs : « Ce que nous savons de l'événement <*Geschehnis*> de ce questionner est encore bien trop mince et rudimentaire. Dans ce questionner, nous semblons nous appartenir <*gehören*> entièrement. Et pourtant, c'est *ce* questionner qui nous porte dans l'ouvert <*ins Offene*>, si tant est qu'il se transforme lui-même en questionnant (ce qu'accomplit tout questionner authentique) et qu'il projette <*entwirft*> un espace inédit <*neuen Raum*> en dépassant et traversant tout »[3].

Par ce flottement, par ce suspense, il apparaît que la question ne porte donc pas sur l'étant – *mais sur l'être*. Il s'agit de savoir pourquoi l'étant comme tel *est*, et pourquoi il n'est pas néant : « Nous demandons la raison <*Grund*> pour laquelle l'étant *est*, et ce qu'il *est*, et pourquoi il n'est pas plutôt néant. Au fond, nous interrogeons l'être »[4]. La question : pourquoi... ?, que Heidegger appelle maintenant, incidemment, question directrice (*Leitfrage*) et non plus question fondamentale (*Grundfrage*), abrite la question préalable (*Vorfrage*) : qu'en est-il de l'être ? (*Wie steht es um das Sein ?*)[5]. Selon l'économie apparente du cours de 1935, la désoccultation de cette question préalable conduit Heidegger à interroger la grammaire et l'étymologie du mot « être » pour voir que « être » n'est pas la réponse, mais précisément ce qu'il y a de plus problématique, le plus digne d'être questionné (*das Fragwürdigste*), constat qui engage une méditation (*Besinnung*) de l'histoire de cet être à travers l'analyse des quatre divisions matricielles et dominantes de l'être[6].

Mais pour comprendre en profondeur la stratégie retorse et ambiguë du questionnement à l'œuvre dans le cours, il nous faut adopter une autre perspective interprétative, celle qui procède de la pensée heideggérienne de l'*Ereignis*, laquelle se tient à l'arrière-plan du cours comme son foyer secret, ce qui éclairera également d'une autre lumière ce qui précède. Au

1. *EiM*. 22.
2. *EiM*. 22.
3. *EiM*. 23. Sur la transformation libératrice par l'événement (*Geschehen*, *Geschehnis*) du questionner comme philosopher, *cf.* aussi *Ga.*, 27 [WS 1928/29], 401 ; *Ga.*, 34 [WS 1931/32], 81, 116 ; *Ga.*, 36/37 [WS 1933/34], 208 ; 214.
4. *EiM*. 24.
5. *EiM*. 30.
6. Cf. *EiM*. 56, 70.

début du cours, après la définition de la question « pourquoi y a-t-il de l'étant plutôt que le néant? » comme « question fondamentale de la métaphysique »[1], Heidegger a inséré après coup dans le texte, pour tenter de clarifier la « situation confuse de la question de l'être », un commentaire entre crochets : « C'est avec intention <*Absicht*> que tout ceci, en vue de l'introduction, est présenté superficiellement <*vordergründig*> et donc au fond <*im Grunde*> avec ambiguïté <*zweideutig*> »[2].

C'est l'ambiguïté de la formule « question de l'être » qui doit retenir l'attention. Cette duplicité, selon Heidegger, n'est pas arbitraire, elle procède de la « chose même » et se retrouve par excellence dans le titre simultanément « exotérique » et « ésotérique » du traité de 1936-38 où s'articule la pensée de l'*Ereignis* qui organise implicitement le cours de 1935 : « Contributions à la philosophie » / « De l'événement appropriant »[3]. Selon la perspective métaphysique courante (*geläufig*), la question de l'être signifie la question de l'étant comme tel : c'est la question directrice (*Leitfrage*) de la métaphysique d'Anaximandre à Nietzsche. Selon la perspective de la pensée de l'*Ereignis*, elle signifie la question de l'être même. Cette question est alors dite fondamentale (*Grundfrage*) parce qu'elle s'enquiert du fondement (*Grund*) et de l'essence (*Wesen*) de la

1. *EiM*. 15.

2. *EiM*. 14. *Cf.* aussi les remarques critiques sur le cours publiées en annexe de *Ga.*, 40, spéc. 217-219.

3. Cf. *Ga.*, 65 [1936-38], 3 : « *Le titre public : Contributions à la philosophie / et / le titre essentiel : De l'événement appropriant.* » Le double titre indique que Heidegger veut préparer le passage (*Übergang*) de la métaphysique vers une « autre » pensée *depuis* la position fondamentale de la question de la vérité de l'être (depuis l'*Ereignis*). Heidegger ne discourt pas *sur* l'événement comme sur un étant objectivable, mais il entend parler à partir (*vom*) de lui (événement du philosopher) : « ici le dire <*Sagen*> ne fait pas face à ce qui est à dire, mais il est celui-ci même comme déploiement essentiel de l'estre <*Seyn*> » (*Ga.*, 65 [1936-38], 4 ; *cf.* 80). Soulignons que le plan de ce traité, publié en 1989, est fixé dès 1932 (*Ga.*, 66 [1937/38], 424). A partir des années trente, les documents « exotériques » (« métaphysiques » ou « philosophiques ») que sont les cours publics, les conférences et les publications de Heidegger, c'est-à-dire ses textes scolaires et acroamatiques, ses « leçons » qui sont « de l'extérieur », pourraient être considérés comme le négatif photographique qu'il faut développer à la lumière du système « ésotérique » des *Beiträge* où Heidegger entend parler « l'autre langue » (*die andere Sprache*) post-métaphysique de l'*Ereignis* (*Ga.*, 9 [1949], 313). Heidegger pratique ainsi une sorte d'« art d'écrire », solidaire d'une stratégie de la « double communication ». Les cours s'adressent à un public déterminé pour le *conduire* vers l'être comme *Ereignis* : « Les *cours* comme « remarques » <*Erläuterungen*> venant à chaque fois de l'extérieur <*von aussen*> et en conformité avec l'opinion encore courante. Leur dire <*Sagen*> ne saurait être effectué depuis l'estre, mais il ne fait toujours qu'y conduire. Et ainsi, dans *leur* sphère, l'essentiel est à chaque fois et nécessairement obstrué et de surcroît biaisé par l'allusion » (*Ga.*, 69 [1938/40], 173).

métaphysique, et la transition de l'une à l'autre s'effectue précisément par un saut[1].

Le questionner métaphysique passe outre l'être même et omet de le thématiser : l'être s'y fait oublier, pour ainsi dire, cette dissimulation *de* l'être constituant le destin ou « l'impulsion <*Anstoss*> inconnue <*unbekannte*> mais permanente »[2] du questionner métaphysique ; l'être est ainsi sa présupposition inquestionnée. Dans ce sens, le questionner métaphysique ne sait pas ce qu'il demande ; la question du pourquoi se détourne de ce qui fait éminemment question : l'être. Par conséquent, le titre du cours de 1935 est lui aussi « *consciemment* ambigu <bewusst *zweideutig*> »[3], puisqu'il peut donner à croire que la question se déploie dans la perspective de l'étant comme tel. Mais c'est dès la première phrase (*Satz*) du cours que Heidegger entend bondir ou sauter hors du domaine de l'étant en préparant cette perspective permettant d'envisager l'être même par la question : « pourquoi y a-t-il de l'étant, plutôt que le néant ? », l'accent portant sur le supplément (*Zusatz*) du néant, ainsi que nous l'avons vu. Pourquoi le regard est-il fixé sur l'étant et non pas sur ce qui n'est rien d'étant : l'être ? Quoi de l'être ?

La question, posée selon cette nouvelle perspective, ne s'oppose pas à la question métaphysique ; elle s'y introduit, s'en détourne et la rejette (*verwirft*)[4] pour la reformuler en l'intégrant dans la question de la « vérité de l'être », comme le précisera Heidegger en 1938/39. La pensée de l'*Ereignis* reformule toujours déjà cette question sans mot dire (*stillschweigend*)[5], si tant est qu'elle pense l*a priori*té (*Vorrang*) de l'étant sans vouloir expliquer l'étant par une cause, celle-ci fût-elle suprême[6].

1. Sur le passage (*Übergang*) de la question directrice (qu'est-ce que l'étant ? = étantité) à la question fondamentale (qu'est-ce que l'être ? = vérité de l'être = *Ereignis*) par un saut, *cf.* notamment *Ga.*, 65 [1936-38], 73-77. Le saut est une « jointure destinale » (*Fügung*) dans le système (*Fuge*) de « l'histoire de l'être » des *Beiträge* (*Ga.*, 65 [1936-38], 225-289). Sur le saut (*Sprung*, *Satz*), *cf.* aussi *Ga.*, 38 [SS 1934], 19 ; *Ga.*, 45 [WS 1937/38], 110, 203, 208 ; *Ga.*, 54 [WS 1942/43], 224 ; WHD [1951-52], 48 ; SVG [WS 1955-56] 107, 119, 129, 150-151, 158-159.

2. *EiM*. 15.

3. *EiM*. 15.

4. *Ga.*, 67 [1938/39], 27.

5. *Ga.*, 67 [1938/39], 19.

6. Sur la double formulation de la question fondamentale (selon « la métaphysique », selon « l'histoire de l'être »), *cf.* notamment le traité *Besinnung* de 1938/39, où Heidegger souligne que l'ambiguïté de la question est intentionnelle (*absichtlich*), car elle est associée à « l'ambiguïté transitoire <*übergängliche Zweideutigkeit*> du concept de métaphysique comme nom pour la question de l'être qui soit ne s'enquiert que de l'étantité de l'étant, soit de la vérité de l'estre <*Seyn*> » (*Ga.*, 66 [1938/39], 377), puis il note : « a) Pensé métaphysiquement on demande ici la *cause* <*Ursache*> par laquelle l'étant est rendu disponible

Pour penser l'être même, il faut abandonner toute explication causale de l'étant comme réponse à la question « qu'est-ce que l'étant? », c'est-à-dire congédier, en la dépassant, la question métaphysique du pourquoi qui préside au « premier commencement » : « La question de l'autre commencement (la question fondamentale <*Grund-frage*> à proprement parler) est celle-ci : comment se déploie l'estre? Quelle est la vérité de l'estre? » [1], ou, pour le dire dans les termes de l'exigence (*Forderung*) finale du cours de 1935 : il faut un « *questionner* originaire de la question de l'être qui aurait compris la tâche d'un déploiement de la vérité de l'essence de l'*être* » [2].

S'il est vrai, comme le montre l'analyse des quatre divisions de l'être dans le cours, que « *le concept traditionnel de l'être ne suffit pas à nommer tout ce qui 'est'* » [3], puisque ce concept traditionnel écarte le néant, il faut s'engager dans une nouvelle fondation (*Gründung*) de l'être par la mise en lumière de la différence entre l'étant et l'être comme tel : une fondation de l'étant qui ne passerait plus par l'étant mais par son fondement « abyssal » et « sans raison » qu'est l'être comme archi-source ou *Ur-Sprung* de la différence. Heidegger note : « Si donc l'être même doit être ouvert et fondé <*eröffnet und gegründet*> dans *sa* différence avec l'étant, il faut l'ouverture d'une perspective originaire <*ursprüngliche Blickbahn*>. L'origine de la division entre être et pensée [...] nous montre qu'il y va de rien de moins que d'une détermination <*Bestimmung*> de l'être-homme <*Menschsein*> procédant de l'essence de l'être (*phusis*) » [4].

Cette division traditionnelle entre être et pensée qui domine tout rapport à l'étant appelle donc une redéfinition radicale du rapport entre être et homme. Aux auditeurs du cours, Heidegger explique, exotériquement, que dans la question de l'être, « l'essence de l'homme » doit être « comprise et fondée comme *le site* <die Stätte> nécessité <*ernötigt*> par l'être pour

<*beigestellt*> et le néant pour ainsi dire écarté et réprimé; l'étant est compris comme le productible représentable <*das vorstellbare Herstellbare*> et le néant comme la négation de l'étant dans son ensemble. b) Demandée selon l'histoire de l'estre <*seynsgeschichtlich*>, la question signifie: quel est le fondement et la raison <*Grund*> pour laquelle l'étant a *la priorité*, en sorte que l'être n'est qu'un supplément <*Nachtrag*>; quel est le fondement et la raison pour laquelle le déploiement essentiel <*Wesung*> du néant est rendu surpuissant <*übermachtet*>, le néant au sens de l'appartenance <*Zugehörigkeit*> à l'estre, étant son abîme? (Réponse : parce que l'abandon, par l'être, de l'étant a lâché celui-ci dans la prédominance <*Vormacht*> de la machination <*Machenschaft*>; or qu'est-ce que cela? (événement appropriant <*Ereignis*>) » (*Ga.*, 66 [1938/39], 376-377); *cf.* aussi 267, 275-276; *Ga.*, 9 [1943], 304.

1. *Ga.*, 66 [1938/39], 274.
2. *EiM*. 153.
3. *EiM*. 155.
4. *EiM*. 156.

l'ouverture <*Eröffnung*> »[1]. C'est dans ce site ouvert à (de) l'être que peut avoir lieu une nouvelle expérience de l'être, laquelle, selon les termes ésotériques des *Beiträge*, n'est autre que l'expérience de l'être comme événement appropriant (*Ereignis*), où le rapport entre l'être-là humain et l'être est pensé comme un rapport réciproque institué par l'être comme *Ereignis*. Cet échange réciproque entre l'être-là humain et l'être est censé opérer le tournant (*Kehre*) dans l'*Ereignis* : « L'ap-propriation événementielle <*Er-eignung*> de l'être-là <*Da-sein*> par l'estre <*Seyn*> et la fondation <*Gründung*> de la vérité de l'être <*Sein*> dans l'être-là – le tournant dans l'événement appropriant <*die Kehre im Ereignis*> »[2]. Selon Heidegger, cette expérience permet à l'homme de se transformer en être-là (*Da-sein*), en dépassant sa condition d'*animal rationale* (et d'*animal metaphysicum*) en direction de l'homme post-métaphysique (*nachmetaphysischer Mensch*)[3] de « l'autre commencement » : « L'estre n'est pas « reconduit » <*zurückgeführt*> à l'homme, mais l'homme est arraché à l'humanisation <*Vermenschung*> et trans-formé <*ver-wandelt*> en être-Là <*Da-sein*>, par quoi advient <*geschieht*> la fondation <*Gründung*> de l'éclaircie dans l'ouverture de laquelle l'estre déploie son essence »[4].

Et si Heidegger accorde un statut exceptionnel au questionner comme philosopher souverain qui s'enquiert de l'être (comme *Ereignis*), c'est parce qu'il attribue précisément à ce questionner la capacité de provoquer ce retournement de perspective, cette *Kehre* capable de transformer l'homme, par le réveil d'une disposition affective fondamentale présidant à l'autre commencement[5]. Au début du cours, Heidegger avait défini

1. *EiM*. 156.

2. *Ga.*, 65 [1936-1938], 262. Sur l'*Ereignis* comme réciprocité (*Gegenschwung*) entre le besoin (*Brauchen*) de l'être et l'appartenance (*Zugehören*) de l'être-là à l'être (ou « estre », *Seyn*), cf. *Ga.*, 65 [1936-38], 30, 251, 262, 342, 407 ; sur le « tournant dans l'événement appropriant », cf. *Ga.*, 65 [1936-38], 262, 286-287, 342, 380-381.

3. *Ga.*, 66 [1938/39], 250. Sur la disparition de l'homme (*Verschwindung des Menschen*) comme sujet dans l'autre commencement de l'histoire de l'être, cf. *Ga.*, 69 [1938/40], 24, 30.

4. *Ga.*, 66 [1938/39], 274.

5. La première *Grundstimmung* (tragique) de l'autre commencement, que Heidegger voudrait réveiller, est l'effroi (*Erschrecken*) ou la terreur (*Entsetzen*), par opposition à l'étonnement du premier commencement grec ; cf. *Ga.*, 29/30 [WS 1929/30], 531 ; *Ga.*, 65 [1936-38], 46, 483-484, 395 ; *Ga.*, 66 [1938/39], 236 ; *Ga.*, 45 [WS 1937/38], 197. Le complément essentiel à l'effroi, disposition affective directrice (*Leitstimmung*) de la résonance (*Anklang*), est la pudeur (*Scheu*), disposition affective directrice du « saut » qui, à partir de l'*Auseinandersetzung* (la passe adressée, *Zuspiel*) avec l'histoire du premier commencement, fait advenir le deuxième commencement ; cf. *Ga.*, 65 [1936-38], 15-16, 227. Les dispositions de l'effroi et de la pudeur s'accordent dans le milieu (*Mitte*) qu'est la retenue (*Verhaltenheit*), disposition affective fondamentale des « advenants » (*die Zukünftigen*) ou de la « philosophie future » ; cf. *Ga.*, 65 [1936-38], 395-396 ; *Ga.*, 45 [WS 1937/38], 2.

l'essence de la philosophie comme « une ouverture pensante des trajets et des domaines de visibilité du savoir qui pose la mesure et le rang, savoir dans lequel et par lequel un peuple comprend et accomplit son être-là dans le monde historico-spirituel »[1]. En effet, la nouvelle expérience de l'être est rendue nécessaire « si nous voulons mettre en œuvre notre être-là historique comme historique »[2]. Si « nous » voulons préparer l'autre commencement et réaliser « notre » histoire, dit Heidegger, il faut en passer par une répétition du premier commencement grec, c'est-à-dire par une confrontation polémique (*Auseinandersetzung*) avec la détermination inquestionnée de l'être comme présence permanente (*ousia*) qui se déploie d'Anaximandre à Nietzsche[3].

On comprend maintenant pourquoi ce que Heidegger appelle dans le cours de 1935 la question antécédante (*Vorfrage*) : « qu'en est-il de l'être ? », est une question *historique* : « La question de savoir ce qu'il en est de l'être se dévoile en même temps comme la question de savoir ce qu'il en est <*wie es... steht*> de notre être-là dans l'histoire <*Geschichte*>, et si nous nous *tenons* <stehen> dans l'histoire ou si nous titubons <*taumeln*> seulement »[4]. Par conséquent, « demander ce qu'il en est de l'être ne signifie rien de moins que de *re-prendre* <wieder-holen> le commencement de notre être-là historico-spirituel, afin de le transformer en l'autre commencement. Ceci est possible. C'est même la forme déterminante de l'histoire car le point de départ se situe dans l'événement fondamental <*Grundgeschehen*> »[5]. Par cette historicité réalisée par la position de la question fondamentale, Heidegger entend ici, selon la doctrine de la temporalité comme historicité fixée dans *Sein und Zeit* mais corrigée par la pensée de l'*Ereignis*[6], l'ouverture de l'événement (*Geschehen*) de l'être-là humain aux possibilités futures (« l'autre commencement ») et passées (« le premier commencement ») en vue de l'instant d'une décision : « Par ce questionner, notre être-là est convoqué à son histoire, au sens plein du

1. *EiM*. 8.
2. *EiM*. 155.
3. Sur l'*Auseinandersetzung* entre le « premier commencement » et « l'autre commencement », cf. *Ga*., 65 [1936-38], 58, 75-77, 169, 185-187, 198, 228-229, 253 ; N I [WS 1936/37], 13, 80, 185, 241 ; *Ga*., 43 [WS 1936/37], 275-276 ; N I [SS 1937], 412, 454, 456 ; D [1937], 20 ; *Ga*., 45 [WS 1937/38], 110, 116, 124, 133-134 ; 201-202 ; *Ga*., 69 [1938/40], 22-23 ; *Ga*., 54 [WS 1942/43], 249 ; *Ga*., 50 [WS 1944/45], 98 ; *Ga*., 66 [1938/39], 66, 68-80 ; N II [1940], 98 ; *Ga*., 49 [1941], 140 ; WHD [1951-52], 110 ; SVG [WS 1955-56], 187.
4. *EiM*. 154.
5. *EiM*. 29.
6. Sur la réinterprétation de la temporalité originaire selon la perspective de l'histoire de l'être, *cf.* surtout *Ga*., 65 [1936-1938], 379-388.

terme, et appelé à cette histoire ainsi qu'à une décision en elle. Et ce non pas après coup au sens d'une application morale, selon une vision du monde, mais : la position fondamentale, l'attitude du questionner, est historique en elle-même, elle est debout et se tient dans l'événement, elle questionne depuis <*aus*> celui-ci et pour <*für*> lui » [1].

La question de l'être de Heidegger est essentiellement historique, car par elle doit se décider « le destin <*Schicksal*> spirituel de l'Occident » [2], c'est-à-dire de l'Europe. Heidegger estime que cette décision historique aura lieu, si jamais elle a lieu [3], au cœur de cette Europe, en son milieu, à savoir en Allemagne, patrie du « peuple métaphysique » [4] pris dans l'étau entre l'Amérique et la Russie [5]. Le questionnement doit ainsi provoquer à une décision contre le néant et *pour* l'être historique – de ce peuple métaphysique [6]. Or, cet appel exhortatif de Heidegger à la décision historique, ainsi que le programme complexe et « utopique » d'une refondation « métaphysique » du peuple allemand dont il s'autorise, mériteraient d'être mis en question à leur tour, ce qui est une « autre » histoire.

1. *EiM*. 34.

2. *EiM*. 28.

3. Cf. *EiM*. 157 : « Pouvoir questionner veut dire : pouvoir attendre, même toute une vie durant… »

4. *EiM*. 29.

5. Sur la « géopolitique » du cours de 1935, outre la contribution de M. Crépon dans ce volume, *cf.* J. D. Caputo, « Heidegger's Revolution : An Introduction to *An Introduction to Metaphysics* », dans J. Risser (éd.), *Heidegger toward the Turn. Essays on the Work of the 1930s*, Albany, SUNY Press, 1999, p. 53-73 ; J. Derrida, « De l'esprit. Heidegger et la question », dans *Heidegger et la question*, Paris, Flammarion, 1990, p. 9-143 ; T. Kisiel, « Heidegger's Philosophical Geopolitics in the Third Reich », dans R. Polt et G. Fried (éd.), *A Companion to Heidegger's* Introduction of Metaphysics, New Haven-London, Yale University Press, 2001, p. 226-249.

6. Dans le système de la pensée de l'*Ereignis*, la problématique de l'*Entscheidung* entre l'être et le néant se situe dans la troisième « jointure destinale », celle du « saut », précisément ; cf. *Ga.*, 65 [1936-38], 13, 20, 27-28, 44, 52, 84, 87-88, 90-96, 100-101, 139 ; *Ga.*, 66 [1938-39], 144 *sq.* ; *Ga.*, 16 [1933], 112 ; *Ga.*, 38 [SS 1934], 75, 77, 160 *sq.* ; *EiM*. 16, 37-38 ; N I [1936-37], 51 *sq.* ; *Ga.*, 13 [1944-45], 61 ; *Ga.*, 54 [WS 1942/43], 111.

CHAPITRE II

D'UNE INTRODUCTION DANS L'HISTOIRE DE L'ÊTRE OU D'UN PREMIER TOURNANT DE PENSÉE

> Et si tout cela tenait [...] à ce qui, dès le commencement, est en marche à travers l'histoire occidentale, événement que les yeux de tous les historiens n'atteindront jamais et qui advient pourtant, autrefois, aujourd'hui, comme il adviendra à l'avenir?[1].

De la destruction opérée sur le concept d'histoire dès ses tout premiers travaux à l'exposition existentiale et ontologique qu'il en donne quelques années plus tard dans *Être et Temps*, l'histoire constitue non seulement un thème de prédilection dans l'œuvre de Heidegger mais une véritable pierre de touche influant en retour, pour ainsi dire herméneutiquement, sur sa propre démarche, et par laquelle son projet initial de « critique historique » est lui-même amené à se muer, dès la fin des années vingt, en destruction de l'histoire de l'ontologie. Si sa visée première consistait à reconduire la question du sens historique à son lieu de surgissement – découvert en l'existence humaine –, Heidegger n'opère pas moins déjà un premier virage en découvrant la temporalité comme fond secret de l'être, jusqu'à l'approfondir en ontologie temporale, radicalisant ainsi le retour destructif à l'histoire de la philosophie en direction de son impensé. Unifiée par un

1. *Einführung in die Metaphysik*, Tübingen, Niemeyer, 1953, p. 28/48. Nous citerons la pagination de l'édition de référence, publiée en 1953, suivie de la traduction française. Cette pagination figure en marge du tome 40 de la *Gesamtausgabe* (= *Ga.*).

même oubli de la finitude, celle-ci semble alors pouvoir constituer sous le titre de « métaphysique » l'événement auquel doit désormais s'ordonner la réappropriation de la tradition non plus comme discours sur la métaphysique mais bien comme « transport en elle »[1] : introduction dans la métaphysique.

Telle est la visée première du cours de 1935 que de prendre en charge cette incursion alors même que la métaphysique avait déjà, dès la conférence inaugurale de Fribourg, découvert son incapacité à faire retour sur sa propre vérité, le néant d'être, abyssal (*Abgrund*) qui régit son propre déploiement. S'il s'agit bien en 1929 de penser la métaphysique à partir de son propre fondement jusqu'à voir en sa question fondamentale (*Grundfrage*) « celle qui extorque le néant lui-même »[2], c'est désormais l'histoire de cette vérité que Heidegger nous invite à questionner, sorte de mise en abyme du questionnement en vue qu'il « rejaillisse sur le questionner »[3] lui-même, l'amenant à questionner sa provenance, sise en son origine impensée. Le cours de 1935 constitue donc à cet égard une transition (*Übergang*) décisive : en exposant le questionnement métaphysique au « choc en retour de la question sur son propre pourquoi », Heidegger ouvre ainsi la pensée au déploiement encore impensé de sa propre historicité, dont la philosophie sera désormais investie à titre de « pensée de l'histoire de l'estre » (*seynsgeschichtliches Denken*). Car, en donnant la possibilité à la métaphysique de faire retour sur son propre questionnement, c'est non seulement le fondement latent de notre histoire qui est découvert mais l'histoire elle-même qui se découvre en sa portée historiale : sa puissance originaire de surgissement.

Est ainsi révélé au questionnement non plus son seul horizon de sens mais son propre événement inaugural comme source possibilisante. L'histoire qui est la nôtre peut alors être reconduite à l'histoire de l'être comme à son impensé, envers métabolique par laquelle la pensée est amenée à faire l'épreuve de sa propre événementialité en une généalogie historiale dont on devine qu'elle n'est pas simple détour mais le lieu même où nous ressaisissons nos possibilités propres. Aussi tenterons-nous ici d'en suivre le fil pas à pas, remontant de l'histoire découverte comme

1. « Was ist Metaphysik? », dans *Wegmarken* (*Ga.*, 9), Francfort/Main, Klostermann, 1996, p. 103, traduction Henri Corbin, « Qu'est-ce que la métaphysique? », dans *Questions I*, Paris, Tel-Gallimard, 1990, p. 47.

2. *Ibid.*, p. 122/72. La question directrice (*Leitfrage*) de la métaphysique – *qu'est-ce que* l'être de l'étant? (τί τὸ ὄν) – est ainsi creusée en direction de la question plus profonde, fondamentale qui s'y abrite secrètement, « libération de son fond » (*Grund-freilegung*) qui en révèle à mesure le soubassement temporel, puis *historial*, jusque là forclos.

3. *EiM.*, p. 4/17.

provenance à l'origine qui en constitue le site et lieu de déploiement, pour entrevoir, au terme du parcours auquel Heidegger nous introduit ici, ce qui scelle sa portée proprement destinale. Par-delà la mise au jour de l'impensé qu'est sa propre historicité, la métaphysique sera ce faisant, comme nous le verrons ultimement, amenée à s'ouvrir à la nécessité d'un tournant plus décisif encore, à partir duquel la pensée pourra alors en accomplir le dépassement.

DU QUESTIONNEMENT EN RETOUR : LA PROVENANCE

« Pourquoi donc y a-t-il l'étant et non pas plutôt rien ? » Des derniers mots de la conférence de 1929, ce sont les premières paroles du cours de 1935 qui nous propulsent *in medias res* au cœur de la question métaphysique, « première de toutes les questions » qui, en ouvrant la pensée à sa possibilité ontologique, lui offre à la fois son champ de déploiement et son horizon indépassable. Or, pour nous qui sommes « tombés hors de l'être sans le savoir », la question semble depuis longtemps avoir perdu son sens, tandis que notre maîtrise de l'étant gagne à mesure en efficace, emprise « instantanée et simultanée » par laquelle toute chose est rendue immédiatement accessible à tout instant, jusqu'à étendre l'exploitation, toujours plus frénétique, au « dernier coin du globe terrestre »[1]. En rétrocédant de ce rien qu'est l'être, en lequel Nietzsche voyait déjà la « dernière fumée », vapeur éthérée d'une métaphysique en déshérence, la tâche de *l'Introduction à la métaphysique* est ici d'autant plus périlleuse qu'il ne s'agit plus, comme en 1929, de repenser la métaphysique à la lumière de l'impensé qui s'y joue, en mettant au jour le néant d'être qu'elle oblitère. Le questionnement ne fait plus tant sens en vertu de ce qu'il scelle que de son lieu de déploiement, son « site » premier que Heidegger nomme ici « l'occurrence insigne de ce que l'on nomme événement (*Geschehnis*) »[2] pour autant qu'il marque le coup d'envoi inaugural, non seulement de la philosophie occidentale, mais de « l'advenir (*Geschehen*) au milieu duquel nous nous trouvons encore aujourd'hui »[3]. C'est donc désormais vers l'événementialité même du questionnement que le regard se tourne, sommé de réfléchir son propre pourquoi, « de questionner la question, c'est-à-dire de la mettre en œuvre, de la poser, de se forcer à pénétrer dans

1. *Ibid.*, p. 28-29/48-49.
2. *Ibid.*, p. 4/17.
3. *Ibid.*, p. 35/57.

l'état même de ce questionner »[1]. Autrement dit de créer la possibilité pour la pensée de regagner, à revers à même de son oubli, une résonance à ce qui la régit. Si la conférence inaugurale de Fribourg visait, en faisant retour au fondement néantisant de la métaphysique, à en préparer le dépassement – ce qui, « à penser, est cependant demeuré dans l'oubli » comme il l'écrira dans sa postface – il ne s'agit plus ici d'en éclairer la portée à la lumière d'une « question métaphysique précise »[2]: bien plus, en explorant ce champ de possibles qu'est la métaphysique, de regagner, de manière autrement plus ambitieuse, « la puissance de l'être qui doit être ouvert originairement »[3].

De ce « rien » mis à découvert, lequel n'est rien d'ontique ni d'objectivant, la pensée est ainsi invitée à rétrocéder de son visage actuel, « mot vide [...] qui ne désigne rien d'effectif, de saisissable, de réel »[4] à sa propre potentialité en acte que la philosophie doit désormais penser en sa force de surgissement première. Le retour du questionnement sur lui-même – le pourquoi du questionnement métaphysique – est ainsi retour à son propre commencement, « choc en retour » d'un impensé qui semble contrevenir obstinément à toute représentation et réflexivité habituelle. Sans céder à sa propre objectivation, mouvement réflexif de soi à soi par lequel elle tenterait de réfléchir son propre cheminement, la pensée est ce faisant contrainte de prendre acte pour elle-même de ce qu'elle découvre quant à l'être, remontant d'une question initialement vide – l'être n'est *rien* – à sa « puissance originaire », source première de son propre coup d'envoi au même titre qu'elle se découvre elle-même comme la provenance secrète de « l'histoire mondaine qui est celle de la terre ». Ce n'est donc ni en vertu d'une ressaisie généalogique de son passé ni d'une soudaine confrontation à un début désormais oublié qu'un tel questionnement est dit « de part en part historique ». Ni même en vertu d'une reconduction, comme ce pouvait encore être le cas au début des années vingt, des différentes figures qui constituent l'histoire de la philosophie à leur enracinement premier dans l'existence humaine. L'historicité même de la démarche réside en sa propre perméabilité, jointe à l'aptitude qu'elle a d'ouvrir, de *possibiliser* l'horizon transmis et reçu qui gouverne notre rapport au monde. En se forçant d'y

1. *Ibid.*, p. 1/13.

2. *Questions I*, p. 47, voir également p. 79 pour la citation précédente.

3. *EiM.*, p. 32/53. Comme Heidegger le précisera quelques années plus tard, ce n'est en effet « que dans l'unité de cette remémoration historiale et principielle portant sur la question fondamentale que *le point de passage* que constitue l'ensemble du questionnement s'éclaircit », dans *Besinnung* (*Ga.* 66), Francfort, Klostermann, 1997, p. 415, nous soulignons.

4. *EiM.*, p. 27/47.

pénétrer, elle peut ainsi découvrir, comme à revers de ses propres empreintes historiques et à mesure que sa propre événementialité lui est révélée, « des possibilités, des à-venirs non encore questionnés ». Comme le souligne Heidegger, ce questionnement en retour de la métaphysique sur elle-même est en ce sens

> *historial* (*geschichtlich*) parce qu'il *ouvre* ce qui advient (*Geschehen*) du *Dasein* humain en ses rapports essentiels, c'est-à-dire eu égard à l'étant comme tel en totalité, *à des possibilités, des à-venirs non encore questionnés* et ce faisant en même temps le rattache à son commencement passé, le rendant ainsi en son présent plus incisif et plus prégnant[1].

Plus que d'exhumer de l'héritage passé des possibilités enfouies, geste de remémoration visant à l'appropriation de ce qui n'a plus cours, le questionnement se veut *historial* pour autant qu'il tend à nous ouvrir de nouveau à la *possibilité* même, fût-elle tombée dans l'oubli, d'un rapport à l'être, ce rapport essentiel qui détermine l'horizon de manifestation au sein duquel les choses nous apparaissent. Si notre rapport à l'étant en dépend, par là les étapes successives par lesquelles l'homme vise à s'en rendre « maître et possesseur », de la conquête de l'espace à la mainmise incontrôlable des bio-technologies, cette ouverture originaire ne fait elle-même pas moins « histoire », n'en continue pas moins d'advenir, jusque dans les formes les plus nihilistes et réfractaires du monde contemporain. Jusqu'en son oubli, ce rapport à l'être demeure bien « l'impulsion inconnue mais constante qui meut le questionner métaphysique »[2], efficient en cette puissance latente où nous nous tenons sans pouvoir « en retrouver le chemin ». C'est précisément cette voie d'accès que l'*Introduction à la métaphysique* tente de frayer, visant à créer *en nous-mêmes* « une résonance, une possibilité de résonance pour ce qui [nous] détermine », qui n'est autre que « saisir [notre] tradition à la source »[3] pour « déblayer ce monde qui a vieilli afin d'en rebâtir un qui soit véritable, c'est-à-dire

1. *Ibid.*, p. 33-34/55-56, également pour les deux citations précédentes. Nous reprenons ici l'ancien terme « *historial* » pour traduire « *Geschichtlich* », qui renvoie explicitement à la dimension foncièrement métabolique de l'histoire, pensée comme *advenir* (*Geschehen*), par opposition à la science historique (*Historie*), voire à l'histoire (*Geschichte*) pour autant qu'elle est pensée comme histoire mondaine, comme *ce qui advient* dans le temps. Nous maintenons néanmoins le terme d'« historicité » pour traduire l'allemand « *Geschichtlichkeit* », encore lié à la perspective existentiale développée jusqu'à *Être et temps*. Voir en cela les arguments avancés par Jeffrey Andrew Barash, dans *Martin Heidegger and the problem of historical meaning*, Dordrecht, Nijhoff, 1988, p. 184.

2. *EiM.*, p. 15/31.

3. *Ibid.*, p. 29/50-51.

historial »[1]. Renouer cette capacité de faire histoire à son commencement implique non seulement de pouvoir questionner nos évidences les plus ancrées – *a fortiori* notre tendance à ne voir en l'être que « pur vocable et vapeur insignifiante » – mais d'entrevoir, à partir de la situation qui est la nôtre, l'événement même qui « advient pourtant, autrefois, aujourd'hui, comme il adviendra à l'avenir ». En découvrant la *puissance* de cette provenance, par laquelle notre histoire trouve à la fois sa limite et sa loi de déploiement, l'enjeu n'est ici rien moins que d'éveiller pour ainsi dire la fin à son propre commencement, de rendre visible la filiation qui permettra de voir en l'être non pas « une simple vapeur mais le destin de l'Occident »[2]. Et c'est seulement en faisant retour à ce commencement, pris en charge par la question préalable, qu'il peut lui-même faire signe, par-delà son inconsistance, vers « une nouvelle nécessité » qui est aussi, pour Heidegger, la marque inespérée d'un tournant dans la détresse (*Not-wendigkeit*).

Tel est ce qui distingue ici, foncièrement inactuel, le geste philosophique de toute saisie historisante, « questionner intégralement *historial* » qui « se meut, immédiatement et à partir de son fond même, au sein de la question décisive de l'histoire »[3]. Distinction omniprésente sans pour autant être thématisée comme telle dès le milieu des années 1920, Heidegger en avait déjà donné un premier approfondissement existential, soucieux qu'il était dans *Être et Temps* de reconduire la science historique (*Historie*) à l'historicité du *Dasein*, « détermination antérieure à ce qu'on appelle histoire (le cours de l'histoire du monde) », renvoyant à la « constitution d'être de son advenir »[4]. Défini comme « mobilité spécifique » du *Dasein*, celui-ci était ainsi ultimement renvoyé à la structure foncièrement ekstatique de la temporalité à partir de laquelle l'historicité elle-même devenait possible, préfigurant comme Nietzsche le montrait dans sa seconde *Considération inactuelle* la triple orientation de l'historiographie en histoire antiquaire, monumentale et critique. Seul cet enracinement 'temporel' lui assurait alors l'authenticité de son provenir, tandis que la quotidienneté, en proie au seul présent, pouvait par contraste faire figure d'« historicité impropre ».

Or, face à la perspective qui est encore la sienne en 1927, il ne s'agit plus tant ici d'interroger le *Dasein* sur ce qu'il advient en son entièreté, « à mesure qu'il gagne en extension », jusqu'à voir en sa structure ontologique,

1. *Ibid.*, p. 96/134, nous soulignons.
2. *Ibid.*, p. 28/48. Voir également pour ce leitmotiv, *ibid.*, p. 38/61, 65/95.
3. *Ibid.*, p. 32/54.
4. *Sein und Zeit*, p. 20.

l'historicité, le « *lieu* à assigner au problème de l'histoire » [1]. Portée par une exposition purement *existentiale*, celle-ci en venait en effet à coïncider avec la seule portée projective, libre et assumée, de notre « destin » (*Schicksal*) [2], par opposition au caractère historique de ce qui advient dans le monde, réduit à « titre secondaire » au rang d'histoire dérivée. Point décisif, celle-ci n'est en 1935 ni reléguée au second plan ni dépréciée, mais désormais pensée en sa dimension « historico-spirituelle » (*geschichtlich-geistig*) [3], pour ainsi dire transfigurée par la connexion qui est faite entre la question de l'être et « le destin de l'Europe » et, plus largement, « de la terre qui s'y trouve décidé » [4]. Parce que ce qui advient de nous est désormais pensé « en ses rapports essentiels, c'est-à-dire eu égard à l'étant comme tel en totalité », c'est *le monde en son ensemble* – et son histoire, les mutations mêmes de sa configuration – qui se trouve impliqué dans la remémoration historiale. Le caractère problématique d'une telle dérivation, voire le hiatus que maints commentateurs n'avaient alors manqué de souligner, semble ainsi trouver une issue provisoire par l'infléchissement qui porte l'analyse, de sa portée projective, à approfondir la finitude à laquelle l'existence est soumise. Plus que la seule « projection existentiale de l'historicité » [5], ceinte par la possibilité de la mort, c'est cet enracinement qu'il nommait « être-jeté » (*Geworfenheit*) dans *Être et Temps* qui occupe à présent le devant de la scène, ouvrant à la dimension purement métabolique d'un « advenir », qui n'est plus tant réservé à la « mobilité spécifique » du *Dasein* que désormais pensé comme advenir de *l'ouverture au monde lui-même*. L'histoire ne signifie plus en ce sens ni l'historicité – comme capacité à faire l'histoire, ouverture qui est avant tout celle d'un « pouvoir-être » – pas plus qu'il ne renvoie ici à

> quelque chose comme le passé, car c'est précisément ce qui ne fait plus histoire. L'histoire n'est pas non plus et encore moins le simple aujourd'hui, lequel n'advient pas non plus mais ne fait toujours qu'« arriver », survenant et passant. L'histoire, *comme « ce qui fait histoire »* est ce qui, déterminé à partir de l'avenir, *agit et pâtit de part en*

1. *Ibid.*, p. 375-376, ainsi que pour les citations précédentes. Heidegger pouvait alors y voir le seul point de départ légitime pour « exposer la possibilité et la structure de la *vérité historique* », *ibid.*, p. 397.

2. *Ibid.*, p. 384. L'histoire est ainsi définie comme « l'advenir spécifique du *Dasein* existant tel qu'il se donne dans le temps, de telle sorte que ce qui, « passé » et en même temps « transmis », continue d'advenir dans l'être-avec, vaut, au sens fort du terme, comme histoire », *ibid.*, p. 379.

3. *EiM.*, p. 8/23.

4. *Ibid.*, p. 32/53.

5. *Sein und Zeit*, p. 376.

part en assumant ce qui a été à travers le *présent*. C'est précisément celui-ci qui disparaît dans ce qui advient [1].

Dès 1928, Heidegger avait déjà tenté d'approcher, en son « ontologie temporale », la temporalité (*Temporalität*) de ce rien qu'est l'être, avant de prendre acte, dès le début des années trente, de l'impossibilité de dériver le temps du seul *Dasein*, de le penser à partir de sa seule structure temporelle. Encore envisagé sous un mode horizontal, l'être pouvait néanmoins se découvrir comme l'horizon rendant possible toute ouverture ekstatique, lieu de temporation originaire où s'enracine ultimement notre historicité. L'historique ici en jeu témoigne donc assurément d'un approfondissement de cette finitude de l'être, reconduite de la temporalité à l'historicité même de son ouverture, articulant en son sein à-venir, présent et avoir-été. Car l'histoire est ici *l'ouverture même*, non pas tant dérivée d'un mouvement de projection qu'un « agir et pâtir » en lequel ce qui a été continue d'être efficient pour autant qu'il est « déterminé à partir de l'avenir ». Communément réduit à la simple représentation de ce qui a eu lieu, le passé regagne ainsi sa propre « puissance originaire », réinvesti en un présent qui « disparaît » pour lui-même, de nouveau rendu visible dans l'inapparence de sa survenue. Comme il le soulignera encore plus explicitement dans le cours du semestre d'hiver 1937-38, c'est donc en vertu de la redécouverte de la dimension purement possibilisante de l'histoire, que l'« advenir » est d'autant moins assimilable « au présent. Ce qui en l'histoire advient et fait histoire est d'abord et toujours *ce qui est à venir.* [...] L'avenir est le commencement de ce qui fait histoire » [2].

La philosophie ne vise donc à la ressaisie du *passé* – ce qui a été – pas plus qu'elle ne demeure rivée à la seule *actualité*, au seul présent qui « arrive, survient et passe ». Comme Heidegger le souligne d'entrée de jeu, désireux de dissiper des malentendus par trop tenaces, sa démarche n'est pas plus assimilable à celle, objectivante, de l'historiographie qu'elle ne doit sa spécificité au caractère prétendument « *supra*-temporel » de son objet, n'étant alors historique « que dans la mesure où, comme toute œuvre de l'esprit, elle se réalise au cours du temps » [3]. Se ressaisir historiquement reviendrait alors pour la pensée à opérer la généalogie de ses propres figures à mesure de leurs apparitions successives, ce en quoi elle ne dérogerait pas aux présupposés spéculatifs et transcendants par lesquels

1. *EiM.*, p. 34/55, nous soulignons.

2. *Grundfragen der Philosophie. Ausgewählte « Probleme » der « Logik »* (*Ga.* 45), Francfort, Klostermann, 1992, p. 36.

3. *EiM.*, p. 33/54.

Hegel assujettissait l'histoire à l'esprit et à sa logique de déploiement. En tant qu'elle part du seul présent, la science historique tend quant à elle à interpréter et reconstruire le passé, se coupant non seulement de son historicité intrinsèque, de son propre « régime d'historicité »[1], jusqu'à le déformer, le mésinterpréter, « le réduire à la simple connaissance des antiquités », passé fossilisé qui n'a plus rien à dire de « nouveau » du simple fait qu'il « ne fait plus histoire ». Il ne peut donc s'agir d'y voir « deux sortes de sciences fondamentalement différentes » ayant chacune son champ – temporel et supratemporel – et sa méthode propre, amenant ainsi la philosophie à s'autonomiser de manière radicale face à une science historique dominée par la méthodologie, positiviste, des sciences de la nature. Pour Heidegger, la méprise est fatale. Loin de constituer le parangon des « sciences de l'esprit », voire des « sciences de la culture », « la métaphysique et la philosophie ne sont nullement des sciences, et ne peuvent pas non plus le devenir, du fait que leur questionner est au fond *un questionner historial* ». Inversement, si l'historiographie (*Historie*) ne peut aucunement déterminer, en tant qu'elle est science, ce rapport originaire à l'histoire, elle ne « *présuppose pas moins toujours un tel rapport* »[2] qui, avant même d'être connu, voire hissé au rang d'objet scientifique, la détermine au même titre que la philosophie pour autant qu'elles participent d'une même ouverture au monde. Et c'est précisément cette non-scientificité du geste philosophique qui scelle la spécificité du *savoir historial* par opposition à toute connaissance historique.

S'il tendait encore en 1927 à voir en l'ontologie fondamentale une véritable « science universelle »[3] par opposition aux sciences dites « positives » ou « ontiques » qui ne parviennent à thématiser l'historicité qui les sous-tend, Heidegger rompt en effet ici de manière radicale avec le projet éminemment scientifique qui était jusqu'ici le sien, de la « science originaire » de ses débuts à la tentative avortée, en 1933, visant à responsabiliser la science en lui restituant sa mission historique et spirituelle.

1. Comme il le soulignera lui-même de manière explicite : « "Science de l'histoire" et « historique » signifient donc pour nous : la reconnaissance du passé à partir de l'horizon qui est *celui du présent* », dans *Ga.* 45, p. 34. Pour un prolongement de cette question du « présentisme », régime d'historicité de l'époque actuelle, voir notamment R. Kosseleck, *Le futur passé. Contribution à la sémantique des temps historiques*, Paris, Éditions de l'EHESS, 1990; Fr. Hartog, *Des Régimes d'historicité : présentisme et expériences du temps*, Paris, Seuil, 2003.

2. *EiM.*, p. 33/54, nous soulignons.

3. *Die Grundprobleme der Phänomenologie* (*Ga.* 24), Francfort, Klostermann, 1997, p. 15, trad. fr. J.-Fr. Courtine, *Problèmes fondamentaux de la phénoménologie*, Paris, Gallimard, 1985, p. 29.

Comme il le souligne, le « service de la science », qu'il s'attachait alors à « dépolitiser », loin de se suffire, présuppose « d'abord de retrouver un rapport fondamental [...] à l'être de l'étant dans son ensemble » [1]. Parce que la métaphysique est en sa visée même orientée sur l'étant en totalité, l'étant comme tel, question à la fois la plus vaste et la plus profonde, un tel rapport, loin de demeurer rivé à l'étant, « *peut*, et même *doit nécessairement*, être pour nous, en son originarité, un rapport historique » [2]. En d'autres termes, sa dimension *transcendante* [3] requiert une originarité qui permette d'assumer l'événementialité à sa racine, non plus sise dans notre seul pouvoir projectif (*Seinsverständnis*), mais désormais rapportée à l'historicité même de l'ouverture dans laquelle nous nous tenons. Ce n'est donc plus la science historique qu'il s'agit de refonder en « sa position spirituelle originale, irréductible aux autres sciences » [4], comme il le préconisait lui-même vingt ans plus tôt en sa conférence d'habilitation, projet qu'il tentait alors d'assumer à l'aide de sa méthode « phénoménologico-historique ». Désormais « jetée loin en avant de son propre aujourd'hui, ou bien encore parce qu'elle relie l'aujourd'hui à ce qui a été avant et à l'initiale », à défaut d'être une connaissance (*Erkenntnis*), la philosophie est un *savoir* (*Wissen*), « un savoir qui non seulement ne se laisse pas rendre actuel, mais dont il faut bien plutôt dire l'inverse : qu'il subordonne le temps à sa mesure ». Elle ne vise pas tant à expliquer, voir à comprendre ce qui nous est accessible présentement qu'à offrir au contraire visibilité à « ce qui ne connaît pas de résonance immédiate dans notre vie au quotidien » [5], mais qui n'en continue pas moins de régir la manière dont les étants nous apparaissent, dont notre monde se configure, l'envers inapparaissant de sa surface visible.

Ce faisant, la philosophie n'échappe pas à son propre enracinement historique, ce qui avait amené très tôt Heidegger à reconnaître la nécessité non seulement pour la phénoménologie d'assumer sa propre relativité mais son ancrage au présent – plus largement, sa *situation* herméneutique – hissée au rang de « *véritable* connaissance historique », devant ainsi s'assumer, à l'encontre de toute prétention *supra*-temporelle, à la fois

1. *EiM.*, p. 82/116.
2. *Ibid.*, p. 33/55.
3. Au sens où son thème est précisément le « *transcendens* pur et simple » qu'elle ne peut appréhender qu'en dépassant l'étant, mouvement qu'il pensait alors encore n'être que du ressort de la phénoménologie, dans *Sein und Zeit*, p. 38.
4. « Der Zeitbegriff in der Geschichtswissenschaft », dans *Frühe Schriften* (*Ga.* 1), Francfort, Klostermann, p. 433.
5. *EiM.*, p. 7/21, p. 6/20 pour les citations précédentes.

comme « critique du présent » et « philosophie de son temps »[1]. Plus qu'une distinction méthodologique, c'est donc bien un *rapport de dérivation* qui permet d'articuler la connaissance historique au geste philosophique, sis, en leur plus ou moins grande proximité, sur un même rapport originaire à l'histoire. Car tandis que la science historique demeure le plus souvent rivée à sa seule surface événementielle, que son objet soit chronologique ou de « longue durée », la tâche de la philosophie est tout autre. Elle n'est ni recueil ni objectivation du « rapport historique que notre *Dasein* historique entretient avec l'histoire [de telle sorte] qu'il puisse devenir objet et état élaboré d'une connaissance »[2]. La tâche qui lui incombe n'est pas une tâche de *connaissance*, liée à un domaine d'objet spécifique, fût-il lui-même de nature purement « spirituelle ». Ne portant pas tant sur ce qui est dit « historique » que sur l'historicité même qui régit son horizon de déploiement, elle se tient à la source, qui est également la sienne propre, participant de cette même ouverture qu'avait entrevue Parménide lorsqu'il pensait la pensée et l'être à partir du « même ». Son rapport à l'histoire ne vise pas tant ce qui s'y manifeste, l'événement qu'il soit tangible ou idéel, de pure pensée, que l'*événementialité* de la manifestation non plus réductible ici à un « sens de être », pensé dans *Être et Temps* comme l'horizon projeté par notre compréhension, mais bien, comme nous allons à mesure le voir, comme « site », « lieu de déploiement », « espace de surgissement » qui est également la *source* ou *l'origine* (*Ursprung*) à laquelle la pensée doit remonter pour élucider le pourquoi de son propre questionnement. Aussi, comme le souligne Heidegger, l'intérêt de la science historique dépasse-t-il en retour lui-même assurément la question posée par Nietzsche de son « utilité et désavantage », permettant « de mettre à chaque fois en lumière un tel rapport *déjà institué* et de l'attester par la connaissance ». Car si elle ne peut certes « *instituer* ce rapport historial à l'histoire », elle n'est pas moins susceptible de fournir, dès lors qu'elle ne se subordonne pas à l'actualité et questionne les présupposés de son propre enracinement, « des vues essentielles », précieuse contribution qui rejoint alors le geste philosophique et participe à sa manière à la tentative qui est la sienne de « faire l'épreuve de l'histoire en ce qu'elle nous engage »[3].

1. Voir notamment *Ontologie. Hermeneutik der Faktizität* (*Ga.* 63), Francfort, Klostermann, 1988, p. 18.

2. *EiM.*, p. 33/54, voir p. 33/55 pour les deux citations suivantes.

3. *EiM.*, p. 33/54. Heidegger confortera son propos quelques années plus tard, écrivant : « La science historique (*Historie*) est liée à aux faits passés, en tant qu'ils sont considérés de telle ou telle façon, tandis que la méditation historiale (*geschichtliche Besinnung*) dépend de l'advenir même sur fond duquel les faits deviennent ce qu'ils sont et peuvent l'être. [...] La considération et la connaissance historiques demeurent néanmoins indispensables. Et ce,

N'est donc pas histoire ce qui le devient après-coup (*post festum*). Pour autant que celle-ci n'est que « là où l'agir humain et son advenir sont en jeu »[1], le véritable savoir n'est pas celui, objectivant, qui s'assure de sa seule portée scientifique, comme il le soulignait déjà dans un cours antérieur, lors du semestre d'été 1934. Il y fustigeait alors le paradoxe de notre époque où, malgré la profusion inégalée des recherches historiographiques, les historiens ne parviennent eux-mêmes, « ne comprenant que difficilement et tardivement comment l'histoire advient », à établir un « véritable rapport à l'histoire », c'est-à-dire à « la chose même » : l'histoire comme « ce qui fait événement (*Ereignis*), *dans la mesure où ça advient* ». Bien compris, « l'historique » ne renvoie ce faisant pas tant à ce qui serait fruit d'une reconstruction et interprétation historienne qu'à *l'advenir lui-même* « dans la mesure où il est maintenu en un savoir, émerge de celui-ci et se constitue lui-même comme tel ». Heidegger en venait ainsi à distinguer la connaissance historique du *savoir* de l'histoire (*Geschichtskunde*), défini par opposition comme « le mode d'apparaître qui est chaque fois celui d'une époque en tant qu'elle se tient dans l'histoire, de telle sorte que cet apparaître est lui-même porteur de l'être historique de cette époque et l'oriente ». Porter et guider le « caractère historial » de notre époque, telle est bien la tâche à laquelle est assignée la philosophie, visant à nous ouvrir au « savoir » de cette provenance, « ce savoir dans et à partir duquel un peuple comprend et accomplit son *Dasein* dans le monde historique et spirituel » et, en son dessein le plus intime, à « lester, redonner poids à notre *Dasein* en tant qu'il est historial, et par là au fond, à l'être lui-même »[2]. C'était là déjà l'intention initiale de l'herméneutique que de « renforcer cette facticité du *Dasein* »[3] en lui révélant sa radicale finitude, facticité qui transit l'existence dont Heidegger montrait déjà qu'elle était « propre et particulière à une époque et à une génération »[4]. Une fois son centre de gravité déplacé, de son impact existentiel à sa dimension proprement destinale, c'est désormais sur ce « *Dasein* du peuple » que le geste philosophique doit porter et s'appesantir, *Dasein* qui n'est autre que l'ouverture à une donne commune par laquelle un monde se configure, déterminant de fond en comble le régime de l'apparaître, les destins et existences

d'autant plus pour une époque qui doit d'abord se libérer des entraves de l'historiographie et de la confusion par laquelle elle est assimilée à ce qui fait histoire », dans *Ga.* 45, p. 49.

1. *Logik als die Frage nach dem Wesen der Sprache* (*Ga.* 38), Francfort, Klostermann, 1998, p. 88. Voir pour les citations suivantes, p. 91, 94, 87 et 93.

2. *EiM.*, p. 9/23.

3. *Ga.* 59, p. 174, entre autres références.

4. *Interprétations phénoménologiques d'Aristote (Tableau de la situation herméneutique)*, trad. fr. J.-Fr. Courtine, Mauvezin, TER, 1992, p. 29.

singulières, l'ensemble d'une tradition à la fois reçue et transmise, dont les possibilités partagées s'ouvrent sur un même horizon d'attente. En subordonnant l'actualité à sa mesure, la pensée ne nie pas tant un tel enracinement qu'elle tente de le reconduire à sa propre survenue, cet « advenir » qui, en vertu de sa pure puissance possibilisante, est d'abord et toujours un « à-venir » et, par là, tout autant un « commencement », une ouverture à des possibles. Aggraver notre *Dasein*, c'est donc tenter de ramener, comme l'écrit Heidegger, « ce *Dasein* à venir, le plus propre, *dans la totalité de l'histoire qui nous détermine* et de le reconduire dans la puissance de l'être qui doit alors être ouvert originairement »[1].

En questionnant son propre enracinement, le savoir philosophique tend ainsi à nous rattacher à la possibilité encore efficiente, à venir, de notre *provenance* (*Herkunft*) ce qui, comme l'écrit Heidegger,

> ne signifie rien moins que *ré-péter* le commencement de notre *Dasein* historial et spirituel afin de le transformer *en un autre commencement*. Une telle chose est possible. C'est même la forme déterminante de l'histoire parce qu'elle nous rattache à l'événement fondamental. Mais pour répéter un commencement, il ne suffit pas de se rapporter à quelque chose d'ancien qui soit désormais connu et que l'on se contenterait de reproduire mais il faut que le commencement soit recommencé *plus originairement* et ce, avec tout ce qu'un véritable commencement comporte d'étrange, d'obscur et d'incertain[2].

La répétition n'est donc pas tant simple retour ou reprise de l'ancien, « continuation améliorée du même par ses propres moyens » que la capacité à re-quérir (*wieder-holen*) ce qui, portant notre propre histoire, n'en reste pas moins imperceptible aux yeux des historiens. Heidegger tente ici, en 1935, un premier pas en rétrocédant de la question métaphysique à ce qui s'ouvre en ce questionnement, venant ainsi en éclairer l'« événement » décisif à la lumière d'un événement plus fondamental encore dont l'ἀλήθεια grecque serait porteuse, décèlement (*Unverborgenheit*), comme il le précisera plus avant, qui donne à voir le combat latent qui sous-tend la possibilité même d'une telle ouverture. Le rapport au commencement n'est donc pas tant rapport à une origine que l'on pourrait localiser – tel le geste

1. *EiM.*, p. 32/53, nous soulignons.

2. *Ibid.*, p. 29-30/50. En ce sens, comme l'écrivait déjà Heidegger en 1933, « le commencement *est* encore. Il ne se situe pas *derrière nous* comme ce qui a depuis longtemps été mais se tient *devant* nous », dans « *Die Selbstbehauptung der deutschen Universität* », dans *Reden und andere Zeugnisse eines Lebensweges (1910-1976)* (*Ga.* 16), Francfort, Klostermann, 2000, p. 110.

de l'ethnologue qui « déterre le primitif et en rassemble les ossements »[1] – qu'ouverture à un déploiement dynamique, source jaillissante qui est aussi configurante en ce qu'elle nous découvre « ce devenir-monde comme *la véritable histoire* »[2]. Une fois reconnue en ce questionnement « la vocation qui est celle de notre *Dasein* historial, du fait de son grand commencement chez les Grecs »[3], il ne peut inversement s'agir de faire table rase du passé. Car si elle se veut révolutionnaire, une telle répétition n'en prétend pas moins assumer ce que Heidegger nomme ici « la provenance de notre histoire latente »[4], le « fondement celé de notre *Dasein* historial » en un commencement qui est « *plus originaire* » – un *autre* commencement – parce qu'au questionnement est désormais révélé sa propre historicité, par là, ses propres possibilités et « délimitations » non encore questionnées. C'est donc en vertu de sa capacité à *possibiliser* sa propre histoire, rendant ainsi le commencement « plus incisif et plus prégnant » que le questionnement est dit historique « en tant qu'il se tient et se maintient dans ce qui fait histoire, questionnant à partir de celui-ci, pour celui-ci »[5]. Sa propre mise en abyme n'est plus tant spéculaire, réflexive que mise à l'épreuve, appel à endurer ce qui nous détermine, ce en quoi chacun de nous est « convoqué devant son histoire, appelé auprès d'elle pour se décider en elle ».

La tâche à laquelle appelle ici Heidegger est colossale, pour ne pas dire prométhéenne, n'appelant rien moins, par cette ressaisie de notre propre capacité à « faire histoire », qu'à « réveiller l'esprit et, par là, le monde originaire du *Dasein* historial, par là à maîtriser le danger d'obscurcissement du monde, de prendre enfin en charge la mission historique de notre peuple en tant qu'il est le milieu de l'Occident »[6]. De ce triple défi auquel appelle l'*Introduction à la métaphysique*, Heidegger ne tardera certes à en reconnaître, quelques années plus tard, le caractère démesuré, jusqu'à y voir l'emprise de la même volonté de puissance qu'il décèlera chez Nietzsche dès la toute fin des années trente. Présomptueux, le cours de 1935 l'est assurément, assumant avec pathos l'héroïsme d'une telle mission salvatrice et en appelant, face à l'imminence de l'« obscurcissement du monde », à la résurrection des forces vives contre ce qu'il nomme « déca-

1. *EiM.*, p. 119/162.
2. *Ibid.*, p. 48/72, nous soulignons.
3. *Ibid.*, p. 154/205.
4. *Ibid.*, p. 70/100. Heidegger parle également du « fondement le plus digne d'être questionné du *Dasein* historial », *ibid.*, p. 71/102, repris p. 154/204.
5. *Ibid.*, p. 34/55-56, également pour la citation suivante.
6. *Ibid.*, p. 38/61, également p. 32/53.

dence spirituelle »[1], « fantasmagorie » ou encore « démonie » et qui n'est autre, menant à « la fuite des dieux » tout autant qu'à la « destruction de la terre », que l'oubli dans lequel nous sommes de notre propre histoire.

L'ORIGINE COMME OUVERTURE ET SITE DE L'HISTOIRE

En rétrocédant de la question fondamentale à sa provenance, Heidegger tente donc de recouvrer la force possibilisante de ce qui nous détermine, de faire que « nous l'accomplissions *à notre tour* », ce qui n'est autre, comme il le ressaisira au terme de son parcours, que nous la réapproprier à la lumière « du commencement, dans l'horizon dans lequel nous nous tenons »[2]. Tandis que la première partie visait à mettre au jour « la puissance celée » de la question, découvrant, à revers du nihilisme, l'horizon celé qui est le nôtre – la conception grecque de l'être, désormais « banalisée et, en tant que telle, méconnue »[3] – la seconde s'attache ainsi à en retrouver la trace, « ce qui nous reste encore de relation à l'être »[4], travers la portée linguistique et l'étymologie du mot « être ». En concluant à l'insuffisance d'une démarche qui ne vise à saisir que sa seule « forme et signification », Heidegger entend non seulement dépasser un tel point de vue pour « en venir au fait »[5], comme il le souligne en un troisième temps, mais en reconduire les formes et acceptions variées au « trait qui les traverse toutes de manière unitaire », l'horizon commun « qui en commande la compréhension » et qui constitue, par-delà leur diversité et caractère inconciliable, une même « histoire latente ». Si la visée du moment suivant est bien de nous maintenir *dans* cette provenance de l'être, c'est d'abord en examinant sa « limitation », à travers les quatre scissions fondamentales qui régissent notre rapport au monde, que cette provenance peut se révéler, non seulement comme source initiale mais comme *fondement* de notre être-historique. Comme nous l'avons vu, celui-ci n'est plus tant pensé en sa dimension purement projective et temporelle comme historicité, que comme « *Dasein* historial », lieu et site requis par l'ouverture à l'être, la configuration de ce qui est en un monde, non plus comme mobilité mais comme *le lieu même où advient l'histoire*. Du même coup, la recherche qui,

1. *EiM.*, p. 29/49. Heidegger parle ainsi d'une « invasion du démoniaque (*Dämonische*) », de « l'essor de la Démonie (*Dämonie*) », *ibid.*, p. 35/57.
2. *Ibid.*, p. 156/207.
3. *Ibid.*, p. 45/70.
4. *Ibid.*, p. 40/63.
5. *Ibid.*, p. 66/95-96.

partie de la question fondamentale, avait trouvé à s'approfondir en direction de l'être, se découvre à nous comme ce qu'elle est : « une méditation sur la provenance de notre *histoire latente* »[1].

Par le mouvement qui consistait initialement à reconduire le questionnement métaphysique à l'être qui y est en jeu, et qui se révélait lui-même comme son propre horizon de sens, la pensée était par là amenée à découvrir sa propre provenance. Or, loin de se dire de manière immédiate, sous-tendant lui-même comme en filigrane tout ce qui s'est dit depuis le commencement, c'est à *l'origine* que l'être doit d'être, non seulement compris mais *fondé*, à nous qui sommes « comme cette brèche en laquelle l'être qui prédomine fait irruption en apparaissant, de telle sorte que cette brèche elle-même se brise sur l'être »[2]. En d'autres termes, le détour n'en est pas un : si c'est à cette provenance que nous devons d'être historique, l'histoire ne peut pas plus, sans nous, avoir *lieu*. C'est donc *à travers nous* qu'un rapport à l'histoire peut être reconquis, *en nous* que la reconquête historiale de ce rapport à l'être doit puiser, avant même de pouvoir se confronter à sa source. L'image de la brèche semble ici relayer la métaphore de l'ouvert, déjà thématisée dans *Être et Temps* à travers l'ouverture qui est nôtre (*Erschlossenheit*) et l'éclaircie (*Lichtung*), avant que cette dernière nomme, plus que le lieu d'ouverture, l'éclair, le surgissement de l'ouvert lui-même. Si l'être constitue bien l'envers celé, imperceptible de l'apparaître qui trouve en la brèche le lieu où jaillir, c'est la brèche elle-même qui, en ce jaillissement, se brise, le peuple advenant à lui-même dans la découverte de ce qui scelle son propre destin. En 1927 le *Dasein* était certes déjà décrit comme « entre-deux » (*Zwischen*), « là » se tenant lui-même au milieu des étants, mais ce n'est plus eu égard à sa propre extension qu'il est ici qualifié de « *Zwischenfall* », incident mais surtout « point de chute » où « l'être mis en œuvre s'ouvre dans l'étant [et] dans lequel, soudain, les puissances déchaînées de l'être, ainsi libéré, qui prédomine s'épanouissent et sont mises en œuvre *en tant qu'histoire* ». Il ne s'agit plus ici de venir éclairer – comprendre – ce qui advient de l'étant en découvrant l'horizon de sens qui le sous-tend, comme Heidegger avait été amené à en dégager le fond temporel, sis dans le *Dasein*, puis temporal, ce en quoi le temps se découvrait lui-même partie prenante de l'être. Le *Dasein* est ici

1. *Ibid.*, p. 70/100. C'est sur ce constat que s'achève le troisième chapitre consacré à « la question du déploiement de l'être ».

2. *Ibid.*, p. 124-125/168-169, ainsi que pour toutes les citations tirées de ce même passage. Heidegger la pensait déjà comme « l'espace où bat l'orage » (*Gewitterraum*) dans le cours précédent, dans *Hölderlins Hymnen « Germanien » und « Der Rhein »* (*Ga.* 39), Francfort, Klostermann, 1999, p. 100.

tout autant *origine* de l'histoire qu'il en procède, d'une origine d'autant plus paradoxale qu'elle semble précéder sa propre provenance. Loin d'y voir un *circulus vitiosus*, le cours de 1934 inférait déjà d'une telle circularité l'assurance, pour l'investigation ainsi menée sur l'histoire, d'être « sur le bon chemin »[1]. Un an plus tard, *l'Introduction à la métaphysique* en offre un traitement sans commune mesure, faisant pour ainsi dire basculer l'analyse d'une recherche destructive quant à « l'essence de l'histoire »[2] au découvrement de sa portée métabolique, sa force de surgissement qu'il découvre comme pure violence : violence de ce qui prédomine tout d'abord, violence en retour de celui qui « fait l'histoire » et s'y heurte, « *devant* se briser sur celle-ci », faire l'épreuve de ce qui le soumet à devenir le *site* même de l'ouverture, cette brèche par où l'être s'impose et « se confirme comme ce qui prédomine à travers l'œuvre, *en tant qu'histoire* ».

Le retour au commencement grec n'a donc initialement d'autre visée que de mettre au jour la dynamique de ce qui fait histoire, « sa soudaineté et son unicité [...] que les Grecs sentaient profondément » et dont les notions de φύσις, λόγος et δίκη portent encore l'empreinte. Plus qu'à la pensée platonicienne, en laquelle il voyait encore en 1926[3] le premier commencement, de nos jours oublié, de la différence ontologique, c'est désormais en amont qu'il entend remonter, jusqu'au dire de Parménide – par laquelle la pensée découvre le lien indéfectible qui la lie, en un même surgissement, à l'être, marquant ainsi le commencement inaugural du geste philosophique – et à celui d'Héraclite qui « dit le même »[4] en découvrant le rapport intime du *logos* à la *physis*. N'étant encore à même de l'entendre en sa portée première, c'est ici à « l'esquisse poétique » qu'en donne Sophocle dans le premier chœur de son *Antigone* (v. 332-375) que Heidegger s'attache, désireux de mettre au jour, après les limites du domaine auquel il ouvre, la figure de l'homme qui s'y détache et que cristallisent, comme nous allons le voir, les notions de δεινόν et de δεινότατον, telle qu'elles apparaissent dans les premiers vers.

Face au paradoxe qui nous intéresse ici, l'ambiguïté que recèle le δεινόν est en effet décisive : l'homme s'y révèle tout d'abord comme « ce qu'il y a de plus inquiétant »[5], à la fois en ce qu'il est soumis à ce qui prédo-

1. *Ga.* 38, p. 86

2. L'ensemble du troisième chapitre du cours du semestre d'été 1934 lui était ainsi consacré, *ibid.*, p. 79-118.

3. *Grundbegriffe der antiken Philosophie* (*Ga.* 22), Francfort, Klostermann, 1993, p. 7, trad. fr. A. Boutot, *Concepts fondamentaux de la philosophie antique*, Paris, Gallimard, 2003 p. 20.

4. *EiM.*, p. 74/106.

5. *Ibid.*, p. 114-116/156-158. Les citations suivantes sont tirées du même passage.

mine et parce qu'il inflige cette violence, « *Gewalt-tätige* » qui, comme Heidegger le précise dans la parenthèse surajoutée, renvoie, plus qu'à la brutalité et à l'arbitraire qui l'entachent usuellement, au « rassemblement de ce qui domine pour le laisser apparaître ». S'il atteste « la véritable définition *grecque* de l'homme », c'est en tant que celui-ci apparaît luttant contre le chaos initial pour en faire un *monde*, s'impose à revers de l'apparence et contre sa propre puissance, « défriche, capture et dompte » l'étant pour le plier à son dictat. « Dominant haut le site »[1], il croit l'avoir en son pouvoir, « croit que c'est *lui* qui en dispose », sans voir qu'il est lui-même astreint « historial, à se soumettre » à sa violence. Telle est ici la seconde acception du *deinón* : la puissance même de ce qui prédomine dont serait porteur le terme grec de δική, ordre, justice que traduit l'allemand « *Fug* », entendu à la fois comme ce qu'il ajointe, rassemble (*Gefüge*), l'ordre qui y règne (*Fügung*) et ce par quoi il s'impose (*Einfügung*). Le commentaire qu'en donne Heidegger vient ainsi éclairer l'histoire comme la lutte de ce qu'il nomme ici « machination » (*Machenschaft*)[2] – en référence à τέχνη la grecque – contre l'ordre du monde et « la nécessité du destin » de telle sorte que τέχνη et δική (φύσις) se font face et s'affrontent mutuellement. L'histoire émerge donc de ce face-à-face, la confrontation n'apparaissant elle-même en retour qu'en ce que « l'être humain advient, à mesure que l'homme se déploie comme histoire »[3]. Ce qui transparaît à travers l'interprétation de Sophocle ne serait autre que ce que Héraclite avait déjà entrevu à travers la notion de πόλεμος, discession qui marque « cet événement qu'est l'irruption de l'être »[4], et dont Parménide avait lui-même tenté de penser l'unité originaire, « le même » à partir duquel l'être et la pensée se scinderont progressivement. Comme il le soulignait déjà dans la conférence de 1929, un tel retour aux présocratiques ne ressortit donc ni à de la nostalgie ni à une volonté de « renaissance », bien plus à « l'attention portée à la venue du déploiement non encore exprimé du décèlement, en

1. *Ibid.*, p. 120/163, également pour les deux citations suivantes.

2. Notons qu'il ne s'agit ici, dans le commentaire qu'il donne du vers 365 du chœur *d'Antigone* – σοφόν τι τὸ μηχανοεῖν – aucunement d'une critique de ce qu'il nommera plus tard « dispositif » (*Gestell*), monde ravalé à l'état de réserve, fonds disponible qui constitue le mode d'apparaître des étants à l'époque de la technique. C'est en ce sens que Heidegger s'expliquera lui-même sur la fameuse adjonction, dans l'édition de 1953, eu égard à « *la technique telle qu'elle est déterminée planétairement* », ajout qui « correspondait exactement à la conception qu'[il] avait à l'époque de la technique et non pas l'interprétation plus tardive de l'essence de la technique comme *Gestell* », dans « Spiegel-Gespräch mit Martin Heidegger (23 September 1966) », *Ga.* 16, p. 668.

3. *EiM.*, p. 123/167.

4. *Ibid.*, p. 107/147.

quoi l'être s'est annoncé »[1]. Rivée à l'étant, la métaphysique ne serait en effet parvenue à penser l'être en son propre déploiement inapparaissant, ignorant non seulement son ancrage temporel comme Heidegger le faisait apparaître dès la fin des années 1920 mais, plus tragique encore, sa propre force *historiale*, continuant à parler à partir de cette « révélation inaperçue » sans pouvoir élucider sa propre provenance. Le cours de 1935 ne fera à vrai dire que jeter les linéaments d'un tel retour, auquel Heidegger consacrera ses cours dès le début des années quarante, principalement consacrés à Parménide et Héraclite, ainsi qu'à la parole d'Anaximandre en laquelle il verra le premier point d'origine, la « plus ancienne parole de la pensée occidentale »[2]. Dans le même mouvement, le retour aux deux figures tutélaires que sont Nietzsche et, surtout, Hölderlin, initié dès le milieu des années trente, permettra d'entrevoir, en cette « fin même de l'Occident », une ouverture nouvelle à l'histoire, permettant à la « problématique lancinante du "nouveau commencement" de prendre en un sens le relais de la "répétition" »[3].

Si l'être témoigne bien, en sa forme grecque, de l'ouverture première qui continue de déterminer la configuration de notre monde, celui-ci demeure donc impensable hors de son site de déploiement, le « *Dasein* du peuple » en lequel se joue, à revers d'une décision, la possibilité même de l'ouverture. Alors même que nous touchons le fond sans fond (*Abgrund*) qui nous « fait chuter dans ce qui ne fait plus histoire »[4], nous condamnant à l'errance perpétuelle, en proie aux seules apparences et à un monde atomisé, sans profondeur, c'est cette *origine* qui est désormais à reconquérir, ce en quoi le monde dans lequel nous vivons, et ce qui le configure « ne peut être surmonté qu'*originairement*, c'est-à-dire en renvoyant sa vérité primitive dans ses propres frontières et en la fondant par là à nouveau »[5]. La découverte de ces frontières, ce à quoi se livre Heidegger dans la dernière partie de son cours consacrée au dégagement de « la limitation de l'être », qui est d'abord réappropriation du champ de nos possibles, doit ainsi en passer par une refondation de notre « *Dasein* historial », par laquelle

1. *Questions I*, p. 28, p. 24 pour la citation suivante.

2. Voir également *EiM.*, p. 171/127, où la parole d'Anaximandre est déjà dite « la plus ancienne qui nous ait été transmise ».

3. J.-Fr. Courtine, « Historicité, philosophie et théologie de l'histoire chez Heidegger », dans *Après la fin de l'histoire*, Paris, Vrin, 1998, p. 223.

4. *EiM.*, p. 123/167. Si Heidegger considérait, dans *Être et Temps*, qu'un peuple pouvait être dit « *unhistorisch* », dépourvu de science historique, sans pour autant être dit « anhistorique » (*ungeschichtlich*), c'est désormais l'époque présente qui est pensée, en son historicité même, comme « ne faisant plus histoire » (*geschichtlos*).

5. *Ibid.*, p. 89/125.

l'ouverture est pour ainsi dire ramenée à ce qui la précède. Inversement, « il nous faut refaire l'épreuve de l'être à partir de son fond et dans toute l'ampleur de son possible déploiement (*Wesen*) si nous voulons mettre en œuvre, en tant que tel, ce qui en nous fait histoire », qui n'est autre que ce que Heidegger nomme ici notre « *Dasein historial* », « ce à quoi nous ouvrons, faisant histoire » [1].

C'est à l'Université que Heidegger assignait, dès 1933, ce devoir de refondation, lieu de reviviscence ayant pour tâche d'assumer, par la science, « la mission historique et spirituelle du peuple allemand comme peuple parvenu à se connaître en son état (*Staat*) » [2]. S'il appelait à « nous replacer dans la puissance du commencement de notre *Dasein* historique », c'était alors en vertu de la croyance en une possible autodétermination de la liberté que l'université pouvait prendre en charge en une autoaffirmation (*Selbstbehauptung*) volontaire, rassemblée en une même force susceptible de faire front face à ce qui menace : la déréliction de l'homme d'aujourd'hui face à la destitution (*Entmachung*) de l'esprit. Par une décision résolue il s'agissait alors, non pas de contrer, mais d'endurer sa propre « impuissance devant le destin », « déployant ainsi son défi le plus haut » [3] à se mesurer à la « surpuissance » de ces forces contraires qu'il pensera ensuite, dès 1935, à la lumière de ce que les Grecs nommaient δική : la puissance originaire de ce qui demeure celé à revers de l'étant tout en continuant d'en régir l'apparaître. De cette faiblesse et « impuissance » du savoir face à la nécessité, Heidegger avait déjà pris acte dès 1929 : si la pensée devait désormais renoncer à prétendre saisir scientifiquement « le tout de l'étant de manière absolue », la volonté seule s'avérait tout aussi impuissante à se placer d'elle-même face au néant. Le cours de 1935 tente d'en tirer les conséquences face à l'impuissance avérée de la philosophie tant de « fournir au *Dasein* d'un peuple, en chaque époque, pour le présent et pour l'avenir, *ses fondations*, sur lesquelles ensuite une civilisation devrait s'édifier », qu'à *créer* d'elle-même « les formes d'actions et les opportunités qui conduisent à un certain état historique » [4]. Sa tâche est à la fois plus humble et plus ambitieuse : réfléchir ce qui la détermine et, ce faisant, en donnant « plein pouvoir aux puissances de l'étant comme tel en totalité », se faire elle-même recueil, « résolution (*Entschlossenheit*), déterminée originairement et consciente, en vue du déploiement de l'être » [5]. La

1. *Ibid.*, p. 155/207, nous soulignons.
2. *Ga.* 16, p. 108.
3. *Ibid.*, p. 116.
4. *EiM.*, p. 8/22.
5. *Ibid.*, p. 37-38/60.

référence au *Discours de rectorat* est ici explicite et la mission salvatrice qui revenait à l'université désormais repensée en direction d'une vocation plus vaste qui vise non seulement à « contribuer au rassemblement interne du peuple, en lui donnant son orientation » comme il l'écrivait en 1933, mais prétend éclairer, en sa *provenance* comme en son *origine*, « la mission historique de notre peuple en tant qu'il est le milieu de l'Occident ».

C'est en ce sens qu'à la décision, doit se joindre « le tranchant et l'originarité du *savoir* historique » [1]. Non pas en ce que le savoir précéderait, en vertu d'un statut ancillaire, la décision, coup de grâce porté en dernière instance par le jugement qui trancherait quant à savoir ce qui, dans l'histoire, vaut d'être ou non réapproprié. Comme le précise Heidegger en se référant à Parménide, c'est au contraire la décision qui fait de l'homme « quelqu'un qui sait », qui *fonde* le savoir comme capacité de se tenir dans « une constante dé-cision (*Ent-scheidung*) » [2] par laquelle est décidé du mode d'apparaître des choses, non pas « jugement et choix humain, mais bien scission (*Scheidung*) » du tout venant le départager en être, non-être, apparence, autant de délimitations qui, configurant notre monde, participent de « *la* puissance qui, aujourd'hui encore, soutient et régit *tous nos* rapports à l'étant en totalité » [3]. Loin de prendre sa source dans une connaissance, réflexion en retour d'une conscience sur son passé, « c'est donc avec celle-ci [la décision] que commence l'histoire » [4]. Son commencement est institution première qui perdure, empreinte maintenue à travers les siècles, prêtant sens et forme au monde, jusqu'en sa « croisée » qui le fragmente et le disjoint, l'oubli même de sa puissance et de son efficace. Assumer sa propre impuissance signifie donc ici assumer ce savoir qui nous incombe du fait même que nous y sommes soumis, endurer cette capacité que nous avons de « nous tenir dans la vérité », ouvrant ainsi à la possibilité de « pouvoir apprendre » quelque chose de nous-mêmes. Reçu tout autant que librement assumé, ce savoir est donc porté par la décision préalable qui, sisc sur la résolution, peut alors apparaître à la fois comme coup d'envoi inaugural et ouverture chaque fois déterminée du monde. Dans *Être et Temps*, Heidegger avait déjà souligné à quel point cette capacité d'assumer ses propres possibilités « héritées mais cependant choisies » [5] était liée au double mouvement d'un « abandonnement à soi » et d'une remise intégrale

1. *Ibid.*, p. 109/150.
2. *Ibid.*, p. 84/118-119, également pour la citation suivante, parenthèse qu'ajoutera ensuite Heidegger au texte initial.
3. *Ibid.*, p. 154/205.
4. *Ibid.*, p. 84/118.
5. *Sein und Zeit*, p. 384.

« à la surpuissance » de sa liberté finie. Le *Dasein* se voyait alors placé dans la simplicité de son « destin » (*Schicksal*), qu'il découvrait intimement lié à celui « de sa communauté, de son peuple ». En 1935, c'est bien à une communauté incarnée qu'il se réfère : le peuple allemand pris en étau, entre l'*hybris* russe et américaine, devenu à la fois « milieu » du destin européen, occidental et principal héritier de cette « grandeur secrète »[1] entrevue par les Grecs.

DE L'HISTOIRE DE L'ÊTRE COMME DESTIN

Nous approchons ici l'un des aspects assurément les plus problématiques du cours de 1935. Outre les résonances spiritualistes, étonnamment soustraites à toute déconstruction[2], la mission dont le peuple allemand est ici investi est d'autant plus sujette à caution que les événements concrets, ironie de l'histoire, ne tarderont à en entamer la légitimité, comme le soulignera Löwith, non sans sarcasme[3]. Sans rompre avec la dimension volontariste et activiste qui est encore celle, deux ans auparavant, du *Discours de rectorat*, la perspective semble pour ainsi dire transfigurée par la dimension *destinale* dont est désormais porteuse la nation allemande. Héritière des Grecs, c'est en effet à partir d'elle que pourront surgir de « nouvelles forces historiques et *spirituelles* »[4], portées par la revitalisation, déjà pensée en son temps par Hegel, de la *polis* grecque au sein de l'état moderne, et que la révolution national-socialiste endosserait, alors porteuse de « la grandeur et splendeur de cet éveil »[5]. S'il partageait encore en 1933 l'espoir d'un tel renouveau politique, l'illusion n'est pas moins de courte durée, Heidegger critiquant, dès 1935, sa dérive

1. *Ibid.*, p. 74/106. Voir également *ibid.*, p. 125/170, où il parle de « grandeur historiale ».

2. Il faut en effet attendre les années cinquante pour que l'esprit (*Geist*), en son acception proprement chrétienne, soit distingué de sa portée grecque, et plus originaire (πνεῦμα), comme le souligne Jacques Derrida, dans *De l'esprit*, Paris, Galilée, 1987.

3. Voir notamment Karl Löwith, dans *Mein Leben in Deutschland vor und nach 1933*, Stuttgart, 1986, p. 56-59. La relative pauvreté, voire quasi omission, dans laquelle Heidegger semble reléguer l'histoire *ontique*, faite de « sueur et de larmes », laisse ici entrevoir à quel point se mêlent – de façon d'autant plus flagrante en 1935 – à la fois l'acuité proprement géniale qui lui permet d'embrasser du regard l'histoire jusque là invisible de « l'ouvert », tel que rapporté à sa propre force de surgissement et, d'autre part, l'étonnante naïveté, voir cécité, qui l'amène initialement à transfigurer son propre engagement politique en lui prêtant valeur destinale. C'est là, à des degrés divers, le cœur de nombreuses critiques portant sur sa conception de l'histoire, de P. Bourdieu à J. Habermas.

4. *EiM.*, p. 29/50.

5. *Ga.* 16, p. 655.

bureaucratique avant de s'en prendre, de manière plus incisive, aux thèses biologiques et racistes dans les cours qu'il consacre à Nietzsche les années suivantes[1]. Si la dimension politique est ici prégnante, ce n'est donc plus tant en vertu de la reviviscence du « *volkisch-staatliches Dasein* »[2] qu'infléchie en direction d'un « monde spirituel » né de la force du *logos* à travers la pensée et la poésie et dont il est encore possible d'admirer « la richesse de figuration dans la parole et dans la pierre »[3]. L'*Introduction* marque ainsi un premier déplacement qui mènera progressivement Heidegger, dès le début de la décennie suivante, à reconnaître en la seule poésie, « langue originaire d'un peuple historique »[4], un véritable pouvoir de fondation, jusqu'à faire du dialogue (*Zwiesprache*), lieu où la parole poétique se confronte à ce qui l'étrange à elle-même, la « vérité fondamentale de l'histoire ». Reste qu'en 1935, celle-ci est encore pensée à travers la violence créatrice d'une *techne* quasi prométhéenne, force en prise à un destin qui la dépasse et qu'elle tente, portée par le savoir qu'elle en a, de conquérir et de se réapproprier.

En remontant de la provenance à son origine – site de déploiement qu'il pense, dans la lignée du discours de rectorat, comme « *Dasein* du peuple » – Heidegger retrouve donc, à même les paroles de Sophocle, la trace d'un tel enracinement, entrevu un an plus tôt à travers la « patrie » (*Vaterland*) hölderlinienne[5], et que cristallise désormais la notion de πόλις, pensée comme « fondement et lieu du *Dasein* de l'homme ». Comme il le précise aussitôt, la *polis* n'est à penser ni comme cité (*Stadt*) ni comme état (*Staat*) mais bien plutôt comme

> le site (*Stätte*), le là dans lequel et en vertu duquel le *Da-sein* est historique. La πόλις est le site de l'histoire (*Geschichts-stätte*), le là *dans* lequel, *à partir* duquel, et *pour* lequel l'histoire advient[6].

1. Voir notamment, dans la continuité de la critique du « *Blut und Boden* », dans *Sein und Wahrheit* (*Ga.* 36/37), p. 263; *Nietzsche I (1936-1939)* (*Ga.* 6.1), Francfort, Klostermann, 1996, p. 465.

2. Voir notamment *Ga.* 16, p. 114.

3. *EiM.*, p. 87/122.

4. *Erläuterungen zu Hölderlins Dichtung (1936-1968)* (*Ga.* 4), Francfort, Klostermann, 1996, p. 43. Telle est la thèse qu'il pose dès sa conférence, en avril 1936, *Hölderlin und das Wesen der Dichtung*, développée plus largement en 1942, dans *Hölderlins Hymne « Der Ister »* (*Ga.* 53), Francfort, Klostermann, 1993, p. 61.

5. Voir notamment *Ga.* 39, p. 120.

6. *EiM.*, p. 117/159, ainsi que pour la citation précédente. Voir également dans le séminaire de 1934, *Hegel: über den Staat*, transcription Hallwachs et Borse, *Heidegger Nachlass, Deutsches Literaurarchiv*, Marbach, § 78, p. 50 : « La πόλις est le milieu (*Mitte*) qui détermine en propre le *Dasein* historique d'un peuple, d'une tribu, d'un clan; ce pour quoi

C'est en effet en la πόλις qu'apparaît en 1935 la plus haute expression du combat mené par l'homme contre la violence de l'ouverture dans laquelle il se tient et qu'il a à endurer, confrontation dont naît l'histoire, à partir de laquelle « le peuple lui-même est créé »[1]. La communauté n'y préexiste donc pas, contrairement aux conceptions libérales et bolcheviques que Heidegger renvoie dos à dos, participant d'une même volonté de maîtrise, visant à impulser, par la seule réorganisation socio-économique, une nouvelle dynamique à l'histoire susceptible de régir le mal-nommé ordre « mondial » à l'échelle de la planète. S'il s'agissait en 1933 de préparer, par l'Université, une telle refondation, en 1934 encore de « commencer à en créer l'espace et le sol »[2], le cours de 1935 a désormais la prétention de rendre visible la création qui sous-tend toute histoire, à la fois transmutation et transport, déplacement qui nous ouvre, comme c'est le cas de tout questionnement véritable, « à l'ouvert » et, ce faisant, « à un nouvel espace »[3] au sein duquel le peuple se découvre et advient à lui-même. Parmi les initiateurs capables d'en porter le « mouvement » : « les créateurs, les poètes, penseurs et hommes d'état »[4], de ceux qui soutiennent le combat en l'inscrivant dans la parole et dans la pierre, bravant eux-mêmes la solitude, ἄπολις, sans cité ni lieu, solitaires, inquiétants en leur étrangeté et sans autre recours [...] parce qu'*en tant que* créateurs, il leur faut d'abord fonder tout cela »[5]. Si Heidegger semble ici incontestablement attaché au modèle, historiquement suranné, d'une « histoire des grands hommes », ce n'est pourtant pas, comme chez Hegel, en vertu d'une « ruse de la raison » par laquelle certains héros seraient amenés à « administrer l'esprit du monde »[6], amenant ainsi à la conscience « l'âme intime » qui meut secrètement le reste des hommes, mais plus simplement peut-être du fait que la philosophie, au sens où il l'entend, « ne concerne jamais immédia-

la vie se déroule; le milieu auquel tout est relié, dont il y va de la défense comme d'une auto-affirmation, ce qui est essentiel dans le *Dasein.* [...] C'est à partir de çà qu'il faut comprendre l'essence du politique. »

1. *Ga.* 38, p. 85 : « Bien qu'un peuple fasse son histoire, cette histoire n'est pas pourtant pas ce qui est fait par le peuple ; c'est le peuple qui, de son côté, est crée par l'histoire. »

2. *Ga.* 38, p. 85.

3. Voir *EiM.*, p. 23/41.

4. *EiM.*, p. 47/72, repris dans *Ga.* 45, p. 43. S'il se réfère à ce titre au début des années trente à ceux qui créent, « *die Schaffenden* » (*Ga.* 39, p. 51), ceux qu'il nomme les « rares » (*Seltenen*) apparaîtront ensuite davantage comme des « questionnants » (*Fragenden*), « les véritables *croyants* » comme il l'écrira, dans *Ga.* 65, p. 11-12.

5. *EiM.*, p. 117/159.

6. G. W. F. Hegel, *Vorlesungen über die Philosophie der Geschichte*, dans *Werke*, Talpa-Verlag, 1998, p. 52.

tement que peu d'hommes »[1]. Car la création n'est ici pas pure *action* – laquelle n'apparaît en fait chez Hegel n'être qu'une *passion* déguisée réalisant à son insu et *via* sa singularité des desseins universels : plus que *créatrice d'histoire*, elle lui offre un *lieu* où se déployer, soutenant un combat qu'elle ne peut elle-même initier, seulement ravir en fixant en une œuvre le monde qui s'y ouvre.

Si l'ouverture première du monde lui préexiste, à titre de « nécessité », l'homme ne découvre ainsi son propre « *Dasein* historial au milieu de l'étant », « n'entre dans l'histoire »[2] qu'à travers la création, mouvement par lequel « ce qui a été donné à l'homme [est] tiré à la lumière hors de son fond réservé », comme il l'écrira un an plus tard dans l'*Origine de l'œuvre d'art*[3]. Car la création n'est ici pas tant pensée comme production, in-formation par laquelle la matière serait dotée de forme, transcendante ou spirituelle, que comme un « puiser » (*Schöpfen*) à la source de la vérité qu'il s'agit, au sens propre, de « mettre en œuvre », de fixer et d'inscrire dans la tangibilité de ce qui demeure, de parole ou de pierre. Par cette impulsion, non seulement l'étant « devient œuvre » mais, désormais « confié à la garde de l'homme historial »[4], « ce qui prédomine s'impose en faisant œuvre *en tant qu'histoire* ». Rapportée au modèle poiétique de la *techne*, la création affronte donc ce dans quoi elle prend sa source pour recueillir, ériger et offrir visibilité à ce qui la régit sans pour autant se découvrir comme tel. Plus qu'une élaboration, voire invention *ex nihilo*, elle est capacité à l'endurer et à s'y maintenir et, à ce titre, mise en œuvre d'un *savoir* (*Wissen*), terme par lequel Heidegger vient ici traduire, de manière significative, le mot grec τέχνη. La violence humaine peut ainsi apparaître en ce déplacement comme une « lutte consciente », son surgissement comme « un advenir tout autant porté par la volonté que le savoir, dans lequel s'éveille toujours en même temps une connaissance »[5] par lequel notre enracinement nous est de nouveau rendu accessible. Pensée comme *origine* de l'histoire, l'essence de l'homme reçoit par là une première détermination : « ce qui contraint l'emprise de la *techne* à la liberté, à la mise en œuvre consciente de l'être. C'est ainsi qu'il y a histoire »[6], écrit

1. *EiM.*, p. 8/22.
2. *Ibid.*, p. 131/176, p. 128/173 pour la citation précédente.
3. « Der Ursprung des Kunstwerks », dans *Holzwege* (*Ga.* 5), Francfort, Klostermann, 1977, p. 63, trad. fr. W. Brokmeier, « L'origine de l'œuvre d'art », dans *Chemins qui ne mènent nulle part*, Paris, Gallimard, 1986, p. 86. Le combat sera alors plus largement repensé comme lutte du monde et de la terre.
4. *Ibid.*, p. 145/194.
5. *Ga.* 38, p. 87, nous soulignons.
6. *EiM.*, p. 130/175.

Heidegger au terme de l'interprétation qu'il donne de la célèbre sentence de Parménide préalablement évoquée.

En reconduisant la τέχνη au savoir, Heidegger accomplit ici la prouesse de venir corroborer, comme en contrepoint, par l'adage parménidien l'interprétation précédemment donnée du chœur d'Antigone, ce qui lui permet non seulement d'attester du « rapport essentiel qui lie originairement la parole poétique et philosophique »[1] mais de repenser ainsi la dynamique historique déjà mise au jour comme violence à la lumière de l'entre-appartenance initiale de la pensée (νοεῖν, λόγος) à l'être. Une fois la *techne* ressaisie comme « l'activité violente du savoir »[2], le savoir lui-même reconduit à ce que Parménide pensait comme νοεῖν, appréhension qui est également recueil (λόγος), « acte de violence par lequel l'être est recueilli en son rassemblement », l'histoire peut ainsi être repensée à travers la confrontation de la pensée à l'être, son affrontement contre « l'ordre prédominant » qui n'est autre, comme nous allons le voir, que son propre « destin » (δική, *Geschick*). Car si « l'être humain est en son déploiement historique, en tant qu'il ouvre l'histoire, λόγος »[3], c'est en ce λόγος lui-même que Heidegger est amené à entrevoir, déceler la source de tout déclin, hissé au rang de « nécessité » immanente jusqu'à prétendre, dès le commencement, rivaliser avec la puissance même, l'omnipotence de la δική. C'est donc au cœur même de son déploiement qu'est grevé le commencement occidental, l'histoire elle-même sise sur une brèche qui entend seule s'arroger la mainmise sur l'ouvert, au préjudice même de l'ouverture. Ce qui s'opposait à la φύσις s'impose alors comme seule force de déploiement et tandis que l'être trouve à se *dire*, mis en œuvre dans l'étant, son déploiement demeure lui-même en retrait, définitivement celé. L'avènement du λόγος grec, auquel Platon puis Aristote donnent ses lettres de noblesse, marque donc pour ainsi dire le « début de la fin » qui vient masquer le « commencement initial »[4], lançant ce faisant la longue « suite historique » d'un déclin « par lequel l'estre [l'être en son déploiement] et l'histoire vont demeurer totalement celés » comme Heidegger l'explicitera quelques années plus tard dans une note parue au titre des *Contributions à*

1. *Ibid.*, p. 126/171. Il s'agit ce faisant de révéler le fondement de leur « parenté profonde », comme il l'écrit un peu plus loin, *ibid.*, p. 128/173.

2. *EiM.*, p. 126-129/171-174, ainsi que pour les citations suivantes. Dans son discours de rectorat, Heidegger pouvait ainsi déjà écrire, commentant une citation du *Prométhée* d'Eschyle : « "Le savoir est de loin bien plus faible que la nécessité". Cela veut dire que tout savoir demeure préalablement livré à la surpuissance du destin », dans *Ga.* 16, p. 109.

3. *Ibid.*, p. 131/176. Heidegger parlait précédemment du *logos* comme « fond et fondement de [notre] être historique », *ibid.*, p. 128/173.

4. *Ibid.*, p. 137/184.

la philosophie[1]. Comme il le reconnaît lui-même dès 1935, notre errance ne prend ni sa source dans la rémanence d'une ontologie inadéquate, ni dans la seule tendance, qui nous serait inhérente, à déchoir et nous laisser aller, vivant pour ainsi dire par procuration. La mutation de la vérité par laquelle la φύσις se voit ravalée au statut d'ἰδέα[2], à ce qui est désormais appréhendé, recueilli, par là régi par le seul esprit, « ne vient donc pas de l'extérieur mais du « dedans » »[3], « ruine qui règne et attend du fond même »[4] tout comme les délimitations qui tronquent notre rapport au monde « jaillissent du déploiement de l'être en tant qu'il s'ouvre », fût-il lui-même sous l'emprise accaparante de la pensée humaine. Comme il le précise lui-même, une telle mainmise, à la source de la scission de l'être et de la pensée qui dominera ensuite l'esprit occidental et sa tendance à l'objectivation

> ne provient pas en vérité d'un simple manque, de l'incapacité de pouvoir soutenir ce qui, en ce déploiement même, a été confié à la garde de l'homme historial. La raison de cet effondrement réside d'abord dans la grandeur du commencement et *dans le déploiement du commencement lui-même*[5].

Si tout semble ainsi « toujours déjà décidé »[6] dès le commencement, révélant une similarité troublante avec la conception hégélienne au point qu'on ait pu parler de « téléologie inversée », un tel « destin » n'est pas ici pensé selon l'ordre d'une logique dialectique inébranlable, fatalité ou *fatum* auquel la liberté individuelle serait sommée de se soumettre, tout en croyant réaliser ses propres fins. Pas plus n'est-il fruit du seul hasard (*Zufall*), comme il le précisait déjà dans *Être et Temps*, face à des « vérités qui seraient ainsi tombées du ciel »[7]. Il ne s'agit ni de s'affranchir d'un ordre extérieur ni de s'y soumettre, seulement de reconnaître que tout n'émane pas de la pensée et de reconduire ainsi les scissions et délimi-

1. *Beiträge zur Philosophie (vom Ereignis)* (*Ga.* 65), Francfort, Klostermann, 1989, p. 494.

2. Heidegger reconnaîtra qu'il n'y a en fait jamais eu mutation, mais qu'elle était pour ainsi dire toujours déjà dès l'initiale, comme il l'écrira en 1966 : « la thèse d'une mutation de la vérité n'est pas soutenable », dans *Zur Sache des Denkens*, Tübingen, Niemeyer, 1969, p. 78.

3. *EiM.*, p. 144/193.

4. *Ibid.*, p. 168/124, p. 156/207 pour la citation suivante.

5. *Ibid.*, p. 145/194, nous soulignons. L'histoire authentique ne va ainsi « à sa fin qu'*historialement* » comme il l'écrit, p. 144/193. Son déclin est pour ainsi dire inhérent à son propre déploiement, ce par quoi la pensée demeure toujours « en deçà » de l'ouvert dans lequel elle se tient et prend sa source.

6. *Ga.* 45, p. 36 : « dans le commencement tout est déjà décidé ».

7. *EiM.*, p. 30/51.

tations qu'elle impose à l'apparaître à leur *décision* première, découvrant par là la relativité même de leur institution, enfin ramenée à sa « vérité propre ». C'est précisément en une telle rétrocession que, découvrant notre *provenance* à travers la redécouverte de la conception grecque de l'être, notre *origine* en recouvrant le caractère adversatif qui nous est propre, nous sommes à même d'assumer librement notre *destin*, « à le transformer en histoire et à [nous] y maintenir »[1]. A ce qui fait figure de « nécessité historique »[2], la liberté de l'homme ne s'oppose donc pas. Portée par le savoir, elle est déjà autodétermination, assomption de ce qui la détermine par la seule « répétition *pensée* »[3] d'un commencement qui, dissimulé en ses débuts, non seulement n'apparaît mais *n'advient* – au sens où il fait histoire – comme tel qu'à la fin. Une fois réapproprié, le commencement n'est donc plus ce qu'il était à l'initiale. Si la philosophie se veut en ce sens ouverture à ce savoir par lequel nous accomplissons notre être historique, la répétition qu'elle génère est ce faisant déjà en elle-même, plus qu'un re-commencement, « transformation créatrice » et ouverture à un « *autre* commencement »[4].

La dimension proprement historique qui incombe à la pensée trouve ainsi à s'éclairer davantage : en faisant retour sur sa propre limitation, qui lui révèle par là son historicité, le questionnement découvre ainsi que c'est par lui « qu'advient l'histoire et, par là, l'être de *l'homme* »[5]. En se tournant vers son impensé, la métaphysique trouve donc non seulement à assumer un héritage – celui du « grand commencement » grec – mais, ouvrant à la possibilité d'un dépassement, à s'accomplir « à partir de *notre* histoire, pour *notre* histoire, *à l'heure actuelle de notre histoire dans le monde* ». Savoir historique, c'est à ce titre que la philosophie est dite « histoire de l'être », selon le génitif subjectif tout d'abord, en tant que possible « histoire de ses variations »[6], mais également en sa dimension objective comme accomplissement de l'être lui-même, « événement que l'être atteint de

1. *Ibid.*, p. 110/151. Du fait « que nous nous y tenons ou que nous vacillons » dépend ainsi notre rapport à l'être comme il l'écrit un peu plus loin, dans *ibid.*, p. 154/205.

2. *Ibid.*, p. 74/106 ; p. 134/181.

3. *Ibid.*, p. 146/194.

4. *Ibid.*, p. 29/50. Comme l'explicitera Heidegger, il s'agit de « s'éveiller à une nouvelle fondation, qui n'est ni pur abandon de l'ancien ni soif de nouveauté, encore moins une faible conciliation et compensation, mais une transformation créatrice dans laquelle tout ce qui est initial atteint l'extrémité de son faîte », dans *Ga.* 66, p. 416.

5. *EiM.*, p. 109/150-151.

6. *Ibid.*, p. 137/183-184, ainsi que pour la citation précédente. Heidegger parle également, un peu plus loin, de « l'histoire de cette scission en tant qu'elle se déplie et se modifie », *ibid.*, p. 150/200.

manière toujours nouvelle (suivant l'ouverture qui lui est propre) »[1]. Si la première acception lui permet de « mesurer la transformation qui s'est effectuée [...] dans l'histoire spirituelle de l'Occident »[2], sorte de « mythologie » du « dire de l'être », la seconde, plus décisive peut-être, lui permet, se ressaisissant jusqu'en ses errances comme « ce qui fait histoire, comme l'histoire même »[3], d'en assumer la portée *véritative* par-delà les normes du temps présent. Ces deux dimensions s'articulent ainsi l'une à l'autre – comme le savoir à la décision – de telle sorte que le questionnement « doit lui-même se tenir dans *l'histoire de l'être* afin de déployer de son côté sa propre portée historiale et la conserver »[4]. Si une telle généalogie défie assurément les règles de l'herméneutique habituelle, ce n'est donc pas tant pour la rabattre sur une téléologie de type hégélien, présupposant l'apparition progressive d'un « début » qui s'acheminerait progressivement vers sa fin. La reconduction de la dynamique même de l'histoire à une première origine, telle qu'elle se dissimule et se conserve au sein même de ce retrait, témoigne ici bien plutôt de ce que Heidegger pourra nommer une « eschatologie de l'être »[5] à la lumière de laquelle l'histoire est elle-même pensée en sa portée alétheiologique, « saisie comme *une* vérité, ce qui de l'être demeure celé en ouvrant »[6] comme il l'écrira quelques années plus tard. Frayant la voie à ce qui « n'est *pas encore advenu* »[7], l'*aletheia* encore impensée des Grecs, l'*Introduction à la métaphysique* vient ainsi offrir, comme Heidegger le ressaisit lui-même en fin de parcours, un point de passage par où ce qui était scindé retrouve unité à travers sa provenance, ouvrant l'espace libre à une nouvelle configuration. Le questionnement en retour de la métaphysique est donc bien *historial*, au sens où « c'est d'abord

1. *Ibid.*, p. 65/94. Heidegger poursuit ainsi : « Ce n'est que dans cet advenir que s'ouvre la vérité philosophique. Aussi ce qui est ici décisif est-ce le ré-accomplissement et le co-accomplissement de chaque pas au sein de ce qui fait histoire. »

2. *Ibid.*, p. 105/145.

3. *Ibid.*, p. 79/114.

4. À travers cette première occurrence de « l'histoire de l'être » est ainsi explicitement pensée l'unité destinale qui coïncide, encore en 1935, avec le déploiement de la métaphysique, avant que Heidegger ne l'historicise à son tour, dès la fin des années trente, en faisant état de ruptures époquales plus décisives encore, donnant lieu à des « conceptions du monde » irréductibles les unes aux autres.

5. L'expression apparaît en 1946 dans « Der Spruch des Anaximander », où il s'attache à découvrir la dimension eschatologique de l'être, dont la donne (*Geschick*) serait purement immanent au commencement lui-même, par où « ce qui nous était autrefois donné en son initialité devient alors, comme tel, l'ultime (*eschaton*), rompant ce faisant avec ce qui, de l'être, était jusqu'ici donné de façon voilée », dans *Ga*. 5, p. 327.

6. *Ga*. 65, p. 61.

7. *Ga*. 45, p. 142.

par lui qu'est créée l'histoire »[1], histoire à venir qui, en son déploiement, n'est désormais plus pensée à travers la seule quadruple délimitation de l'être mais, une fois notre brèche initiale redécouverte, au sein de la différence, qui trouve désormais à se dire, de l'être et de l'étant.

L'OMBRE PORTÉE DE L'*EREIGNIS*

« Nul ne peut sauter par-dessus son ombre »[2]

C'est donc en son commencement que réside l'avenir de notre histoire. Visant à reconquérir notre rapport à l'être en faisant retour à sa source première, l'*Introduction à la métaphysique* nous découvre ainsi, au terme de son parcours, que l'être n'est lui-même en sa vérité qu'*histoire*, événement inaugural qui n'est pas tant ici pensé pour lui-même qu'en vertu de la violence créatrice et libératrice sise en l'homme[3]. Si, comme il l'écrira quelques années plus tard, l'histoire n'est néanmoins « pas un privilège de l'homme mais le déploiement de l'estre lui-même »[4], la métaphysique ne fait pas moins l'épreuve ici, par-delà la mise au jour de sa propre « puissance celée », d'un déploiement qui la dépasse, dont Heidegger s'attachera les années suivantes à mettre en lumière la dimension à la fois appropriante et ostensive de « ce qui fait événement » (*Ereignis*)[5], terme qui devient, dès 1936, « le terme directeur de [sa] pensée »[6]. En approfondissant le domaine de donation (site et ouverture pensés comme origine) en direction de la *donation* elle-même, remontant de l'historicité ainsi découverte de l'être à la finitude de son propre déploiement, la pensée découvre ainsi son propre fondement non métaphysique, dimension non époquale qui constitue toute ouverture, site qui est « soi-même sans histoire, ou

1. *EiM.*, p. 109/150.
2. *Ibid.*, p. 152/202.
3. Dans la critique qu'il en donnera quelques années plus tard, c'est précisément ce trait qu'il stigmatisera, le cours de 1935 demeurant encore pour ainsi dire « à mi-chemin [...] parce qu'il ne parvient à s'affranchir des rêts de la compréhension de l'être (*Seinsverständnis*) », par là de la perspective projective qui était celle de *Être et Temps*, dans *EiM.*, p. 219.
4. *Ga.* 65, p. 479. Et, un peu plus loin : « L'estre en tant qu'il fait événement (*Ereignis*) est l'histoire; c'est à partir de là que son propre déploiement doit être déterminé, indépendamment de la manière dont on se représente son devenir et son évolution, indépendamment de toute considération et explication historiennes », *ibid.*, p. 494.
5. Ce qui lui permettra d'écrire que « le commencement est l'estre lui-même comme ce qui fait événement (*Ereignis*) », dans *Ga.* 65, p. 58.
6. *Ga.* 9, p. 316.

mieux : sans destin »[1] comme il l'indiquera lui-même plus avant. Quittant progressivement la perspective sotériologique qui est encore la sienne en 1935, c'est désormais dans « l'ouvert de l'histoire » qu'il s'agira de pénétrer, de telle sorte que l'histoire ne sera elle-même en retour « plus saisie comme un domaine propre à un étant parmi d'autres, mais uniquement dans le regard porté sur le déploiement de l'estre lui-même »[2].

Reste que le tournant dans l'événement – celui qui permettra ensuite à Heidegger de parler « *vom Ereignis* » et d'effectuer le véritable « saut » (*Sprung*) – n'est pas encore accompli en 1935. Seulement « répétition *pensée* », nous n'avons fait pour le moment que rejoindre notre lieu métaphysique, en éclairer la provenance en un mouvement qui n'est encore que transition et appel – introduction – depuis notre ignorance actuelle, à regagner nos possibilités en *réfléchissant* notre commencement. La question du déploiement historique peut ce faisant encore coïncider avec la considération de l'histoire de l'être telle qu'elle est rassemblée à partir de son coup d'envoi, permettant de la comprendre en son *unité* comme déclin, avant que Heidegger n'en découvre la discontinuité et ne soit lui-même amené à relativiser ses propres interprétations. En tant qu'il entrevoit déjà ici la possibilité d'une reconfiguration de l'être, la voie n'en est pourtant pas moins frayée dès 1935 à un *autre* chemin par lequel la pensée, de sa « limitation » métaphysique, pourrait progressivement regagner l'efficience du « cercle » dans lequel elle se tient, avant que celui-ci, de la différence ontologique recouvrée, ne soit à son tour pensé à travers sa propre quadrature (*Geviert*), non plus imposée, fût-ce pensivement, mais émanant de l'ouverture elle-même.

1. *Zur Sache des Denkens*, p. 44, trad. dans *Questions IV*, p. 74.

2. *Ga.* 65, p. 32. Ce qui amènera alors Heidegger à parler d'un « seynsgeschichtlicher Genitiv » qui dépasse tout autant la portée objective que subjective qui lui est habituellement conférée, dans *Die Geschichte des Seyns* (*Ga.* 69), Klostermann, Francfort, 1998, p. 170.

CHAPITRE III

HORS DU QUESTIONNEMENT, POINT DE PHILOSOPHIE

SUR LES MULTIPLES FACETTES DE LA CRITIQUE DU CHRISTIANISME ET DE LA « PHILOSOPHIE CHRÉTIENNE » DANS L'*INTRODUCTION À LA MÉTAPHYSIQUE*

Considérée à plus d'un égard comme l'un des textes-clés du corpus heideggérien, l'*Introduction à la métaphysique*[1] se présente également comme un résumé des motifs principaux autour desquels gravite la critique formulée par Heidegger contre le christianisme et la philosophie chrétienne. Loin de se réduire à la célèbre formule qui, en qualifiant la philosophie chrétienne de «fer de bois», insiste sur la contradiction irréconciliable entre la foi biblique et le questionnement philosophique[2], l'*Auseinandersetzung* (c'est-à-dire la confrontation critique) avec l'héritage scripturaire, historique et systématique du christianisme sous-tend en effet tout le texte de l'*Introduction* et non seulement les quelques passages où cette thématique est expressément nommée.

Le problème gagne encore en complexité si l'on considère qu'à l'époque, c'est-à-dire dans la première moitié des années 1930, le débat déclenché en France entre É. Bréhier d'un côté et Ét. Gilson, J. Maritain, M. Blondel et G. Marcel de l'autre avait remis à l'ordre du jour la question du sens même de la notion de «philosophie chrétienne» et de sa possible réalisation au cours de l'histoire de la pensée. Les philosophes et les théologiens allemands, quant à eux, ne pouvaient pas ne pas être particuliè-

1. M. Heidegger, *Einführung in die Metaphysik*; nous citons dorénavant *Ga.* 40. Pour faciliter l'orientation du lecteur, nous indiquerons à chaque fois la page correspondante de la traduction française due à G. Kahn, quitte à ne pas la suivre.

2. Cf. *Ga.* 40, p. 8 *sq.*/19 *sq.*

rement sensibles à cette discussion qui ne rappelait que trop la période à peine révolue du *Kulturkampf* dont l'un des enjeux principaux portait précisément sur le droit de l'Église catholique allemande de créer des chaires de « philosophie chrétienne » ou de « *Weltanschauung* catholique » qui ne relevaient pas de la faculté des lettres mais de la faculté de théologie. Si l'on ajoute à cela la montée massive, pendant cette même période, de l'idéologie nationale-socialiste avec sa propagande fortement anticatholique, sinon antichrétienne, on comprend assez facilement que pour les intellectuels allemands, le problème du rapport entre le christianisme et la philosophie était loin de se réduire à une question purement académique. Ceci explique, du point de vue quantitatif, la prolifération de littérature sur ce sujet pendant ces années-là et du point de vue qualitatif, le ton souvent polémique et peu nuancé qu'adoptent les protagonistes de part et d'autre et dont certaines formules dans l'*Introduction* gardent encore la trace.

Le cours de 1935 se présente alors comme un double palimpseste sur lequel on retrouve à la fois les traces de la genèse du problème du christianisme à l'intérieur de la pensée heideggérienne elle-même et les empreintes, souvent implicites et difficiles à reconnaître, qu'y a laissées le climat culturel et politique de l'époque. Analyser les différents aspects et niveaux de cette *Auseinandersetzung* avec la tradition chrétienne, c'est donc comprendre à la fois l'économie interne de *l'Introduction* et l'articulation toute particulière qu'assume la relation entre christianisme et philosophie chez Heidegger, une fois que l'opposition entre l'« ontique » et l'« ontologique », entre le « positif » et le « transcendantal » a été dépassée au profit d'une relecture de l'histoire de la philosophie occidentale à la lumière des structures phénoménales de l'être lui-même.

PHILOSOPHIE ET CHRISTIANISME CHEZ LE PREMIER HEIDEGGER

Avant d'aborder la critique du christianisme dans le cours de 1935, il est indispensable de rappeler à grands traits les différents aspects qui marquent le complexe thématique « religion / foi (chrétienne) – philosophie » dans la pensée de Heidegger dès le début de son enseignement à Fribourg en 1919. L'approche heideggérienne du problème religieux est d'autant plus difficile à cerner qu'elle réunit deux dimensions distinctes et néanmoins liées : d'une part, un point d'orgue de polémique anticléricale et anticatholique, nourrie par un ressentiment personnel à l'égard de l'Église, et d'autre part, des analyses plus proprement philosophiques de la foi chrétienne en tant que phénomène historique et existentiel. Il convient de garder à l'esprit cette double motivation biographique et théorique si l'on veut éviter de tomber dans un réductionnisme qui priverait l'interprétation heideggérienne du christianisme de l'un de ses traits essentiels.

Au début des années 1920, dans de nombreux cours consacrés à la définition, ou plutôt à la détermination performative (*Bestimmung*) de la phénoménologie comme « science originaire » ou « science primordiale » (*Ursprungswissenschaft/Urwissenschaft*) face aux autres formes du savoir[1], le problème de la foi est abordé de façon indirecte, sur fond de polémique contre les différentes formes de « philosophie de la religion » alors à la mode. Chez les représentants catholiques de ce courant de pensée, Heidegger épingle ce qui constitue à ses yeux l'erreur congénitale de leur démarche, à savoir un objectif apologétique ou théologique à peine déguisé qui restreint le champ de la philosophie de la religion à un ensemble de « pseudo problèmes » dénués de tout intérêt scientifique[2]. La critique impitoyable que Heidegger réserve à ce qu'il appelle déjà la « soi-disant philosophie chrétienne »[3] laisse pourtant entrevoir une autre dimension du problème, c'est-à-dire la relation entre la foi et la philosophie en tant qu'attitudes existentielles irréductibles l'une à l'autre et qui restent néanmoins liées dans la mesure où la phénoménologie a précisément pour tâche de rendre explicites les différentes formes de manifestation et d'auto-expression de la vie facticielle[4]. Le christianisme, aussi incompatible soit-il du point de vue doctrinal avec la démarche méthodique du phénoménologue, est pris au sérieux à titre de paradigme fondamental qui inaugure une forme *sui generis* de l'intuition globale de la vie dans toute la richesse de ses phénomènes[5]. C'est la nouvelle orientation de la facticité en direction du « monde du Moi » (*Selbstwelt*)[6] qui représente, aux yeux de Heidegger, l'apport vraiment nouveau et original du christianisme par rapport à la pensée grecque. La reconnaissance explicite de la foi chrétienne (non théorisée) comme possibilité fondamentale de l'existence s'accompagne pourtant d'un refus sans ambiguïté des contenus principaux du christianisme en tant que « vision du monde » ou « système » issu du croisement,

1. *Cf.* M. Heidegger, *Zur Bestimmung der Philosophie* (*Ga.* 56/57), Francfort, Klostermann, 1987, p. 13 *sq.*, 95 *sq.*

2. *Cf.* M. Heidegger, *Grundprobleme der Phänomenologie [1919/20]* (*Ga.* 58), Francfort, Klostermann, 1993, p. 158 et *Phänomenologie des religiösen Lebens* (*Ga.* 60), Francfort, Klostermann, 1995, p. 22, 264, 312 *sq.*

3. M. Heidegger, *Phänomenologie der Anschauung und des Ausdrucks* (*Ga.* 59), Francfort, 1993, p. 95.

4. Cf. *Ga.* 56/57, p. 109 *sq.*

5. Cf. *Ga.* 58, p. 35-37.

6. Cf. *Ga.* 58, p. 61 ; *Ga.* 60, p. 164.

pendant les premiers siècles de l'ère chrétienne, entre la foi biblique et la pensée grecque ou hellénistique[1]. Ce croisement a une double conséquence : d'un côté, il est à l'origine de la scission grandissante qui s'opère, au sein de la théologie scolastique, entre la religion vécue et la théologie scientifique[2], de l'autre côté, il inaugure un changement profond du sens même de l'existence chrétienne. Alors que pour le christianisme primitif, l'attente de la parousie imprévisible du Christ place l'existence tout entière sous le signe d'une temporalité kairologique et par là même, d'une absence totale de certitude[3], la rencontre avec la métaphysique grecque neutralise cette inquiétude existentielle en transposant le vocabulaire théologique chrétien dans un registre qui lui est étranger, à savoir celui de la connaissance théorique d'entités idéales et éternelles[4]. Dans cette optique, le christianisme primitif est considéré par Heidegger comme un témoin privilégié contre toutes les visions du monde « rassurantes » d'inspiration religieuse ou philosophique, si tant est que l'absence de certitude existentielle qui caractérise de façon implicite la vie quotidienne d'un chrétien du premier siècle puisse se comparer à la précarité d'une existence philosophique tout entière consacrée à la mise en question explicite du besoin « déchu » de certitude comme tel[5].

Pendant les années de Marbourg (1923-1928), l'orientation thématique de la réflexion sur le christianisme subit un certain infléchissement. Du point de vue systématique, la connaissance de plus en plus approfondie de la théologie protestante, acquise notamment grâce à la lecture assidue des œuvres de Luther et à l'échange personnel avec Bultmann, amène Heidegger à s'intéresser de près à la question du statut scientifique de la théologie face à la foi vécue d'une part et à la philosophie d'autre part. Dans le cadre de l'ontologie fondamentale, la relation entre la philosophie et la théologie prend la forme d'une dépendance foncièrement asymétrique et unilatérale. Ainsi, la théologie est censée avoir besoin de la philosophie en ce qui concerne l'élucidation de l'origine existentiale de ses concepts fondamentaux, alors que ce possible usage de l'analytique existentiale à des fins intrathéologiques est considéré comme purement contingent et

1. Cf. *Ga.* 60, p. 27 *sq.*, 104, 171.

2. Cf. *Ga.* 60, p. 314, ainsi que M. Heidegger, *Phänomenologische Interpretationen zu Aristoteles/Einführung in die phänomenologische Forschung* (*Ga.* 61), Francfort, Klostermann, (1985) [2]1994, p. 6.

3. Cf. *Ga.* 60, p. 105.

4. Cf. *Ga.* 59, p. 91 et *Ga.* 60, p. 104.

5. *Cf.* M. Heidegger, *Prolegomena zur Geschichte des Zeitbegriffs* (*Ga.* 20), Francfort, Klostermann, (1979) [3]1994, p. 83-87, 126-129.

extérieur à l'essence de la philosophie elle-même[1]. Malgré cette insistance, d'un point de vue systématique, sur le rôle « fondateur » de la philosophie pour toute conceptualité théologique et scientifique, Heidegger n'hésite pas à suivre une démarche exactement inverse dans ses cours et ses travaux consacrés aux différentes époques et représentants de l'histoire de la philosophie. Ici, la démarche « destructrice » consiste, entre autres, à montrer dans quelle mesure les contenus principaux de la pensée chrétienne ont influencé, infléchi ou obscurci la signification initiale des concepts fondamentaux de la philosophie[2].

Les analyses de Heidegger s'inscrivent dans l'espace de la différence ontologique en tant que lieu de la manifestation de l'être des étants à l'intérieur de l'horizon de compréhension temporel du *Dasein*, qui est à son tour marqué par la finitude et la mort. Par conséquent, son attention se porte notamment sur l'identification traditionnelle de Dieu avec l'« être lui-même » ou l'« étant suprême », sur l'interprétation de l'étant en général et de l'être humain en particulier dans le cadre de la doctrine de la création, sur le sens spécifiquement chrétien des notions de temps et d'éternité, sur les connotations théologiques du rapport fini-infini et sur la définition de la vérité comme « correspondance » ou « conformité ».

La doctrine de la création constitue en quelque sorte la racine commune ou plutôt le carrefour de toutes les objections formulées à l'égard du christianisme. Le modèle quelque peu caricatural, il est vrai, qui est à la base de la critique heideggérienne est celui d'un Dieu artisan qui « fabrique » ou « produit » le monde en conformité avec les idées présentes dans son esprit[3]. Les choses créées, y compris l'esprit humain, ne peuvent

1. *Cf.* M. Heidegger, « Phänomenologie und Theologie », dans *Wegmarken* (*Ga.* 9), Francfort, Klostermann, 1976, p. 61-67.

2. *Cf.* M. Heidegger, *Ontologie. Hermeneutik der Faktizität* (*Ga.* 63), Francfort, Klostermann, (1982)²1995, p. 25-29; *Platon: Sophistes* (*Ga.* 19), Francfort, Klostermann, 1992, p. 254-256; *Ga.* 20, p. 180 *sq.*

3. *Cf.* M. Heidegger, *Einführung in die phänomenologische Forschung* (*Ga.* 17), Francfort, Klostermann, 1994, p. 184 et « Vom Wesen der Wahrheit », dans *Ga.* 9, p. 180 *sq.* On peut s'étonner que Heidegger laisse délibérément de côté toutes les approches philosophiques et théologiques visant à concevoir la Création autrement que comme une « fabrication d'objets ». Que l'on songe par exemple aux différents modèles émanatistes dans le courant néo-platonicien ou à la tentative de Nicolas de Cuse de repenser la doctrine de la création en termes de « vision » et de « regard ». Comme on va le voir par la suite, ce silence exprime autre chose que de l'indifférence ou de l'ignorance; il indique plutôt la difficulté qu'éprouve Heidegger à faire entrer les auteurs en question dans le schéma de son interprétation de l'histoire de la philosophie, difficulté qui devient d'autant plus compréhensible si l'on considère que sa propre approche accuse parfois des ressemblances étonnantes avec celles des auteurs passés sous silence.

alors être dites « vraies » que grâce à leur correspondance aux idées divines respectives et non pas en vertu de leur être propre qui « se montre à partir de lui-même »[1], selon la formule chère au Heidegger d'*Être et temps*. Une fois que la vérité originaire « phénoménale » des étants a été supplantée par une vérité transcendantale qui se définit par le rapport essentiel des choses à un intellect, fini ou infini qu'il soit, la dimension langagière de la vérité se réduit du même coup à la correspondance établie par l'esprit humain entre des propositions et des états de choses[2]. En guise de corollaire, la formule biblique selon laquelle « Dieu créa l'homme à son image et ressemblance » ne fait que confirmer la toute-puissance du modèle de « conformité à… », en gommant ainsi toute interrogation sérieuse sur le mode d'être du *Dasein*.

Par rapport à toutes les thématiques que nous venons d'énumérer – le sens de l'être de l'étant comme tel, la définition de la vérité originaire et le statut ontologique de l'être humain –, la philosophie chrétienne pèche en ce qu'elle les rattache d'emblée à un être divin revêtu d'un certain nombre de propriétés essentielles supposées connues et immuables. L'excès d'intelligibilité qu'on attribue traditionnellement à la sphère du divin donne alors l'impression trompeuse qu'il suffirait d'y rapporter les étants ou les phénomènes en question pour rendre compte de leur sens ou de leur signification originaires. Le reproche qu'on peut alors faire à une telle « philosophie chrétienne », c'est le non-respect de la différence comme telle, en d'autres termes, l'identification hâtive et irréfléchie des notions d'être, de vérité, d'éternité, etc., à des régions ontiques ou phénoménales déterminées, alors qu'elles devraient être prises pour indications formelles d'une problématique dont l'élucidation ne peut se faire que dans le cadre de la question sur le sens de l'être en général[3]. Une fois que ces concepts fondamentaux sont investis de contenus extensionnels et de connotations de valeur (par ex., la préséance accordée à l'« éternel » par rapport au « temporel »), on a déjà perdu la signification radicale de la différence comme ouverture, c'est-à-dire comme espace d'un questionnement qui, pour prendre son point de départ dans cet étant particulier qu'est le *Dasein*, ne connaît pas de direction privilégiée dans laquelle ses analyses devraient ensuite se diriger, ni encore moins de région ontique prédéterminée où elles seraient censées aboutir.

1. *Cf.* M. Heidegger, *Sein und Zeit* (nous citons *SuZ*), Tübingen, Niemeyer, [17]1993, p. 31-34; *Ga.* 20, p. 111-115.

2. Cf. *Ga.* 9, p. 178 *sq.*

3. *Cf.* M. Heidegger, *Die Grundprobleme der Phänomenologie* (*Ga.* 24), Francfort, Klostermann, (1975) [2]1989, p. 317-320; *SuZ*, p. 18.

L'objectif principal de Heidegger peut alors se définir comme la tentative de penser la finitude en elle-même sans recourir à l'identification traditionnelle entre le fini et le créé. Si, dans le cadre de la philosophie chrétienne, l'étant créé doit nécessairement être pensé comme fini, il ne s'ensuit pas en revanche que le paradigme de la création soit la seule façon possible de penser la finitude[1]. Le geste fondamental de Heidegger consiste alors, d'une part, à couper le lien de « parenté » entre Dieu et l'homme, suggéré par l'expression d'*imago Dei*[2], et d'autre part, à dissocier Dieu de ses attributs classiques, notamment de ceux d'« être », d'« esprit » et d'« éternité ». Pendant les années qui suivent la rédaction d'*Être et temps*, les analyses heideggériennes se concentrent de plus en plus sur la destruction de l'interprétation, si courante pendant l'histoire de la philosophie occidentale, de la raison comme faculté de l'infini et de l'inconditionnel. Cette tradition « onto-théo-logique »[3], dont le système hégélien constitue le point d'aboutissement, n'est pas due uniquement à la théologisation du *logos* et du langage dans le cadre de la pensée chrétienne, elle résulte de la greffe de la théologie révélée sur la métaphysique aristotélicienne[4] pour qui la question de l'être et de la pensée implique déjà l'existence d'une instance divine qui est censée exercer la contemplation théorique sous sa forme la plus pure.

Les efforts de Heidegger visent donc à dethéologiser la pensée[5] en élaborant le lien essentiel entre la philosophie et la finitude du *Dasein*. Dans un premier temps, sa stratégie consiste à s'opposer à la terminologie onto-théo-logique en mettant la temporalité au centre de l'ontologie fondamentale[6]. Même réinterprété dans le cadre de l'analytique existentiale, le *logos* au sens du discours semble encore trop lié aux phénomènes de compréhension dérivés et théorisés pour qu'il puisse être mis en relation directe avec la

1. « Depuis longtemps déjà, la grandeur de la finitude a été rapetissée et affadie à la lumière d'un infini faux et mensonger, si bien que nous sommes devenus incapables de penser la finitude et la grandeur dans leur unité » (M. Heidegger, *Vom Wesen der menschlichen Freiheit. Einleitung in die Philosophie* [*Ga.* 31], Francfort, Klostermann, [1982]²1994, p. 136).

2. « L'homme n'est pas l'image de Dieu conçu comme petit-bourgeois absolu, ce Dieu-là est plutôt le produit inauthentique de l'homme » (*Ga.* 31, p. 136).

3. *Cf.* M. Heidegger, *Hegels Phänomenologie des Geistes* (*Ga.* 32), Francfort, Klostermann, (1980)³1997, p. 143.

4. Cf. *Ga.* 24, p. 26, 38.

5. *Cf.* M. Heidegger, *Einleitung in die Philosophie* (*Ga.* 27), Francfort, Klostermann, 1996, p. 3.

6. « "Être et temps", cela veut dire négativement : temps et *non pas* logos » (*Ga.* 32, p. 143 ; souligné par Heidegger).

temporalité originaire[1]. Entre 1927 et 1935, Heidegger va revenir sur ce rôle assez marginal du langage, ainsi que sur son caractère transcendantal et structurel. Ses travaux sur la poésie, notamment celle de Hölderlin, lui permettront de rattacher le *logos* à la finitude du *Dasein*, au point d'en faire pratiquement des synonymes[2]. Cette interprétation, qui ne considère plus le langage comme un apanage naturel et constitutif de l'homme, mais comme un événement aussi imprévisible que périlleux qui ouvre l'entre-deux historique du *Dasein* et de l'être[3], exige d'elle-même une nouvelle approche philosophique du christianisme. À partir du moment où l'« histoire » au sens primaire et originaire ne se réfère plus à la tradition philosophique occidentale, mais au déploiement des différentes constellations qu'assume à chaque époque la relation « être-étants » dans un monde historique[4], le christianisme n'apparaît plus comme un phénomène étranger à la philosophie, mais au contraire comme l'un des facteurs les plus décisifs pour le changement qu'a subi le sens de la phénoménalité comme telle à la fin de l'Antiquité[5]. Dorénavant, toute « critique du christianisme », et avant tout celle que contient l'*Introduction*, ne peut plus venir de l'extérieur, mais doit au contraire interpréter le christianisme comme l'un des événements historiques principaux qui, jusqu'à ce jour, continuent de marquer l'accès de la pensée à l'être.

LOGOS HÉRACLITÉEN ET *LOGOS* JOHANNIQUE DANS L'*INTRODUCTION À LA MÉTAPHYSIQUE*

Le logos *se dit de façons multiples*

Passant en revue tous les passages dans l'*Introduction* qui, d'une manière ou d'une autre, ont trait à la tradition chrétienne, on note d'abord le caractère disparate des différents aspects abordés. Au début du texte, dans les pages esquissant le cadre thématique et méthodologique du cours, on trouve le fameux passage susmentionné qui affirme l'impossibilité de principe, pour celui qui croit en la révélation biblique, de faire vraiment sienne la « question directrice » (*Leitfrage*) de la métaphysique qui porte

1. Cf. *SuZ*, p. 153 *sq*.
2. *Cf.* M. Heidegger, *Sein und Wahrheit* (*Ga.* 36/37), Francfort, Klostermann, 2001, p. 101.
3. *Cf.* M. Heidegger, *Hölderlins Hymnen "Germanien" und "Der Rhein"* (*Ga.* 39), Francfort, Klostermann, (1980) ²1989, p. 184.
4. Cf. *Ga.* 40, p. 66 *sq.*/72 *sq.*
5. Cf. *Ga.* 40, p. 146/145.

sur le pourquoi ultime de l'étant en général face au néant[1]. Ensuite, le problème de la relation entre la foi et la philosophie passe à l'arrière-plan pour ne réapparaître que beaucoup plus loin dans le texte, plus précisément dans la quatrième section consacrée aux différentes figures de la « limitation de l'être ». Mises à part deux courtes remarques concernant la signification néo-testamentaire de *doxa*[2] et l'interprétation chrétienne du *chôrismos* platonicien dans le deuxième paragraphe intitulé « être et apparaître »[3], toutes les autres références au paradigme chrétien sont concentrées dans le paragraphe suivant qui est en même temps le plus long de tous, à savoir « être et penser ». Les remarques de Heidegger portent d'abord sur l'interprétation par les Pères de l'Église du *logos* héraclitéen comme précurseur du *logos* johannique[4] et sur l'identification philonienne et chrétienne de ce *logos* à un médiateur entre Dieu et les hommes[5]. Ensuite, la polémique contre le livre de Theodor Haecker, *Was ist der Mensch?* (« Qu'est-ce que l'homme? »)[6], reprend la thèse de l'incapacité du chrétien croyant à poser sérieusement des questions sans être déjà en quelque manière assuré de la réponse, sauf que cette fois-ci, il ne s'agit pas de la mise en question de l'étant en général mais du mode d'être de cet étant particulier qu'est le *Dasein*[7]. Quelques pages plus loin, Heidegger insiste encore une fois sur l'incompatibilité de sa propre conception de l'homme avec toute métaphysique et anthropologie modernes qui s'inspirent de près ou de loin du christianisme[8]. Enfin, la problématique de la doctrine de la création est reprise vers la fin du paragraphe « être et penser », où Heidegger reconnaît dans le topos chrétien de la « préexistence » idéale de l'étant créé dans l'esprit de Dieu une racine de la pensée moderne qui conçoit l'être de l'étant uniquement à partir de la rationalité mathématique et du calcul technique[9].

Il est facile de reconnaître dans ces quelques passages les *leitmotive* qui ont présidé à l'examen critique de la tradition chrétienne pendant la période d'avant 1935. La thèse du hiatus infranchissable entre la foi et le questionnement philosophique fait écho aux analyses, dans les tout premiers cours de Fribourg, de l'opposition entre la philosophie et toutes sortes de

1. Cf. *Ga.* 40, p. 8 *sq.*/19 *sq.*
2. Cf. *Ga.* 40, p. 110/111.
3. Cf. *Ga.* 40, p. 113/114.
4. Cf. *Ga.* 40, p. 135/135.
5. Cf. *Ga.* 40, p. 143/142.
6. T. Haecker, *Was ist der Mensch?*, Munich, Kösel-Verlag, (1933)[6]1949.
7. Cf. *Ga.* 40, p. 151/149 *sq.*
8. Cf. *Ga.* 40, p. 155/153, 184/180.
9. Cf. *Ga.* 40, p. 202/197.

Weltanschauungen croyantes comme deux attitudes existentielles radicalement distinctes. De la même façon, le lien de filiation qu'établit Heidegger entre le paradigme chrétien d'un Dieu Créateur et la technique moderne résulte de l'application de son interprétation de la Création comme « production » sous le mode de la *Vorhandenheit* (être-là-devant) à l'histoire de la pensée. En revanche, on peut constater que la question du statut scientifique de la théologie – pourtant capitale à l'époque d'*Être et temps* – est à peine effleurée dans l'*Introduction*[1]. L'approche n'étant plus transcendantale mais historique ou, plus exactement, « historiale », ce n'est pas la relation formelle entre théo*logie* et phénoméno*logie* qui est désormais au centre, mais l'interprétation chrétienne du *logos* par opposition à celle qui inaugure la philosophie grecque, à savoir celle d'Héraclite.

On peut s'étonner que dans les cours et les textes précédant l'*Introduction*, Heidegger ait toujours parlé du *logos* chrétien sans jamais faire référence au texte célèbre parmi tous qui est à l'origine de cette tradition, c'est-à-dire au prologue de l'Évangile de Jean. Le fait que Heidegger mette désormais tant de soin à prendre ses distances d'avec ce texte s'explique à la fois par la logique immanente de sa relecture de l'histoire et par la nécessité de s'opposer à un certain nombre d'auteurs contemporains qui proposent une tout autre vision du rôle du *logos* dans le développement de la pensée occidentale.

Dans la littérature philosophique et théologique entre la fin du XIXe et les premières décennies du XXe siècle, l'histoire du concept de *logos* s'est vu consacrer un nombre impressionnant d'ouvrages d'inspirations très différentes. À côté de travaux purement historico-philologiques, on trouve des études de nature théologico-exégétique, théologico-dogmatique, philologico-philosophique ou encore philosophico-théologique[2]. Malgré

1. Cf. *Ga*. 40, p. 9/20.

2. *Cf.* A. Aall, *Der Logos: Geschichte seiner Entwickelung in der griechischen Philosophie und der christlichen Litteratur*, 2 vol., Leipzig, Reisland, 1886-1899; W. Baldensperger, *Der Prolog des vierten Evangeliums. Sein polemisch-apologetischer Zweck*, Freiburg i. Br. – Leipzig – Tübingen, 1898; G. Hertling, « Christentum und griechische Philosophie », dans *Akten des 5. Internationalen Kongresses katholischer Gelehrter*, Munich, 1900, p. 61-75; J. Lebreton, *Les théories du 'Logos' au début de l'ère chrétienne*, Paris, Dumoulin, 1906; E. Krebs, *Der Logos als Heiland im 1. Jahrhundert. Ein religions- und dogmengeschichtlicher Beitrag zur Erlösungslehre*, Freiburg i. Br., Wagner, 1910; G. P. Wetter, *Der Sohn Gottes. Eine Untersuchung über den Charakter und die Tendenz des Johannesevangeliums. Zugleich ein Beitrag zur Kenntnis der Heilandsgestalten der Antike*, Göttingen 1916; R. Harris, *The Origin of the Prologue to St. John's Gospel*, Cambridge, 1917; J. Kögel, *Das Evangelium des Johannes*, Gütersloh, Bertelsmann, 1918; G. Bert, *Das Evangelium des Johannes*, Gütersloh, Bertelsmann, 1922; R. Bultmann, « Der religionsgeschichtliche Hintergrund des Prologs zum Johannesevangelium », dans

la diversité vertigineuse de toutes ces approches, une première grande subdivision s'impose assez naturellement en fonction de l'identité confessionnelle des auteurs. En général, on constate que les auteurs catholiques partent de l'idée d'une continuité de base entre les conceptions préchrétienne et chrétienne du *logos*, les points de divergence concernant alors la forme plutôt que le fond. Les savants de provenance protestante, en revanche, ont tendance à insister sur les différences qui séparent non seulement le *logos* héraclitéen de la tradition judéo-chrétienne, mais à l'intérieur de celle-ci, le *logos* johannique du *logos* philonien et de tous les autres *logoi* qui peuplent les systèmes spéculatifs, religieux et mystiques de l'Antiquité tardive.

Dans un dictionnaire biblique datant de la seconde moitié du XIXe siècle et réédité onze fois jusqu'en 1923, on trouve sous le lemme *logos* un passage tout à fait intéressant consacré à la différence entre les conceptions philonienne et johannique du *logos*. Ces indications se révèlent d'autant plus précieuses qu'elles jettent une lumière inattendue sur les quelques remarques étonnamment sommaires et imprécises que le Heidegger de l'*Introduction* consacre à ce sujet. Comme l'explique Hermann Cremer dans son dictionnaire, le *logos* chez Philon s'inscrit dans le cadre d'une explication philosophique du monde, à l'instar du νοῦς ou *logos* de la philosophie stoïcienne. Dans les deux cas, il s'agit d'un principe ou d'une instance dont la fonction principale consiste à rendre raison de l'intelligibilité de la réalité tout entière[1]. Dans l'Évangile de Jean, en revanche, le *logos* se réfère à la mission sotériologique du Christ et n'a plus rien d'un « philosophoumène visant à résoudre l'énigme du monde »[2]. La différence principale entre les deux auteurs porte sur la relation qu'ils instaurent entre

Eucharistérion II, Göttingen, 1923, p. 3 *sq.*, M.-J. Lagrange, « Le logos d'Héraclite », *Revue biblique* 32 (1923), p. 96-107; F. X. Pölzl – T. Innitzer, *Kurzgefaßter Kommentar zum Evangelium des hl. Johannes*, Graz – Wien, Styria, 1928; F. Büchsel, *Johannes und der hellenistische Synkretismus*, Gütersloh, 1928; A. Greiff, « Platons Weltseele und das Johannesevangelium », *Zeitschrift für katholische Theologie* 52 (1928), p. 519-531; A. Schlatter, *Der Evangelist Johannes. Wie er spricht, denkt und glaubt. Ein Kommentar zum vierten Evangelium*, Stuttgart 1930; F. Tillmann, *Das Johannesevangelium*, Bonn, Peter Hanstein Verlagsbuchhandlung, [4]1931; L. Schmid, *Johannesevangelium und Religionsgeschichte* (thèse de doctorat), Tübingen, 1933; O. Gigon, Untersuchungen zu Heraklit, Leipzig, Diederichsche Verlagsbuchhandlung, 1935; J. Piper, *Das Wort*, Leipzig, 1935; J. Dillersberger, *Das Wort vom Logos. Vorlesungen über den Johannesprolog*, Salzburg, Pustet, 1935.

1. *Cf.* H. Cremer, *Wörterbuch der neutestamentlichen Gräcität*, Gotha, Friedrich Perthes, (1866) [2]1888, p. 547 *sq.*

2. « [...] ein Philosophumenon zur Erklärung des Welträtsels » (H. Cremer, *Wörterbuch der neutestamentlichen Gräcität*, loc. cit., p. 547).

le *logos* et l'histoire. Alors que pour l'Alexandrin, l'histoire n'est que le symbole extérieur et contingent d'une pensée en elle-même supratemporelle, l'Évangéliste considère le *logos* comme le principe d'intelligibilité de l'histoire elle-même en tant qu'histoire du salut[1]. Il semble donc légitime de conclure que, pour être « simultanée »[2], la prise de distance de Heidegger à l'égard des conceptions philonienne et johannique du *logos* ne résulte pas d'un rejet univoque de « la » tradition judéo-chrétienne dans son ensemble, mais qu'elle se fonde sur deux raisons bien distinctes du point de vue systématique. Ainsi, l'idée philonienne du *logos* comme être intermédiaire à la fois infradivin et suprahumain contredit clairement la conception heideggérienne des « demi-dieux », telle qu'il l'a élaborée dans le cadre de son interprétation de Hölderlin[3]. Alors que pour lui, les « demi-dieux » sont des êtres originaires et fondateurs qui précèdent la rencontre éventuelle des dieux et des hommes, la pensée philonienne part de l'idée d'une hiérarchie ontologique fixe à l'intérieur de laquelle le *logos* se voit assigner une place bien précise entre Dieu et le *kosmos*. De plus, le rôle que joue ce *logos* quasi divin comme « raison du monde » exprime exactement la confusion si décriée par Heidegger entre la notion théologique de création et la question philosophique qui s'interroge sur le pourquoi ultime des choses. Étant donné que chez Jean, le *logos* ne s'inscrit précisément pas dans le cadre cosmologique de l'approche philonienne, on peut conclure qu'il n'est pas vraiment visé par ce type d'argument, même si Heidegger traite ces deux conceptions de synonymes. Comme on le verra, c'est la dimension éminemment historique et sotériologique du *logos* johannique qui est visée par Heidegger, du moment où sa propre question fondamentale porte désormais sur la structure et la portée de la manifestation du *logos* originaire à même l'histoire de la pensée occidentale.

La signification du christianisme dans le cadre de l'« histoire de l'être »

Développée pour la première fois par Justin le Martyr et devenue par la suite un topos courant de l'apologétique chrétienne, l'interprétation qui reconnaît en Héraclite le grand « précurseur » de l'Évangéliste Jean est le fruit d'une approche herméneutique qui conçoit l'histoire du monde et de l'humanité comme un processus foncièrement continu et homogène dont le premier aboutissement est la naissance du Christ. En toute logique, le développement culturel, littéraire et philosophique de l'ère préchrétienne

1. *Cf.* H. Cremer, *Wörterbuch der neutestamentlichen Gräcität*, loc. cit., p. 548.
2. *Cf.* D. Souche-Dagues, *Du* Logos *chez Heidegger*, Grenoble, Millon, 1999, p. 127.
3. Cf. *Ga.* 39, p. 225 *sq.*

fait figure de « préparation évangélique », ce qui suppose un fond commun univoque ou à tout le moins analogue des concepts et des idées en question. Tout ce qui se trouve « déjà » de vrai chez les philosophes païens est perçu comme une amorce de la vérité révélée, alors que les aspects « erronés » de leur pensée, c'est-à-dire tous les éléments incompatibles avec la doctrine chrétienne, sont mis sur le compte des limites naturelles de la raison humaine affaiblie par le péché originel. « L'apparition réelle de la vérité sous la forme du Dieu-homme a confirmé solennellement ce que la connaissance philosophique des penseurs grecs disait à propos du règne du *Logos* sur tout étant. C'est sur cette confirmation solennelle que se fonde la classicité de la philosophie grecque »[1]. Cette citation anonyme tirée d'un écrit contemporain[2] résume pour Heidegger de façon exemplaire l'approche apologétique du christianisme qui n'accorde à la philosophie grecque qu'une importance relative et provisoire dans le cadre d'une histoire à sens linéaire et univoque.

Tout en adoptant dans sa propre relecture de la philosophie occidentale le schéma d'un oubli croissant de la question de l'être[3], Heidegger ne fait pas sienne pour autant une interprétation rigoureusement téléologique et mono-originaire de l'histoire. S'il y a une certaine logique dans la succession des différentes époques historiales[4], la notion même d'« époque (retrait, retenue) de l'être » signale une certaine rupture grâce à laquelle chaque nouvelle période de la pensée se trouve dans un rapport aussi immédiat avec l'origine que la période précédente[5]. Si Heidegger insiste sur la différence irréductible entre les deux conceptions préchrétienne et chrétienne du *logos*, c'est donc *aussi* pour reconnaître à l'ouverture de

1. *Ga.* 40, p. 135/135.

2. Cette citation (légèrement modifiée par Heidegger) provient du livre de Karl Buchheim, *Wahrheit und Geschichte*, Leipzig, Hegner, 1935, p. 18, 228. Cet ouvrage a fait l'objet de deux comptes-rendus rédigés par des élèves de Heidegger, à savoir Karl Löwith (dans *Zeitschrift für Sozialforschung* 5 [1936], p. 104 *sq.*) et Karl Rahner (dans *Scholastik* 11 [1936], p. 454, repris dans *Sämtliche Werke* II [éd. par A. Raffelt], Solothurn – Düsseldorf – Freiburg i. Br., Benzinger – Herder, 1996, p. 352). Chez d'autres auteurs catholiques de la même époque, on trouve de formules analogues, voire presque identiques, à celle de Buchheim. *Cf.*, par exemple, G. Hertling, « Christentum und griechische Philosophie », loc. cit., p. 67 ; T. Haecker, *Was ist der Mensch ?,* loc. cit., p. 28 ; G. Bert, *Das Evangelium des Johannes*, loc. cit., p. 7-24, 71 ; F. X. Pölzl – T. Innitzer, *Kurzgefaßter Kommentar zum Evangelium des hl. Johannes*, loc. cit., p. 18, 24.

3. Cf. *SuZ.*, p. 2 *sq.*

4. *Cf.* M. Heidegger, *Beiträge zur Philosophie [Vom Ereignis]* (*Ga.* 65), Francfort, Klostermann, (1989) [2]1994, p. 331-335.

5. « Ce sont plusieurs chemins indépendants en eux-mêmes et qui forment néanmoins un ensemble » (*Ga.* 65, p. 176). *Cf.* également R. Schürmann, *Le principe d'anarchie. Heidegger et la question de l'agir*, Paris, Seuil, 1982, p. 144-184.

l'être dans le cadre du monde chrétien sa spécificité inaliénable. Le fait de placer le développement de l'histoire non pas sous le signe d'une « plénitude » ou d'un « remplissement » quelconques, mais au contraire sous celui du refus et du retrait, permet à Heidegger de reconnaître à l'histoire une pluralité de configurations fondamentales (*Grundstellungen*)[1] qui ne sont pas hiérarchiquement *sub*ordonnées à un seul paradigme directeur mais *co*ordonnées grâce à la relation à chaque fois unique qui les relie à leur origine commune absente[2].

La critique heideggérienne de la prétendue identité des deux *logoi* héraclitéen et néo-testamentaire vise les prétentions universalistes, ontologiques *et* historiques, de cette approche. Selon la doctrine chrétienne de la création, le *logos* est conçu à la fois comme le lieu des idées dans l'esprit divin et identifié à la deuxième personne de la Trinité dont l'incarnation marque le tournant décisif de l'histoire du monde et de l'humanité. C'est cette concrétion « ontique »[3] qui s'oppose, aux yeux de Heidegger, à l'identification du *logos* protagoniste de l'œuvre créatrice avec le principe de l'histoire dans son ensemble. Pour lui, le *logos* Créateur et Rédempteur du monde dont parle le Nouveau Testament n'est jamais qu'*une* possible forme concrète qu'assume le sens de l'être dans une époque donnée, mais il n'exprime pas la loi qui sous-tend le développement de *toutes* les configurations de l'être de l'étant au cours de l'histoire.

Cependant, malgré le ton parfois polémique et les mises en garde répétées contre tout mélange entre les acceptions grecque et chrétienne du *logos*, il serait trop simple de ne voir dans l'*Introduction* qu'un manifeste antijohannique, antibiblique ou antichrétien. Autant Heidegger tient à souligner l'abîme infranchissable entre les différents contenus qui se cachent derrière cette notion, autant sa propre démarche présente d'étonnantes ressemblances avec ce même paradigme johannique du point de vue formel et structurel. Mettre en lumière cet autre aspect moins immédiatement visible de la conception heideggérienne du *logos*, voilà qui permet-

1. *Ga.* 65, p. 207.

2. « Chaque fois éclora un monde nouveau et essentiel. Chaque fois il était nécessaire d'établir l'ouverture de l'étant à même la sphère de l'étant, en arrêtant la vérité dans la stature » (M. Heidegger, *Holzwege* [*Ga.* 5], Francfort, Klostermann, [1977] ²2003, p. 65).

3. « Dans le Nouveau Testament, *Logos* ne signifie d'emblée pas, comme chez Héraclite, l'être de l'étant, le recueillement de ce qui se dirige dans des directions opposées, mais *Logos* signifie *un* étant particulier, à savoir le Fils de Dieu » (*Ga.* 40, p. 143/142 ; c'est Heidegger qui souligne).

trait de nuancer de façon significative le jugement sur ce qui paraît être en définitive « sa » position face au christianisme et à la foi biblique[1].

La dimension crypto-johannique du logos *dans la relecture heideggérienne de l'histoire de la métaphysique occidentale*

Le logos *et l'étant*

Déjà quelques années avant le cours de 1935, Heidegger s'était attaqué à ce qu'il considérait comme une conséquence particulièrement grave de l'influence du christianisme sur la pensée grecque, à savoir la mise au centre de la relation entre Dieu et l'homme comme thème privilégié de la philosophie[2]. Avec *Être et temps* et les cours des années suivantes, on assiste à la récupération progressive du « monde », puis de la « terre » comme motifs fondamentaux de la pensée. Non que la relation entre le *Dasein* et le ou les dieu(x) soit exclue du domaine de la philosophie, mais elle n'est désormais concevable qu'à l'intérieur d'un monde qui s'ouvre grâce à la fondation de la vérité de l'être dans l'étant[3]. Aux considérations sur l'étant comme outil dans le contexte homogène d'une mondanéité transcendantale succèdent les analyses de l'étant « exceptionnel », comme l'œuvre d'art et l'œuvre poétique, dans le cadre d'un monde qui peut à tout moment faire défaut ou se désagréger (*Weltentzug und Weltzerfall*)[4]. Aucune de ces instances – ni le *Dasein*, ni les dieux, ni l'étant dans la manifestation de son être – n'est donc plus simplement « là-devant » de façon statique et toujours disponible; elles ont toutes besoin d'être « arrachées » au voilement initial qui est à l'origine de la phénoménalité des étants *et* de l'histoire de la pensée[5].

L'on est tenté de voir dans l'interprétation du *logos* inaugural comme *polemos*, c'est-à-dire comme principe « conflictuel » de la venue à la lumière de l'être, la version heideggérienne de la fameuse retraduction du *logos* johannique dans le *Faust* de Goethe. À part les quelques allusions

1. Il faut donc distinguer entre les références explicites au texte biblique, citées presque toujours dans un but polémique et critique, et les références tacites qui sous-tendent indirectement la démarche heideggérienne. *Cf.* D. Franck, *Heidegger et le christianisme. L'explication silencieuse*, Paris, P.U.F., 2005, p. 102.

2. *Cf.* M. Heidegger, *Die Grundbegriffe der Metaphysik. Welt – Endlichkeit – Einsamkeit* (*Ga.* 29/30), Francfort, Klostermann, (1983) [2]1992, p. 64.

3. Cf. *Ga.* 40, p. 66 *sq.*/72 *sq.*, ainsi que *Ga.* 5, p. 26-32.

4. Cf. *Ga.* 5, p. 26.

5. Cf. *Ga.* 5, p. 40-43; *Ga.* 40, p. 66/72 *sq.*

mineures à cette œuvre [1], la structure même de l'*Introduction*, qui passe de l'analyse de la grammaire et de l'étymologie du mot (*Wort*) [2] « être » et de la mise en lumière de ses multiples sens (*Sinn*) [3] à l'interprétation de sa réalité en termes d'« effort » (*Anstrengung*) [4] et d'« activité » (*Tätigkeit*) [5], reprend presque mot pour mot la célèbre série de notions *Wort – Sinn – Kraft – Tat* (parole – sens – force – action) par lesquelles Faust choisit de traduire successivement le mot *logos* au début du Prologue de Jean. Non pas *Im Anfang war die Tat* (« au commencement était l'action ») [6], mais *Im Anfang war die Gewalt-tat* (« au commencement était l'action "polémique" et conflictuelle »), telle semble être la quintessence de l'interprétation heideggérienne du *logos* inaugural chez Héraclite [7]. Ce n'est plus un étant particulier ou une structure éternelle et immuable qui incarnent le principe de la pensée et la rationalité de l'étant, c'est au contraire l'action « violente » (*Gewalt-tätigkeit*) de l'homme en tant que *Dasein* essentiellement fini et mortel qui, en rassemblant l'étant dans ce lieu d'ouverture qu'il est lui-même [8], le rend accessible et compréhensible dans son être.

Il ne s'agit cependant pas d'un simple renversement de primauté entre ce qui s'appelait autrefois « philosophie première » et « philosophie seconde ». Loin de faire de l'agir « pratique » mais irréfléchi le fondement

1. *Cf.* l'expression « Geist der Erde » (*Ga.* 40, p. 46/54; cf. *Faust I*, 461); la tournure « daß sie ihrer selbst spottet und nicht weiß wie » (*Ga.* 40, p. 92/95; cf. *Faust I*, 1941) et la phrase « [...] was jeden Tag so ist, als sei es sein erster Tag » (*Ga.* 40, p. 104/106) qui rappelle *Faust I*, 250.

2. *Ga.* 40, p. 55/62.

3. *Ga.* 40, p. 98/100.

4. *Ga.* 40, p. 117/118.

5. *Ga.* 40, p. 159/157.

6. Cf. *Faust I*, 1224-1237.

7. On peut y reconnaître une nouvelle pointe polémique contre T. Haecker qui avait fustigé toute interprétation « activiste » du *logos* johannique : « Le salut de la philosophie dépend du primat de la pensée sur l'agir, de la théorie sur la pratique, du fait qu'au commencement, il y a le *logos*, le Verbe, et non pas l'action faustienne » (T. Haecker, *Was ist der Mensch ?*, loc. cit., p. 62 *sq.*). Quelques années plus tard, dans le cours de 1943 consacré à Héraclite, Heidegger revient sur la portée métaphysique du *logos* dans le Prologue de Jean et déclare vouloir mettre entre parenthèses la traduction du *logos* en termes d'« action », telle qu'on la trouve dans le *Faust* de Goethe (*cf.* M. Heidegger, *Heraklit. Der Anfang des abendländischen Denkens / Logik. Heraklits Lehre vom Logos* [*Ga.* 55], Francfort, Klostermann, [1979] [3]1994, p. 331 *sq.*). La raison en est que la synonymie entre le *logos* et l'action (*Tat*) exprime encore l'esprit de la philosophie moderne qui croit pouvoir manipuler l'étant au gré de la science et de la technique. Le lien que l'*Introduction* instaure entre le *logos* et la *Gewalt-tätigkeit*, en revanche, résume et dépasse à la fois cette interprétation « faustienne » en la situant en amont de la rationalité moderne, dans l'activité fondatrice du *Dasein* fini.

8. Cf. *Ga.* 40, p. 161 *sq.*/159.

d'une pensée supposée « théorique », Heidegger insiste au contraire sur la force créatrice d'un *logos* qui a échangé sa position « exemplaire » et archétypale par rapport à l'étant créé contre celle, productive, de l'ouverture originaire à l'intérieur de laquelle se joue toute relationnalité possible. Ce n'est donc pas le lien entre le *logos* et l'idée de création (*Schaffen*) comme tel que Heidegger conteste, à condition toutefois que ce *logos* ne soit désormais plus conçu comme une instance, figure, personne ou structure prédéterminées, mais comme matrice originaire et ouverte dont surgissent toutes configurations et toutes déterminations. « Créer » au sens de la fondation (*Gründung*) de la vérité de l'être dans l'étant devient l'expression, non pas d'un débordement gratuit de la perfection divine, mais au contraire, d'une finitude radicale qui se traduit par l'impossibilité de placer l'ouverture de l'être de l'étant une fois pour toutes hors du domaine du voilement originaire. Dans la mesure où la création ne renvoie plus à la production d'un étant représenté ou projeté[1], l'interprétation de l'« existence » de l'étant subit un changement significatif. Pour la métaphysique traditionnelle, la venue à l'existence d'une chose est synonyme de sa « position hors de ses causes » (*positio extra causas suas*). Ce modèle causal, qui présuppose un lien de continuité foncière entre le Créateur et le créé, est désormais remplacé par une conception ek-statique de l'être de l'étant qui, loin de toute « providence » et « conservation » divines, reste placée sous le signe de la fragilité et de la précarité[2]. À l'interprétation métaphysique de la création (*Schöpfung*) comme « idolâtrie de la "causalité" en tant que "causalité" » (*Vergötterung der « Kausalität » als « Kausalität »*)[3] succède ainsi une activité créatrice (*Schaffen*) située dans un discontinu événementiel dont le rythme se soustrait par principe à tout calcul et à toute instrumentalisation prévoyante.

Le logos *et les deux commencements de la pensée*

L'importance de l'*Introduction* pour l'ensemble de la pensée heideggérienne réside dans le passage qu'elle accomplit de la démarche « destructrice » à l'égard de la métaphysique à l'interprétation de cette même tradition de pensée dans le cadre de l'« histoire de l'être »[4]. Loin de

1. Cf. *Ga.* 24, p. 213-215.

2. « Chaque fois que l'art advient, c'est-à-dire quand un commencement se produit, l'histoire est traversée par un choc, l'histoire ne fait que commencer ou recommencer. L'histoire, c'est l'ek-stase d'un peuple dans ce qui lui est donné pour tâche, comme son insertion dans l'héritage qu'il porte avec lui » (*Ga.* 5, p. 65).

3. M. Heidegger, *Besinnung* (*Ga.* 66), Francfort, Klostermann, 1997, p. 240.

4. *Ga.* 40, p. 99/101.

toute interprétation mystifiante, cette notion n'exprime autre chose que la nécessité de concevoir l'histoire de la philosophie occidentale dans son ensemble à partir d'une pensée autre que métaphysique, mais qui ne soit nullement antimétaphysique ou postmétaphysique pour autant. C'est ainsi que Heidegger arrive à la conception des « deux commencements » de la pensée [1] dont le premier serait représenté par l'histoire de la philosophie des Présocratiques jusqu'à Nietzsche inclus. Etant donné qu'il n'est pas jusqu'à sa propre approche dans *Être et temps* qui ne soit encore à certains égards censée appartenir à la « métaphysique » ainsi définie [2], la question est alors de savoir de quelle manière on peut parvenir à la fameuse pensée dite « de l'autre commencement ». En d'autres termes, il s'agit de trouver le « mécanisme » ou la loi qui régissent l'évolution de la pensée par-delà ses changements de paradigme les plus radicaux.

Tout en s'efforçant de dévoiler la « logique interne » qui gouverne l'histoire de la métaphysique occidentale, Heidegger se refuse de concevoir celle-ci comme une série de positions doctrinales auxquelles il suffirait d'opposer autant de contre-positions appropriées pour arriver à une pensée foncièrement nouvelle. Le dépassement du paradigme causal ne concerne pas en effet que l'étant dans son être, il déjoue aussi toute tentative, dans le domaine de l'histoire, de déduire une forme de pensée à partir d'une autre par simple opposition ou négation [3]. La relation entre les deux commencements n'étant pas d'ordre chronologique, elle échappe à tous les modèles classiques d'une « philosophie de l'histoire », au schéma du « déclin » comme à celui du « progrès » [4]. Tous ces concepts, et en particulier celui d'un progrès « eschatologique » de l'histoire, sont en effet le fruit du besoin typiquement métaphysique de certitude et de calculabilité qui n'a plus cours dans l'espace ouvert de la décision historiale [5]. Le passage du « premier » commencement de la pensée ne conduit pas à un « deuxième » commencement numériquement distinct, mais à l'« autre » (singulier !) commencement à côté duquel il ne saurait y en avoir de troisième, quatrième, etc. L'objectif n'est pas d'arriver « ailleurs » par rapport à la métaphysique traditionnelle mais de penser le « même » dans une perspective foncière-ment nouvelle. Plutôt que de deux paradigmes juxtaposés et

1. Cf. *Ga.* 40, p. 42/50.
2. Cf. *Ga.* 65, p. 76, 183, 234, 250.
3. Cf. *Ga.* 65, p. 186 *sq.*, 227 *sq.*
4. Cf. *Ga.* 40, p. 191/186, 193/189.
5. Cf. *Ga.* 65, p. 60, 96-103 ; *Ga.* 66, p. 245, 351. Cette interprétation par Heidegger de l'attitude eschatologique comme attente d'une nouvelle certitude située dans la réalité à venir contraste singulièrement avec sa propre vision du phénomène chrétien de la parousie au début des années 1920.

extérieurs l'un à l'autre, il s'agit d'un enrichissement intérieur de la pensée grâce auquel la métaphysique accède enfin à sa vérité propre[1]. La métaphysique ne se reconnaît comme telle que dans le reflet que la pensée de l'« autre commencement » lui renvoie de ses traits essentiels et par là même, de ses limites. Ce reflet n'est pas l'image dérivée de tel ou tel contenu concret, tant il est vrai que la philosophie se définit comme le « savoir sans images » (*bildloses Wissen*)[2] par excellence. Il ne s'agit pas de répéter le passé à l'identique (*wiederholen*), mais de regagner ou récupérer (*wieder-holen*) ce qui constituait sa dynamique la plus profonde et pour autant cachée à lui-même, à savoir la question de l'être[3]. Le premier commencement qu'est la métaphysique n'est pas une « cause » qui, à un moment donné de l'histoire, aurait l'autre commencement de la pensée pour « effet », elle est une origine (*Ursprung*) qui demande à devenir encore « plus originaire » (*ursprünglicher*)[4], c'est-à-dire à être révélée comme origine absolue dans et par une autre pensée dont le surgissement est tout aussi peu reconductible à un fond ou une raison préalables (*Grund*)[5].

Or, ce rapport « abyssal » (*abgründig*) entre les deux commencements de la pensée rappelle à plus d'un égard un certain courant de pensée qui, à l'intérieur même de la métaphysique occidentale, a développé un modèle de « génération » ou de « générativité » qui n'a plus rien en commun avec le schéma de « production » ou de « fabrication » sous le mode de la causalité naturelle. Dans cette tradition qu'on pourrait qualifier d'« intellectualiste » et dont Thierry de Freiberg et Maître Eckhart sont les deux représentants les plus illustres, la venue à l'existence des esprits finis obéit à une logique foncièrement différente que la création des choses matérielles. Alors que ces dernières sont créées en conformité avec une idée archétype bien délimitée *dans* l'esprit divin, les intellects finis sont créés à l'image *de* l'intellect divin dans son ensemble, c'est-à-dire comme images d'une activité infinie[6]. La relation qui s'instaure alors entre le Créateur et le créé est dynamique dans la mesure où ces esprits finis n'ont aucun « être » ni « existence » en dehors de leur activité cognitive par laquelle ils sont en

1. Cf. *Ga.* 65, p. 185.
2. *Ga.* 66, p. 51.
3. Cf. *Ga.* 40, p. 42/50; *Ga.* 65, p. 77.
4. *Ga.* 40, p. 42/50.
5. Cf. *Ga.* 65, p. 77.
6. *Cf.* Dietrich von Freiberg, *Schriften zur Intellekttheorie*, dans *Opera omnia* I, Hambourg, Meiner, 1977, p. 43; Meister Eckhart, *Predigt* 24, dans *Werke* I, Francfort, Deutscher Klassiker Verlag, 1993, p. 277.

permanence tournés vers leur origine[1]. Foncièrement égaux à Dieu en ce qui concerne leur nature rationnelle, ces intellects ne sont finis qu'en tant que créés, c'est-à-dire en tant que posés dans ce rapport de (re)connaissance incessante qui les apparente à Dieu.

Cette idée d'une communauté d'essence entre Dieu et les intellects créés hors du domaine de l'*esse naturae* est le fruit du croisement entre la théorie aristotélicienne du νοῦς et les interprétations philosophiques que des penseurs chrétiens tel que Maître Eckhart ont consacrées au Prologue de l'Évangile de Jean. Le *logos* étant identifié à la deuxième personne de la Trinité, le rapport de générativité immanente et connaissante entre le Père et le Fils est à même de fournir le modèle du fonctionnement de la raison humaine. Dans la dynamique intratrinitaire, le Fils est le miroir actif dans lequel le Père se reconnaît comme tel dans son unité. Par conséquent, le *logos* du Fils n'est pas un « discours » quelconque; il n'a d'autre « contenu » que l'être-Père du Père[2]. L'identification du Verbe (*logos*) avec Dieu comme origine absolue révèle du même coup le caractère non rationnellement fondé de la raison comme telle, en d'autres termes : la raison est en elle-même sans raison[3].

Dans l'interprétation heideggérienne de l'histoire de la métaphysique comme histoire de la pensée rationnelle qui ne saurait rendre raison de sa propre essence[4], on retrouve les idées fondamentales de l'exégèse eckhartienne du Prologue de Jean, sauf que le processus ne prend plus l'infini divin pour arrière-plan, mais la finitude d'une histoire époquale. De fait, ce que Heidegger « critique » dans le premier commencement de la pensée, ce n'est pas tel ou tel contenu doctrinal mais un certain (non-)rapport avec ce qui constitue son origine dans la philosophie grecque, à savoir la venue en lumière de l'étant dans son être. Il n'est guère que la philosophie présocratique et notamment héraclitéenne qui reste consciente de l'unité entre ce qui apparaît et l'apparaître comme tel. À partir de Platon, la pensée a de plus en plus tendance à prendre l'étant dans sa présence phénoménale sans plus se soucier de la dynamique conflictuelle et « polémique » qui est à la base de cette phénoménalisation. L'étant comme tel apparaît détaché de

1. *Cf.* Dietrich von Freiberg, loc. cit., p. 61-64, ainsi que B. Mojsisch, *Die Theorie des Intellekts bei Dietrich von Freiberg*, Hambourg, Meiner, 1977, p. 66-69.

2. « [...] filius non excludit nec tacet, sed enarrat patrem esse patrem » (Maître Eckhart, *Commentaire sur le Prologue de Jean*, Paris, Éditions du Cerf, 1989, p. 360).

3. « [...] rationis enim non est ratio » (Maître Eckhart, *Commentaire sur le Prologue de Jean*, loc. cit., p. 82).

4. Cf. *Ga*. 65, p. 174.

son origine, dans une disponibilité constante pour la pensée qui se constitue alors comme métaphysique[1].

« Dépasser » la métaphysique ne veut donc pas dire développer une pensée dont le contenu serait « autre » par rapport à la tradition de la philosophie occidentale. Tel le Verbe ou le *logos* dans la lecture eckhartienne du Prologue de Jean, la pensée dite « de l'autre commencement » n'est tournée vers l'origine de la pensée que pour révéler la métaphysique dans son unité et pour la proclamer *comme* métaphysique[2]. Tout en évitant soigneusement toute confusion avec l'idée traditionnelle de Dieu, Heidegger fait sien le caractère radicalement non-chosique et non-naturel du *logos* qui est pour lui à l'origine de la pensée humaine. Si le langage est le propre du *Dasein* et que l'essence de celui-ci ne répond pas à la question objectivante « Qu'est-ce que l'homme ? » mais à la question « Qui sommes-nous ? »[3], alors toute réflexion sur l'essence de la philosophie prendra, non pas la forme d'une définition objectivante mais celle d'une réflexion identitaire qui vise à amener la métaphysique à la reconnaissance d'elle-même dans cet autre qu'est la pensée de sa propre origine.

On ne saurait guère être plus proche et plus éloigné à la fois du *logos* johannique tel que l'entend la tradition chrétienne. La position de Heidegger face au christianisme et à la philosophie chrétienne, où se situe-t-elle finalement ? À moins que la question ne soit tout simplement mal posée, étant donné que dans le domaine du *logos*, toute distance, toute proximité et avec elles, toute position viennent à disparaître dans l'activité incessante de la pensée dont la fin n'est autre chose que son propre commencement[4].

1. Cf. *Ga.* 40, p. 67/73, 189-194/184-190.

2. « [...] tout idéalisme et par là même, la métaphysique *passée* et toute métaphysique en général sont dépassés comme le déploiement nécessaire du premier commencement qui est ainsi placé à nouveau dans l'obscurité pour n'être compris comme tel qu'à partir de l'autre commencement » (*Ga.* 65, p. 176, souligné par Heidegger).

3. *Cf.* M. Heidegger, *Logik als die Frage nach dem Wesen der Sprache* (*Ga.* 38), Francfort, Klostermann, 1998, p. 27-34.

4. *Cf.* Maître Eckhart, *Commentaire sur le Prologue de Jean*, loc. cit., p. 36.

CHAPITRE IV

LA « GÉO-PHILOSOPHIE » DE L'*INTRODUCTION À LA MÉTAPHYSIQUE*

Peu de pages de l'*Introduction à la métaphysique* auront suscité autant de polémiques et de commentaires que celles qui décrivent, dans le premier chapitre, la situation spirituelle de l'Europe, prise dans un étau, entre l'Amérique et la Russie – et celle de l'Allemagne, au milieu de cet étau. Elles constituent, avec le discours de rectorat : *L'autoaffirmation de l'université allemande*, rédigé et présenté quelques mois plus tôt, l'un des passages obligés de toute interprétation de l'engagement politique de Heidegger. Lues à travers le contexte idéologique et politique de l'époque [1], elles sont alors, le plus souvent, extraites et abstraites du mouvement général de la position de « la question fondamentale de la métaphysique » qui fait l'objet de ce premier chapitre. Le risque est grand alors de les comprendre comme un simple document, le témoignage privilégié de ce qu'aurait été, dans ces années terribles, prélude à la catastrophe, la « vision » heideggérienne de l'Europe, de l'Occident ou de la « civilisation occidentale » [2], ou, de façon symétrique, une incise, une parenthèse, une « faiblesse », voire un « gage », accessoires dans une réflexion qui trouverait ailleurs ses véritables enjeux.

1. C'est notamment la démarche de Domenico Losurdo dans *Heidegger et l'idéologie de la guerre*, trad. fr. par J.-M. Buée, Paris, P.U.F., 1998.

2. Nous verrons, d'ici un instant, que ces trois termes (dont le troisième est explicitement refusé par Heidegger) ne peuvent évidemment pas être confondus ni repliés les uns sur les autres – et que l'un des enjeux majeurs (et néanmoins problématique) de ce passage est précisément leur distinction.

De ces quelques pages, on sait, en effet, qu'elles articulent deux thèmes. Le premier est un *diagnostic*[1] sur l'état spirituel de l'Europe, dont le trait distinctif est de souligner la « mésinterprétation (*Mißdeutung*) de l'esprit », à laquelle l'Europe est exposée et le danger que cette mésinterprétation lui fait courir. Au fil de ce « diagnostic », deux noms propres sont appelés (la *Russie* et l'*Amérique*), tandis qu'une troisième « entité », historique, géographique et spirituelle, qui n'est jamais désignée par son nom (l'*Allemagne* ou les *Allemands*), est évoquée par l'usage d'un pronom possessif (*notre*, dans « *notre peuple* ») et de la deuxième personne du pluriel (*nous*). À l'évocation de cette « appartenance » s'articule alors le deuxième thème de cette *géo-philosophie* : l'énoncé de la mission spirituelle, dont ce même peuple se trouve, du même coup, investi – énoncé qui fait autant signe vers le *Discours de Rectorat*, en amont, que vers le commentaire des hymnes de Hölderlin, en aval[2].

De ce « diagnostic », il faut d'abord souligner qu'il s'inscrit dans la longue série des « caractères du temps présent », qu'à telle ou telle époque de l'histoire, tel philosophe (Fichte, Nietzsche ou, plus près de Heidegger, Jaspers[3]) a pu se risquer à formuler. A ce titre, il pourrait sembler contradictoire avec ce que l'*Introduction à la métaphysique* a refusé, d'entrée de jeu, de considérer comme une vocation possible pour la philosophie, à savoir commenter, expliquer, interpréter, d'une façon ou d'une autre, l'actualité – être en phase avec ce qui se donne *aujourd'hui* pour actuel.

> La philosophie est essentiellement inactuelle parce qu'elle appartient à ces rares choses dont le destin est de ne jamais pouvoir rencontrer une résonance (*Widerklang*) immédiate dans leur propre aujourd'hui et de ne

1. J'emprunte ce terme à Jacques Derrida qui l'utilise dans *De l'esprit* (Paris, Galilée, 1987), repris dans *Heidegger et la question, de l'esprit et autres essais* (Paris, Flammarion, 1990), pour caractériser ces quelques pages, en précisant néanmoins que le discours de Heidegger n'est « ni celui de la connaissance ni celui de la clinique ou de la thérapeutique », (*op. cit.*, p. 59). Toute la question dans la présente étude sera effectivement de savoir en quel sens et jusqu'à quel point on peut parler à propos de ces énoncés sur l'Amérique, la Russie, l'Europe et l'Allemagne d'un « diagnostic ».

2. Conformément au principe du présent volume, je m'en tiendrai, dans cette étude, à l'*Introduction à la métaphysique*. Une analyse exhaustive de la « géopolitique de Heidegger » impliquerait que l'enquête se prolonge dans la lecture des cours de Heidegger, professés dans les années 1930 et 1940, sur Parménide, sur Héraclite, sur Nietzsche, dans le commentaire des hymnes de Hölderlin, mais aussi dans les *Beiträge zur Philosophie* et dans *Geschichte des Seyns*. On y trouverait maintes réflexions sur la mission spirituelle de l'Allemagne, mais aussi et encore sur la Russie. Sur ce point *cf.* Marc Crépon : « La géopolitique de Heidegger dans les années 30 », dans *Les Promesses du langage*, Paris, Vrin, 2001, p. 155-169.

3. Rappelons que Jaspers publie, en 1931, un ouvrage intitulé *Die geistige Situation der Zeit* [*La Situation spirituelle de l'époque*], Berlin, de Gruyter, 1931.

jamais non plus avoir le droit d'en rencontrer une. Lorsque quelque chose de tel semble se produire, lorsqu'une philosophie devient une mode, alors, ou bien il n'y a pas philosophie véritable, ou bien celle-ci est détournée de son sens et utilisée abusivement, selon les besoins du jour à des fins qui lui sont étrangères[1].

Il le serait si, à l'opposé de toute considération d'actualité sur l'époque, ce diagnostic n'avait précisément pour trait essentiel d'être « inactuel » – de se présenter comme une philosophie inactuelle de notre *aujourd'hui*. Si Heidegger emprunte à Nietzsche quelque chose de son geste (caractériser l'époque), c'est donc d'abord au sens où, pour Nietzsche aussi, il ne pouvait y avoir de pensée du temps présent (de l'*aujourd'hui*) – du nihilisme, de la décadence, etc. – qu'*inactuelle*. Autant dire que si on se risque à parler de« géo-philosophie », en un sens qui reste encore à déter-miner, celle-ci ne saurait être à l'excès contextualisée. Identifier, dans l'idéologie et la littérature de l'époque, les discours qui formuleraient le même genre de jugement sur la Russie et l'Amérique – dont le diagnostic donc serait, à peu de choses près, similaire à celui que propose Heidegger – ne nous avancerait pas à grand chose.

Cela nous avancerait d'autant moins qu'une grande partie des discours qui, entre les deux guerres, se risquent à un semblable diagnostic, en déclinant les différentes menaces qui pèsent sur l'Europe et en énumérant les signes de son déclin, le font au nom d'une certaine idée de la culture et/ou de la civilisation – et notamment de la « civilisation occidentale », c'est-à-dire à la fois de la civilisation et de l'Occident, ou de l'Occident comme « civilisation ». C'est évidemment le cas de Spengler qui fait des concepts de « civilisation (*Zivilisation*) » et de « culture (*Kultur*) » les maître-mots de sa pensée de l'histoire[2]. C'est aussi, dans une toute autre mesure, celui de Mann (qui définit l'Allemagne, par opposition à

1. Heidegger, *Introduction à la métaphysique*, trad. fr. (nous modifions dans la suite cette traduction, chaque fois que nécessaire) G. Kahn, p. 20-21 ; *Einführung in die Metaphysik*, *Ga.*, 40, 10. Rappelons que le volume de la *Gesamtausgabe* porte en marge la pagination de l'édition originale (Niemeyer, 1953), qui demeure l'édition de référence.

2. C'est ainsi que, dans *Le Déclin de l'Occident*, Spengler peut faire du parachèvement de la civilisation « la mission spécifique de l'Allemagne comme de la dernière nation d'Occident », *Le déclin de l'Occident*, deuxième partie, trad. fr. par M. Tazerout, Paris, Gallimard, 1976, p. 102. Au demeurant, la critique de Spengler est un trait constant dans les textes de Heidegger, écrits au long des années 30, tant dans les commentaires des hymnes de Hölderlin que dans les cours sur Nietzsche. Sur ce point, *cf.* Domenico Losurdo, *op. cit.*, p. 173 *sq.*

l'« Empire de la civilisation », dans ses *Considérations d'un apolitique*[1]) et de beaucoup d'autres encore. Or, d'un tel usage et d'un tel recours, Heidegger entend se démarquer d'entrée de jeu. Avant même d'en venir à son diagnostic et à sa méditation conjointe du « destin spirituel de l'Europe », il récuse toute possibilité de faire de la civilisation ou de la culture, de leur défense ou de leur promotion, voire de leur opposition, l'objet et l'enjeu de la philosophie. De fait, posant comme préalable à l'élucidation de la question la dissipation des deux malentendus dont la philosophie fait l'objet, il rencontre deux fois, au cœur de cette double méprise – qui porte à la fois sur ses fins et sur son opération – le concept de *Kultur*. Du concept de « *Kultur* », il faut se méfier, chaque fois que l'on prête à la philosophie la capacité démesurée d'offrir au *Dasein* d'un peuple les éléments sur la base desquels elle pourrait être fondée :

> À partir de là s'accrédite facilement l'idée selon laquelle la philosophie pourrait et devrait fournir au *Dasein* d'un peuple, en chaque époque, pour le présent et pour l'avenir, ses fondations, sur lesquelles ensuite une civilisation (*Kultur*) devrait s'édifier. De telles espérances et de telles exigences vont cependant au-delà de ce qu'on est en droit d'attendre du pouvoir et de l'essence de la philosophie[2].

Mais, du « diagnostic » et de l'injonction qui sont articulés dans l'*Introduction à la métaphysique*, Heidegger indique aussi à l'avance qu'ils ne sauraient être lus comme les éléments constitutifs d'une nouvelle philosophie de la culture. Si la première méprise, à laquelle s'expose la philosophie, consiste dans une surévaluation de ses objectifs (la fondation d'une civilisation), la seconde implique son affaiblissement. Elle revient à mettre la pratique de la philosophie au service d'un développement de la culture qui trouve ailleurs (dans l'histoire, dans l'anthropologie ou dans la politique) son fondement et ses objectifs. Elle la soumet à une cartographie du monde, à son partage en une pluralité de civilisations ou d'aires culturelles qui trouvent dans l'une ou l'autre de ces sciences ou de ces pratiques le principe de leur détermination et de leur identification. Dans une telle perspective, la philosophie se trouve dépourvue de toute possibilité d'« infléchir », de « guider » ou d'« orienter » le *Dasein* des peuples. Elle en est réduite, dans sa fonction comme dans sa tâche, à accompagner l'idée que tel ou tel peuple se fait (ou qui lui est imposée) de ce même *Dasein*.

1. *Cf.*, dans les *Considérations d'un apolitique* (1918), le chapitre intitulé : « Le littérateur de la civilisation ».

2. Heidegger, *Ga.*, 40, p. 12/22.

> La deuxième méprise que nous avons mentionnée est un retournement (*eine Verkehrung*) du résultat visé par la philosophie. Si celle-ci ne peut fournir les fondations d'une civilisation, elle peut du moins, pense-t-on, contribuer à faciliter, à alléger son édification. [...] On attend de la philosophie qu'elle favorise, voire accélère, le fonctionnement pratique et technique des entreprises « culturelles » (*des praktisch-technischen Kulturbetriebes*), c'est-à-dire qu'elle les facilite, les allège[1].

Autant dire que, si l'on peut parler, à propos de l'*Introduction à la métaphysique* de « géo-philosophie », c'est l'idée de la philosophie qu'elle présuppose qui *impose* la géographie. Ce qui appelle deux remarques. La première est que l'insistance de Heidegger à récuser l'usage du concept de *Kultur* (qu'on le traduise par *civilisation* ou par *culture*) pour penser la tâche de la philosophie a pour pendant la même insistance à thématiser la compréhension de cette tâche comme l' « ouverture des voies et perspectives d'un *savoir*[2] [...] dans lequel et à partir duquel un peuple comprend et accomplit son *Dasein* dans le monde historique de l'esprit (*in der geschichtlichgeistigen Welt*)[3] ». S'il est vrai qu'il y va, dans ce texte, du *Dasein* des peuples – et plus spécifiquement de celui du peuple allemand (par opposition à ceux des peuples d'Amérique et de Russie), le geste premier de Heidegger est de dissocier le *Dasein* d'un peuple (de *tout* peuple) de *sa* culture – c'est-à-dire aussi de penser le « nous » autrement que comme « l'appartenance » à une culture spécifique. Considérant que ce qui fait le *Dasein* d'un peuple et ce qui oriente son destin n'ont rien à voir avec ce qui est identifié par l'anthropologie, l'histoire ou les sciences politiques comme *son identité culturelle*, il attribue à la philosophie le privilège – qui sera quelques années plus tard confié à la poésie de Hölderlin – d'avoir à penser ce *Dasein*. Le double présupposé du texte est donc le suivant : 1) la philosophie peut-être référé à un sujet collectif (le peuple), auquel, en un sens qui reste à déterminer, elle « appartient » davantage que toute autre chose, 2) elle seule est en mesure de dire au « peuple » en question (et de soutenir devant le reste du monde) ce qu'il en est, sinon de l'« essence », du moins du destin historique de ce peuple.

La seconde remarque alors est que, de ce point de vue – qui concerne la place et la fonction de la philosophie, par rapport aux autres sciences –, le geste de Heidegger s'accorde pleinement avec la position que soutenait son *Discours de rectorat*, quant à l'autonomie des savoirs dispensés à

1. Heidegger, *Ga.*, 40, p. 13/23.
2. Je souligne.
3. *Ga.*, 40, p. 12/23.

l'université[1]. Déjà, dans ce texte de 1933, il était indiqué, en effet, que toute science devait être reconduite à la philosophie, telle que son commencement grec en avait déterminé l'essence, pour être à la mesure de la « mission spirituelle du peuple allemand ». Déjà la détermination du *Dasein des peuples* (en l'occurrence du « peuple allemand ») se voyait soustraite à la diversité et la pluralité des savoirs régionaux. Ni la géographie, ni l'économie, ni l'histoire, ni l'anthropologie, ni même les sciences politiques ne pouvaient se substituer à la philosophie pour dire ce qu'est l'Allemagne, en son essence, et quelle tâche il lui revient d'accomplir. Et ce n'est pas un hasard si la terrifiante identification du « monde spirituel d'un peuple » à « la puissance de conservation la plus profonde de ses forces de terre et de sang » était précédée de la détermination négative suivante :

> Et le monde spirituel d'un peuple, ce n'est pas la superstructure d'une culture, ni davantage un arsenal de connaissances et de valeurs utilisables[2].

Sans le souci d'une telle attribution, d'une telle reconduction à (ou d'une telle appropriation par) la philosophie du *Dasein* du peuple – qui est aussi le souci de s'accorder à la hiérarchie des savoirs, mise en place par *Être et temps* –, sans cette mise à l'écart des sciences de la culture au profit de l'ontologie fondamentale, il n'y aurait pas de « géo-philosophie » ni de géographie spirituelle, et encore moins le repli de l'une sur l'autre. Reste alors à savoir ce qui justifie un tel privilège. Plusieurs questions se conjuguent. Pourquoi est-ce, essentiellement et exclusivement, à la philosophie qu'il revient de porter le seul diagnostic approprié sur *notre aujourd'hui*? Pourquoi ce diagnostic est-il nécessairement *inactuel*? Pourquoi doit-il s'articuler à la délimitation de « cette mission spirituelle du peuple allemand », dont le rappel scandait, deux ans plus tôt, *L'Auto-affirmation de l'université allemande*?

La réponse à ces différentes questions est apportée par l'ensemble du premier chapitre (« La question fondamentale de la métaphysique ») – et, en un sens, elle précède l'énoncé même du diagnostic, dans ces termes géographiques (la Russie, l'Amérique, l'Allemagne), permettant, seule, d'éclairer l'appel de ces différents noms propres. Si la philosophie se voit

1. Au demeurant, on rappellera que la question de l'université n'est pas étrangère à l'*Introduction à la métaphysique*, puisque ce premier chapitre y revient sur la fin, au moment où il interroge les différentes mésinterprétations de l'esprit qui oblitèrent la question de l'être – signe supplémentaire de l'étonnante proximité entre les deux textes.

2. Heidegger, *L'Autoaffirmation de l'université allemande*, trad. fr. par G. Granel, Mauvezin, Éditions Trans-Europ-Repress, 1987, p. 25.

reconnue un privilège aussi exclusif, c'est, en effet, que ce « diagnostic » est, lui-même, d'essence philosophique. Non au sens, restreint, où la philosophie serait seule à même de le formuler, mais au sens, élargi, où son objet, avant d'être géographique ou géopolitique, concerne le destin du questionnement philosophique lui-même – c'est-à-dire le passé, le présent et l'avenir de « la question fondamentale de la métaphysique » : celle qui s'interroge sur le fondement de l'étant. C'est parce que cette question n'est plus (ou mal) posée, parce que l'être de l'étant, dont la philosophie s'enquiert, est tombé dans l'oubli – ou qu'il est réduit, suivant les mots de Nietzsche, à une « vapeur » ou une « erreur » –, c'est pour toutes ces raisons qu'un diagnostic est nécessaire. Avant de le spécifier dans des termes géographiques, Heidegger lui donne alors un nom qui fait écho au §. 38 de *Être et temps* : la « déchéance (*Verfall*) ».

> Et si nous n'en étions même pas les premiers responsables, nous hommes d'aujourd'hui (*den Heutigen*), pas plus que nos ancêtres plus ou moins lointains ? Si cette situation tenait à ce qui, depuis l'origine est en marche à travers toute l'histoire de l'Occident (*die abendländische Geschichte*), à un événement que tous les yeux de tous les historiens n'arriveraient pas à voir, et qui pourtant arrive, autrefois, aujourd'hui et dans l'avenir ? Que diriez-vous si les choses étaient telles que l'homme, que les peuples, dans leurs plus grandes affaires et machinations, aient bien une relation à l'étant et cependant soient tombés depuis longtemps hors de l'être sans le savoir, et que cela même soit la raison la plus intérieure et la plus puissante de leur déchéance (*Verfall*) ?[1].

Du diagnostic qui s'annonce, on comprend alors comment il peut rester *inactuel*. Il l'est pour au moins deux raisons – comme pouvait l'être aussi, en dépit de l'*engagement* très *actuel* qu'il impliquait, le Discours de1933, lorsqu'il en appelait au commencement grec de la philosophie pour penser les tâches *actuelles* de l'université. Il l'est d'abord parce qu'il fait appel à toute l'histoire de l'Occident (*die abendländische Geschichte*) – et que, pour Heidegger, cette histoire est intrinsèquement liée à la question de l'être et au destin de cette question depuis ce même commencement. Il l'est ensuite parce que la réappropriation de cette histoire oubliée engage, pour l'Occident, la possibilité d'échapper à la déchéance (*Verfall*)[2]. Comment comprendre alors qu'à cette histoire puisse s'articuler encore une « géogra-

1. *Ga.*, 40, p. 40/48.

2. *Ga.*, 40, p. 26/36 : « Car la philosophie n'a cessé de questionner sur le fondement de l'étant. C'est par cette question qu'elle a pris son départ. C'est dans cette question qu'elle connaîtra sa fin, si du moins elle doit finir dans la grandeur et non dans une déchéance (*Verfall*) impuissante ».

phie » ? Comment comprendre que Heidegger ne s'en tienne pas, comme dans le passage qui précède, aux « peuples », en général, – et qu'une fois caractérisée l'histoire de l'Occident, il lui faille encore spécifier ce qu'il en est de cette histoire pour l'Europe, pour la Russie, pour l'Amérique et pour l'Allemagne ?

C'est ici qu'il nous faut entrer dans le jeu des noms propres :

> Cette Europe (*Dieses Europa*) qui, dans un aveuglement sans salut, se trouve toujours sur le point de se poignarder elle-même est prise aujourd'hui dans un étau entre la Russie d'une part et l'Amérique de l'autre. La Russie et l'Amérique sont toutes deux, au point de vue métaphysique (*metaphysisch gesehen*), la même chose ; la même frénésie sinistre de la technique déchaînée, et de l'organisation sans racine (*der bodenlosen Organisation*) de l'homme normalisé [1].

Dans le cours du texte, rien, en effet, ne laisse prévoir un tel décrochage. Tant au niveau des termes utilisés que du ton adopté, le passage qu'ouvre cette irruption des noms propres se détache nettement autant des considérations qui le précèdent dans ce premier chapitre que des chapitres suivants. Rien ne semblerait le nécessiter donc, si Heidegger ne posait la question suivante : « L'être est-il un pur vocable et sa signification une vapeur, ou bien est-il le destin spirituel de l'Occident (*das geistige Schicksal des Abendlandes*) ? [2] ». Car cette question demande aussitôt l'éclaircissement suivant : que désigne exactement le terme d'Occident ? Où ce destin, dans lequel se joue l'avenir de la question fondamentale de la métaphysique a-t-il son lieu ? Est-ce de l'Europe qu'il s'agit ? L'Europe et l'Occident, est-ce la même chose ? Et si ce n'est pas le cas, si nous vivons aujourd'hui (en 1935) sous la menace qu'entre l'une (l'Europe) et l'autre (le destin spirituel de l'Occident) un fossé se creuse, que l'Europe donc devienne étrangère à son propre destin, qui en est responsable ?

C'est dans ces questions que s'engouffre l'*Introduction à la métaphysique* – au prix de cette géographie spirituelle et de cette géo-philosophie qui restent à élucider. Et elle le fait, en commençant par affirmer la chose suivante : si l'Europe est menacée aujourd'hui de se perdre elle-même – de « se poignarder (*sich selbst zu erdolchen*) » – c'est parce qu'elle se livre à des forces extérieures (étrangères à son destin) qui la dépossèdent de ce même destin, des forces qui contribuent à faire de l'être un pur vocable et une vapeur, des forces encore qui posent la question du néant dans des termes exclusivement destructeurs, c'est-à-dire dans les termes mêmes du

1. *Ga.*, 40, p. 40-41/48.
2. *Ga.*, 40, p. 40/48.

nihilisme. L'Europe, ainsi, se trouve mise hors d'elle-même. Toute l'analyse de Heidegger consiste alors à nommer et caractériser ses forces (la Russie, l'Amérique) et à désigner les procédés par lesquels elles « désapproprient » l'Europe. Deux choses donc doivent être distinguées dans ce texte : 1) l'identification impossible de l'Europe à son destin et la reconduction de ce destin à l'histoire de la métaphysique, 2) l'analyse de sa désappropriation. La première se fait au détriment de toute autre analyse historique ou politique, susceptible d'identifier d'autres menaces. Si les énoncés de Heidegger nous semblent aujourd'hui si problématiques, c'est que, tenus en 1935, au moment même où des décisions historiques et politiques préparent la précipitation de l'Europe dans la guerre – des décisions qui ne sont reconductibles ni à la domination de la technique ni à l'étau américano-russe – ils ignorent tout de cette menace. Lorsque nous songeons rétrospectivement à la façon dont l'Europe s'est « poignardée elle-même », dans les années trente, et aux diverses figures de son aveuglement (*Verblendung*) ce n'est pas au destin de l'Occident que nous pensons, mais à l'installation, sur le sol européen, des régimes politiques qui devaient la perdre tout autrement. La tentation est grande, donc, de retourner l'aveuglement à celui qui le dénonce.

Reste l'analyse que propose Heidegger de la désappropriation, dont l'Europe fait l'objet. Elle conjugue deux mises en perspective : celle d'une domination et celle d'une adoption.

> En un temps où le dernier petit coin du globe terrestre a été soumis à la domination de la technique, et est devenu exploitable économiquement, où toute occurrence qu'on voudra, en tout lieu qu'on voudra, à tout moment qu'on voudra, est devenue accessible aussi vite qu'on voudra, et où l'on peut vivre simultanément un attentat contre un roi en France et un concert symphonique à Tokyo, lorsque le temps n'est plus que vitesse, instantanéité et simultanéité, et que le temps comme histoire a disparu du *Dasein* de tous les peuples, [...] alors vraiment à une telle époque, la question : « Pour quel but ? – où allons-nous ? – et quoi ensuite ? » est toujours présente et, à la façon d'un spectre (*wie ein Gespenst*), traverse toute cette sorcellerie [1].

L'une et l'autre (domination et adoption) ont pour objet la technique. C'est elle d'abord qui, par son déchaînement sans limite, constitue le propre de l'Amérique et celui de la Russie. Pour la première, l'énoncé n'a rien de surprenant. Il s'agit même d'un des lieux communs les plus couramment répandus dans le discours européen sur l'Amérique. Mais il ne l'est guère davantage, concernant la seconde, si l'on songe que la collectivi-

1. *Ga.*, 40, p. 41/49.

sation forcée des terres, la mise en place des plans quinquennaux, la mécanisation de l'agriculture et l'électrification sont présentées, dans les années trente, comme les réalisations les plus abouties de l'économie socialiste. Dans un cas comme dans l'autre, la domination de la technique est indissociable du calcul de la rentabilité économique. Quant au parallèle entre les deux puissances, il convient de rappeler que, deux ans à peine avant l'écriture de l'*Introduction à la métaphysique*, il constitue l'un des thèmes abordés par un essai qui eut alors, dans toute l'Europe, un retentissement considérable – et dont il est peu probable qu'il ait échappé à l'attention de Heidegger: *Années décisives* (*Jahre der Entscheidung*)[1] de Spengler. Dans ce livre, en effet, le théoricien de la déchéance de l'Occident expose dans les termes suivants la fragilité de l'Europe, prise entre la Russie, dont la venue des Bolcheviks au pouvoir lui semble signifier l'« asiatisation », et l'Amérique du nord et les dominions anglais:

> La Russie est moralement reconquise par l'Asie, et quant à l'empire anglais, on peut douter que son centre de gravité soit encore en Europe. Le reste de « l'Europe » se trouve entre l'Asie et l'Amérique – entre la Russie et le Japon à l'est et entre l'Amérique du nord et les dominions anglais à l'ouest[2].

L'originalité du « diagnostic » de Heidegger est donc ailleurs. Elle tient à deux choses. 1) D'abord au fait que la relation entre l'Amérique et la Russie, d'une part, et le reste du monde – à commencer par l'Europe – d'autre part, est conçue comme un processus d'adoption généralisée[3].

1. Le titre exact de l'ouvrage était *Jahre der Entscheidung I, Deutschland und die weltgeschichtliche Entwicklung*, Munich, Beck, 1933, (*Les années décisives I, L'Allemagne et le développement de l'histoire universelle*). Dès sa parution, il rencontra un succès considérable. Il fut traduit en français dès 1934 et cinq fois réimprimé en l'espace d'une année. Dans le même temps, il fut traduit en italien, en espagnol, en anglais et en suédois, publié à Rome, à Madrid, à Santiago du Chili, à Stockholm, à Londres et à New York. Il fit l'objet de très nombreux compte-rendus et recensions (dont une de Horkheimer).

2. Spengler, *Les années décisives*, trad. fr. par R. Hadeckel-Bogdanovitch, Paris, Éditions Copernic, 1979, p. 67.

3. Cette adoption ne concerne pas seulement la technique, mais aussi la philosophie. Dans un cours professé en 1941 et intitulé *Concepts fondamentaux*, trad. fr. P. David, Paris, Gallimard, 1985, Heidegger fustige à eux reprises l'adoption allemande de ce qu'il appelle « la pseudo-philosophie américaine », dans des termes qui s'accordent à ceux de l'*Introduction à la métaphysique*. Ainsi p. 111 (*op. cit.*): « Il existe des livres au titre présomptueux, par exemple « L'Homme » qui prétendent savoir ce qu'est l'homme. Comme si l'opinion de la pseudo-philosophie américaine – que la science allemande aujourd'hui reprend à son compte avec bien trop d'empressement – était à même de présenter la vérité sur l'homme ». Et p. 120 (*op. cit*): « D'ici peu, nous pourrons relever sur des tableaux et des graphiques ce que les Américains cherchent depuis des décennies déjà sur la voie de la psychologie patentée:

C'est parce que l'Europe adopte la rapport à la technique de l'un ou l'autre de ces deux pays, parce qu'elle les prend en modèle qu'elle est dépossédée d'elle-même. Ce faisant, les analyses heideggériennes consonnent avec la tradition pluriséculaire des dénonciations du mimétisme. Tandis que, durant les siècles précédents, Leibniz, Klopstock, Lessing, Herder et tant d'autres par la suite pouvaient adresser aux Allemands le reproche de trop imiter les Français, c'est désormais pour leur rêve de l'Amérique et pour leur rêve de la Russie, confondus l'un dans l'autre, que, non plus tel ou tel peuple de l'Europe, mais les Européens, en général, se voient condamnés. 2) La seconde originalité de ce diagnostic est qu'il reconduit le phénomène de la technique à celui de la temporalité et de l'historicité, tels que la seconde section de *Être et temps* en a déployé l'analyse. Ce n'est pas un hasard si Heidegger met l'accent sur la vitesse (*Schnelligkeit*), l'instantanéité (*Augenblicklichkeit*) et la simultanéité (*Gleichzeitigkeit*). Toutes trois connotent un rapport au temps imposé par les objets techniques, c'est-à-dire soumis à des impératifs d'efficacité et de rentabilité – à l'opposé de tout rapport authentique à la temporalité. Il est également significatif que les objets techniques thématisés relèvent, pour l'essentiel, des technologies de l'information (en 1935, selon toute vraisemblance, de la radio). Dès lors que le « savoir » diffusé devient universellement et indifféremment accessible, le problème de la temporalité se conjugue à celui de la spatialité. Le *Dasein*, soumis à la domination de la technique, n'est pas seulement perdu dans le temps et dans l'histoire, il est aussi « déraciné ».

Or cette perte dans le temps, dans l'histoire et dans l'espace – cette déchéance – signifie, d'abord et avant tout, une cécité et une fermeture à la nécessité d'un questionnement « métaphysique ». C'est parce qu'elles lui semblent accréditer l'idée qu'un tel questionnement, toujours trop lent et trop inactuel, est sans consistance, qu'il reste irrémédiablement éloigné des préoccupations du jour – par exemple de l'*adoption* de nouvelles technologies, dans tous les domaines de l'existence, du perfectionnement des systèmes d'information et de communication – c'est pour toutes ces raisons que l'Amérique et la Russie représentent, aux yeux de Heidegger, une menace pour le « destin spirituel de l'Occident ». D'où la nécessité de trouver, à l'intérieur de l'Europe, une force susceptible de résister aux pressions de l'étau et de maintenir, à rebours, le cap de « la question fondamentale de la métaphysique » (fut-ce, comme ce sera le cas, au prix

statuer sur ce qu'est l'homme et sur la façon la plus rentable de l'utiliser, sans perte de temps ni d'énergie, à l'endroit le plus approprié. »

d'une remise en question radicale de sa grammaire et de sa langue) – susceptible donc de « réapproprier » l'Europe au « destin de l'Occident ».

Cette force, comme on sait, Heidegger l'identifie aussitôt à un *autre* peuple qu'il ne nomme pas (contrairement à d'autres textes), mais qu'il désigne, de plusieurs façons, dépourvues de toute ambiguïté, dans l'espace d'un paragraphe :

> *Nous* (*Wir*) sommes pris dans l'étau. *Notre peuple* (*Unser Volk*), en tant qu'il se trouve au milieu, subit la pression de l'étau la plus violente, lui qui est *le peuple le plus riche en voisins* et aussi le plus en danger (*das gefährdetste Volk*), et avec tout cela *le peuple métaphysique* (*das metaphysische Volk*). Mais à partir de cette destination (*Bestimmung*), dont le danger nous échappe, ce peuple ne se fera un destin que si d'abord il crée en lui même une résonance, une possibilité de résonance pour ce destin, et s'il comprend sa tradition d'une façon créatrice. Tout cela implique que *ce peuple, en tant que peuple historique*[1] (*dieses Volk als geschichtliches*), s'expose lui-même dans le domaine originaire où règne l'être, et par là y expose l'histoire de l'Occident, à partir du centre de son advenir futur (*ihres künftigen Geschehens*)[2].

Dans ce bref paragraphe, le peuple allemand se trouve, en effet, caractérisé et/ou identifié de quatre façons. Comme on le rappelait plus haut, il est d'abord invoqué par l'usage de la première personne du pluriel (*nous*). Il est ensuite situé géographiquement et historiquement par rapport aux peuples qui l'entourent (ses voisins) et à ceux qui (selon la terminologie heideggérienne) l'enserrent (la Russie, l'Amérique). Vient ensuite la caractérisation qui porte la différence entre le peuple allemand et l'ensemble des autres peuples : le « peuple métaphysique ». La conjugaison de ces deux dernières déterminations suffit à doter le peuple allemand d'une destination (*Bestimmung*) singulière : celle de porter la mesure du danger que la domination et l'extension de la technique font peser sur la possibilité même du questionnement métaphysique. D'où une dernière désignation, dans laquelle se concentre tout le poids de l'analyse : celle qui identifie le peuple allemand à sa mission – qui l'identifie comme peuple historique, c'est-à-dire comme un peuple pour qui l'histoire signifie encore quelque chose et auquel il est donné de savoir (à la différence des autres, perdus dans le temps et dans l'histoire) pourquoi il existe et où il va. Reste alors à comprendre le sens de ces différentes substitutions.

1. Je souligne tous les passages mis en italiques dans cette citation, comme autant d'identifications du peuple allemand, ou de substitutions à sa nomination.

2. *Ga.*, 40, p. 41-42/49-50.

De l'expression « peuple métaphysique[1] », il faut souligner d'abord qu'elle fait de Heidegger l'héritier d'une longue tradition, dans laquelle s'inscrivent les déclarations de Leibniz[2], Humboldt, Fichte, Schelling[3] et quelques autres, concernant la spécificité de la langue allemande, comme langue de la philosophie. Elle renvoie donc simultanément à plusieurs schèmes, sur lesquels Heidegger reviendra dans des travaux ultérieurs – notamment dans ses commentaires des hymnes de Hölderlin. « Métaphysique », le peuple l'est, en effet, d'abord et avant tout, par les vertus spécifiques de sa langue (la langue allemande, par opposition aux langues romanes) et par les affinités entre cette langue et la langue grecque. Ce faisant la détermination du peuple allemand comme « peuple métaphysique » fait écho à tout ce que la traduction du grec en latin (c'est-à-dire aussi, par voie de conséquence, dans les différentes langues romanes) a induit quant au destin de la métaphysique. Heidegger le rappelait brièvement, au début de l'*Introduction à la métaphysique*, à propos de la traduction du mot grec φύσις par *natura*.

> Par cette traduction latine, on s'est déjà détourné du contenu originaire du mot grec φύσις, l'authentique force d'appellation philosophique du mot grec est détruite. Cela ne vaut pas seulement pour la traduction latine de ce mot, mais pour toutes les autres traductions de la langue philosophique grecque en « romain ». Cette traduction du grec en romain n'est pas indifférente ni anodine, c'est au contraire la première étape d'un processus de fermeture et d'aliénation de ce qui constitue l'essence originaire de la philosophie grecque[4].

Enfin l'expression « peuple métaphysique » appelle un certain rapport du peuple à *sa* langue. « Métaphysique », le peuple ne peut l'être que s'il

1. On rappellera, à propos de cette expression, le commentaire très juste qu'en donne Jean Wahl, dans sa lecture de l'*Introduction à la métaphysique : Vers la fin de l'ontologie*, Paris, SEDES, 1956, p. 57 : « Une autre erreur de Heidegger, c'est de penser aussi qu'il y a un peuple qui serait plus naturellement métaphysique que les autres, qui serait situé au milieu de l'Europe et qui est le peuple allemand. Erreur philosophique grave, je crois, qui vient de ce que Heidegger ne réserve pas à l'individu la pensée philosophique, et pense qu'on peut parler d'une pensée philosophique d'un peuple; et qu'on peut dire qu'un peuple est un peuple métaphysique. »

2. *Cf.* Leibniz, *L'Harmonie des langues*, éd. et trad. de M. Crépon, Paris, Seuil, 2000.

3. Jean-François Courtine a retracé quelques unes des étapes les plus significatives de cette tradition dans un article intitulé « Un peuple métaphysique », *Revue de métaphysique et de morale* septembre 2001, n°3 (*Philosophies nationales ? Controverses franco-allemandes*), p. 39-61.

4. *Ga.*, 40, p. 14-15/26.

s'approprie sa langue comme son bien le plus propre – s'il entend, dans sa langue, autre chose qu'un instrument de communication usuel.

Cette spécificité de la langue allemande n'est pas étrangère à la singularité de l'Allemagne, au milieu de ces « voisins ». Si la pression de l'étau américano-russe est la plus forte, c'est parce que le « peuple allemand » sur lequel elle s'exerce est, à la différence de ses voisins, celui qui assume la tâche de penser l'histoire – d'être, par essence, le « peuple historique » – c'est-à-dire aussi le « peuple de l'histoire ». De ce point de vue, l'évocation des « voisins » trouve son prolongement dans un bref article intitulé « Chemins d'explication (*Wege zur Aussprache*)[1] » et publié en 1937, (soit deux ans après l'*Introduction à la métaphysique*), dans les *Annales de la ville de Fribourg en Brisgau*. Dans ce texte qui s'interroge sur l'impossible entente entre ces deux peuples voisins que sont l'allemand et le français, Heidegger reconduit chacun à la compréhension de la « mission historiale » qui lui est impartie, dès lors que la tâche commune est de « sauver l'Occident ». Pour mesurer l'aptitude de chacun à assumer cette tâche, il convient alors de se donner « une authentique compréhension de leurs positions philosophiques fondamentales[2] » respectives – ce que fait l'auteur de *Être et temps* dans les derniers paragraphes de son article. Il apparaît alors que la philosophie française et la philosophie allemande diffèrent par le domaine de l'étant sur lequel elles se sont prioritairement focalisés. À la première, dont l'auteur de l'*Introduction à la métaphysique* voit le point de départ dans la pensée de Descartes, est revenu le privilège d'avoir inauguré une pensée de la nature, articulée au projet de sa maîtrise technique et de son exploitation. A la seconde a été dévolue, grâce « aux penseurs de l'idéalisme allemand », la tâche d'inaugurer – c'est-à-dire de penser « pour la première fois dans l'histoire de l'Occident » – « *un savoir métaphysique*[3] de l'essence de l'histoire[4] ». Cette reconduction de chacun à ce qui lui appartient en propre s'accompagne du refus de tout échange, de

1. *Cf.* « Chemins d'explication », trad. fr. de J.-M. Vaysse et L. Wagner, dans *Cahier de l'Herne Martin Heidegger*, sous la direction de M. Haar, éditions de l'Herne, 1983, p. 59-62, *Wege zur Aussprache*, dans *Aus der Erfahrung des Denkens*, *Ga.*, 13, Francfort, Klostermann, 1983, p. 15-16. En l'espace de quelques pages, ce texte condense quelques uns des thèmes abordés dans le premier chapitre de *l'Introduction à la métaphysique* – à commencer par celui de l'inactualité de la philosophie, de la sur-estimation et de la sous-estimation conjointes de sa tâche, mais aussi de son absence d'utilité immédiate. Enfin, il est intégralement articulé au diagnostic des menaces qui pèsent sur l'« Occident ». Sur ce texte, *cf.* notre étude : « La compréhension mutuelle des peuples, Musil et Heidegger », dans *Les Promesses du langage*, Paris, Vrin, 2001, p. 159-181.

2. Heidegger, « Chemins d'explication », *op. cit.*, p. 61.

3. Je souligne.

4. Heidegger, « Chemins d'explication », *op. cit.*, p. 61.

toute pénétration croisée des traditions ainsi définies. L'entente, explique Heidegger, suppose que chacun assume pleinement, et en toute connaissance de cause, la position fondamentale de la tradition philosophique à laquelle il « appartient »[1].

À supposer donc que la menace qui pèse sur l'« Occident » procède pour l'essentiel de la domination technique, le premier voisin du peuple allemand, le peuple français, n'est ni le mieux armé ni le mieux disposé pour s'opposer à cette domination qui appartient, par essence, à son projet philosophique. C'est donc, en un double sens, que « le peuple allemand » est « le peuple historique ». Il l'est d'abord, parce que, en tant que « peuple métaphysique », il est le plus à même d'assumer l'héritage grec de la « question fondamentale de la métaphysique », seule susceptible de « sauver l'Occident ». Il l'est ensuite, parce qu'il a fait de la pensée de l'histoire (et, depuis Leibniz, de sa confrontation avec la pensée cartésienne de la mathématisation, de la calculabilité et de l'exploitation de la nature) le cœur de sa tradition philosophique. Tels sont les éléments constitutifs de la « géophilosophie heideggérienne ». Reste alors à comprendre comment et pourquoi cette « géophilosophie » est, en même temps, une géographie spirituelle. Du terme « esprit (*Geist*) », on sait – grâce à l'étude magistrale de Derrida[2] – que son usage dans la langue de Heidegger relève d'une histoire complexe, dont les jalons essentiels sont *Être et temps*, le *Discours de rectorat*, l'*Introduction à la métaphysique*, mais aussi les commentaires de Schelling, Hölderlin, Nietzsche ou Trakl. On sait aussi, grâce au travail de Martina Roesner, que, dans les années trente, les expressions qui impliquent le terme esprit, comme « situation spirituelle (*geistige Situation*) », « histoire spirituelle (*Geistesgeschichte*) » ou encore « vie spirituelle (*Geistesleben*) », figurent dans le titre d'un très grand nombre de publications relevant de domaines aussi divers que la philosophie, les études historiques et littéraires, l'anthropologie culturelle et l'anthropologie raciale[3].

1. *Cf.* Heidegger, « Chemins d'explication », *op. cit.*, p. 61 : « Mais il ne faut pas non plus espérer que l'on puisse, à la manière des échanges scientifiques, emprunter les uns aux autres les interrogations philosophiques et les concepts fondamentaux, et les compléter en conséquence, La compréhension, c'est ici aussi – et d'abord ici – le combat de la mise en question réciproque. Seule l'explication place chacun dan son domaine le plus propre, si toutefois l'on parvient à commencer et à soutenir cette explication, eu égard à ce déracinement qui menace l'Occident et qui pour être surmonté requiert l'engagement de chacun des peuples créateurs. »

2. *Cf.* Derrida, *De l'esprit, Heidegger et la question*, Paris, Galilée, 1987, repris *Heidegger et la question, De l'esprit et autres essais*, Paris, Flammarion, 1990.

3. Martina Roesner en dresse une longue liste non exhaustive et néanmoins très impressionnante dans un article intitulé « De la tautologie. Heidegger et la question de l'esprit », dans

La singularité du discours heideggérien est que l'esprit est d'abord pensé comme l'objet d'une décision. Si le peuple allemand se voit investi d'une « mission » ou d'une « tâche » spirituelle, c'est d'abord en ceci qu'il lui revient, à lui, singulièrement, de prendre une décision historique qui, avant même de traiter de l'Europe ou de l'Occident, en quelques termes que ce soit (culturels, politiques ou autres), concerne, en premier lieu, l' « esprit (*Geist*) » – en tant qu'elle engage le destin de cet esprit. Occuper le centre, cela signifie, avant toute chose, être le centre d'une décision historique.

> Et si l'on ne veut pas que la grande décision (*die große Entscheidung*) concernant l'Europe se produise sur le chemin de l'anéantissement (*auf dem Wege der Vernichtung*), c'est précisément par le déploiement de nouvelles forces, *spirituelles*[1], en tant qu'historiques (*neuer geschichtlich geistiger Kräfte*), issues de ce centre, qu'elle doit se produire[2].

Mais à cette décision, il appartient d'avoir des effets au-delà du centre – de partir, donc, d'un « nous » déterminé pour rayonner au-delà des limites qui le circonscrivent. La pensée obéit ainsi à un double mouvement : 1) reconduire la question de l'être, via l'Europe, au centre, auquel revient la tâche de l'assumer[3], 2) penser les conditions nécessaires pour que ce centre puisse assumer pleinement sa tâche. Le premier mouvement dessine le caractère universel de la mission, dont le peuple allemand – nous (*Wir*), le centre (*die Mitte*) – se trouve investi. Là encore, il inscrit la méditation de Heidegger dans une tradition déterminée : celle des pensées qui n'ont insisté sur la particularité d'un peuple déterminé (que celui-ci la tienne de sa langue, de sa culture ou de ses traditions) que pour mieux le charger d'une mission universelle (par exemple : *sauver* l'Occident et, « par voie de conséquence », la Terre). Le second mouvement ancre, « enracine » cette mission dans la singularité du peuple chargé de la porter. Il concerne l'esprit, en tant qu'il écarte toute mésinterprétation à son sujet – c'est-à-dire en tant qu'il pense l'esprit et même « les forces de l'esprit (*die geistige Kräfte*) », à partir du nécessaire enracinement (*Bodenständigkeit*) du *Dasein* du peuple.

Heidegger, du Noûs au Geist, Les Études philosophiques, janvier 2006, n°1, P.U.F., 2006, p. 63-88.

1. C'est Heidegger qui souligne.

2. *Ga.*, 40, p. 42/50.

3. Cf. *Ga.*, 40, p. 45/53 : « Nous avons mis la question vers l'être en connexion avec le destin de l'Europe, où se trouve décidé le destin de la Terre (*das Schicksal der Erde*), et il faut considérer encore qu'à l'intérieur de ce destin, pour l'Europe même, notre *Dasein* historique se révèle comme le centre (*als die Mitte*).

> Demeurer à l'intérieur du paysage, dans lequel nous entrons ainsi par notre questionner, c'est la condition fondamentale pour reconquérir (*zurückzugewinnen*) pour le *Dasein* historique un enracinement (*Bodenständigkeit*).

Quel est le sens de ce nécessaire « enracinement (*Bodenständigkeit*) » ? A-t-il, dans ce paragraphe, une connotation « géo-politique » ou « géo-philosophique » ? Que recouvre-t-il exactement? C'est sur ce point, sans doute, que l'interprétation de l'*Introduction à la métaphysique* est, quant à sa dimension politique, la plus délicate. L'enracinement, en effet, n'est pas la même chose que la persévérance dans le questionner fondamental de la métaphysique, mais l'un ne va pas sans l'autre. Trois remarques alors sont nécessaires. D'abord, il faut souligner, encore une fois, la radicalité de la démarche heideggérienne. Dire que le *Dasein* historique a la condition de son « enracinement » dans la question de l'être, c'est tenir à l'écart, au moins dans ces pages, toute *autre* interprétation de ces conditions – c'est court-circuiter, à l'avance, comme secondaire ou accessoire, toute autre forme d'appartenance. Il convient ensuite de noter, en portant l'attention sur le verbe « reconquérir *(zurück-gewinnen)* » que le sol (*Boden*) dans lequel le *Dasein* historique doit s'enraciner à nouveau est un sol perdu. En ce sens, l'enracinement (*Bodenständigkeit*) en question s'oppose au déracinement de l'homme normalisé, à cette absence de repères dans l'espace, dans le temps et dans l'histoire qu'induisent la domination de la technique et le processus d'adoption généralisée entraîné par la pression de l'étau américano-russe. Reste alors la question la plus difficile : quel est ce sol (*Boden*) ? comment se laisse-t-il circonscrire ? Dans quel sol s'enracinent les « forces de l'esprit » ?

Répondre à ces questions suppose que soient dissipés ce que Heidegger identifie, à la fin de ce premier chapitre[1], comme quatre figures de la « mécompréhension de l'esprit (*Mißdeutung des Geistes*) » – à savoir : 1) la réduction de l'esprit à l'ensemble des facultés intellectuelles, 2) son assujettissement instrumental à des calculs ou des projets qui lui sont étrangers – y compris l'organisation politique du peuple, vis-à-vis de laquelle Heidegger semble prendre ici quelques distances[2] –, 3) sa

1. A savoir : « La question fondamentale de la métaphysique ».

2. Cf. *Ga.*, 40, p. 50/58 : « Peu importe que ce service de l'intelligence ait trait à la réglementation et à la domination des rapports matériels de production, comme dans le marxisme) ou plus généralement à la systématisation et à l'explication rationnelle de tout ce qui se trouve déjà pré-posé (*vorliegend*), posé (comme dans le positivisme), ou qu'il s'accomplisse en dirigeant l'organisation d'un peuple conçu comme masse vivante (*Lebensmasse*) et comme race (*Rasse*); dans tous les cas l'esprit devient, en tant qu'intellect,

disponibilité pour la constitution d'un domaine de la culture déterminé (notamment l'art ou la science), 4) le faire-valoir ou l'alibi (l'ornement, le luxe) d'un système politique par exemple « le communisme russe (*der russische Kommunismus*)[1] » qui cherche dans les créations de l'esprit un surcroît de légitimité. De ces quatre figures, il est à noter tout d'abord que, si deux d 'entre elles (la seconde et la quatrième) ont très directement une résonance et des implications politiques, elles recoupent, dans leur ensemble, la caractérisation qu'exposaient les pages précédentes. La Russie et l'Amérique ne sont soumises au règne de la technique et à l'« organisation sans racine de l'homme normalisé » que dans la mesure où elles sont dominées par cette quadruple mésinterprétation de l'esprit, à des degrés divers. Si la géophilosophie de l'*Introduction à la métaphysique* est une géographie spirituelle, c'est donc d'abord au sens où appartiennent aux différents peuples des interprétations de l'esprit différentes – des interprétations qui de ces peuples ne font pas toutes *également* des « peuples historiques ».

Mais l'idée de « géographie spirituelle » peut aussi s'entendre en un tout autre sens. Dans ce second cas de figure, les peuples ne diffèrent plus seulement par leur interprétation de l'esprit, mais par l'esprit lui-même. Concernant l'Allemagne, la Russie ou l'Amérique, les distinctions précédemment exposées sont reconduites à la question suivante – qui est ultime : où cette différence d'interprétation trouve-t-elle son fondement ? Pourquoi l'Allemagne, à la différence des autres peuples, est-elle susceptible d'interpréter l'esprit *différemment* ? Est-ce en raison de son héritage, de ses traditions, de sa langue, du sang, de ses racines ou de son rapport à ses racines ? Quelle est la relation de l'esprit à chacun de ces termes ? Dans son *Discours de rectorat*, Heidegger définissait l'esprit dans les termes suivants – qu'il reprend explicitement, en grande partie, dans *l'Introduction à la métaphysique* :

> L'esprit, ce n'est ni la sagacité vide, ni le jeu gratuit de la plaisanterie, ni le travail d'analyse illimité de l'entendement, ni même la raison du monde, mais l'esprit est l'être-résolu à l'essence de l'être, d'une résolution qui s'accorde au ton de l'origine et qui est savoir. Et le monde spirituel d'un peuple, ce n'est pas la superstructure d'une culture, ni davantage un arsenal de connaissances et de valeurs utilisables, mais c'est la puissance de conservation la plus profonde de ses forces de terre et de sang (*die Macht*

la superstructure impuissante de quelque chose d'autre, et cette autre chose, parce qu'elle est sans esprit, voire contraire à l'esprit, est considéré comme le réel véritable.

1. Cf. *Ga.*, 40, p. 53/59 : « Après une attitude purement négative, au début, le communisme russe n'a pas tardé à passer à une telle tactique dans sa propagande ».

> *des tiefsten Bewahrung seiner erd-und bluthaften Kräfte*), en tant que puissance d'émotion la plus intime et puissance d'ébranlement la plus vaste de son existence[1].

Est-ce dans cette puissance de conservation que consiste l'enracinement (*die Bodenständigkeit*) d'un peuple historique ? Auquel cas le déracinement ne serait, à l'inverse, rien d'autre que l'absence de volonté pour une telle conservation. L'esprit qui ne « mésinterprète » pas l'esprit (qui ne se trompe pas sur l'esprit) – et se rend du même coup disponible pour la question de l'être – est-ce celui qui se *veut*, en même temps, comme une telle « puissance de conservation » ? Mais alors, en quoi consiste exactement cette volonté ? Dans l'*Introduction à la métaphysique*, la « puissance de conservation des forces de terre et de sang » n'est pas reprise. S'y substitue « le plein pouvoir donné aux puissances de l'étant comme tel en totalité[2] (*die Ermächtigung der Mächte des Seienden*) » – plein pouvoir qui reconduit, par toute une série de conséquences, à la « mission historiale du peuple allemand ».

> L'esprit est le plein-pouvoir (*die Ermächtigung*) donné aux puissances de l'étant (*der Mächte des Seienden*) comme tel en totalité. Là où l'esprit règne, l'étant comme tel devient toujours et en toute occasion plus étant. C'est pourquoi le questionner vers l'étant comme tel en totalité, le questionner de la question de l'être, est une des questions fondamentales essentielles pour un réveil de l'esprit, et par là pour maîtriser le danger d'obscurcissement du monde, et par là pour une prise en charge de la mission historiale de notre peuple (*der geschichtlichen Sendung unseres Volkes*), en tant qu'il est le milieu de l'Occident[3].

Est-ce la même chose ? Ou faut-il dire que la première (la puissance de conservation des forces de terre et de sang) est incluse dans les secondes (les puissances de l'étant comme tel en totalité) ? L'*Introduction à la métaphysique*, sans doute, ne propose pas de réponse explicite à ces questions. Pas plus qu'on ne sait finalement quelles sont exactement ces valeurs constitutives de la « philosophie du national-socialisme » que Heidegger entend récuser à la fin du volume. Une seule certitude : la géographie spirituelle exposée dans le premier chapitre de l'*Introduction à la métaphysique* trouve son ultime écho dans l'invocation sans ambiguïté de ce que Heidegger appelle « la vérité interne et la grandeur (*die innere Wahrheit*

1. Heidegger, *L'Autoaffirmation de l'université allemande*, trad. fr. par G. Granel, Mauvezin, TER, 1987, p. 25.
2. *Ga*. 40, p. 55/60.
3. *Ga*. 40, p. 55/60-61.

und die Größe) du nazisme, dès lors que cette « vérité interne » et cette « grandeur » y sont spécifiées comme « la rencontre, la correspondance entre la technique déterminée planétairement et l'homme moderne (*die Begegnung der planetarisch bestimmten Technik und des neuzeitlischen Menschen*)[1] ». S'il est vrai que la « détermination planétaire de la technique » tient dans ce que Heidegger aura voulu donner à penser comme un « étau américano-russe », on sera toujours en droit de se demander ce que, pour lui, cette « rencontre » et cette « correspondance » tenaient de la conception de l'esprit que déployait, un an plus tôt, *L'Autoaffirmation de l'université allemande* et des trois services, dont elle faisait l'apologie ?

1. *Ga.* 40, p. 202/152.

CHAPITRE V

SUR LA GRAMMAIRE ET SUR L'ÉTYMOLOGIE DU MOT « ÊTRE »

L'IDENTIFICATION DE LA MÉTAPHYSIQUE À LA QUESTION DE L'ÊTRE

Le terme « métaphysique » recèle une ambiguïté particulière, qui pose plusieurs problèmes quant à son origine et ouvre maintes interprétations possibles quant au « sujet » dont la métaphysique doit s'occuper[1].

Heidegger interprète l'origine du terme, longuement discutée et controversée[2], comme le résultat d'un « embarras philosophique principiel » (*grundlegende philosophische Verlegenheit*)[3], c'est-à-dire comme le résultat de la perplexité (*Ratlosigkeit*) d'Andronicos de Rhodes, le premier éditeur des manuscrits scientifiques d'Aristote, qui, présupposant la tripartition hellénistique de la philosophie en logique, physique et éthique, ne savait plus où situer les traités aristotéliciens concernant la philosophie première ou la science de l'être, ce qui fait qu'il les place « après ceux de physique » (*meta ta physika*)[4].

Quant au « sujet » de la métaphysique, Heidegger l'identifie d'emblée, et de manière péremptoire, à la question de l'être, donc à l'ontologie,

1. *Cf.* J.-Fr. Courtine, *Inventio analogiae. Métaphysique et ontothéologie*, Paris, Vrin, 2005.

2. *Cf.* G. Jánoska, F. Kauz (éd.), *Metaphysik*, Darmdstadt, Wissenschaftliche Buchgesellschaft, 1977.

3. *Ga.* 3, *Kant und das Problem der Metaphysik*, 1929, p. 7.

4. Cf. *Ga.* 28, *Der deutsche Idealismus*, SS. 1929, p. 27-29 et *Ga.* 29-30, *Die Grundbegriffe der Metaphysik. Welt – Endlichkeit – Einsamkeit*, WS. 1929/30, p. 56-58. Voir également *Ga.* 19, *Platon : Sophistes*, WS. 1924/25, p. 222-224.

précisant dès les années vingt qu'elle se constitue dans sa structure comme onto-théo-logie[1] : en ce sens que la recherche sur l'être en tant que tel se configure soit comme recherche de ce qui est commun à tout étant (ὄν καθόλου – κοινόν), c'est-à-dire comme ontologie, qui est une science formelle, soit comme recherche de l'étant le plus haut (ὄν καθόλου – ἀκρότατον ὄν), c'est-à-dire comme théologie, qui est une science causale.

En tant qu'*ontologie*, la métaphysique constitue le cadre général dans lequel s'ouvrent et s'articulent les multiples significations de l'étant et ses diverses régions. Elle fournit donc le fondement des investigations scientifiques particulières qui analysent les multiples régions de l'être, selon différentes perspectives et en vue de finalités diverses.

En tant que *théologie*, elle tient pour possible l'étude scientifique des réalités suprêmes, divines. Dieu fait par là son entrée en philosophie, pour autant qu'il n'est plus « raconté » dans le mythe ou « révélé » dans la religion, mais étudié comme l'étant suprême, susceptible d'une investigation rationnelle. La métaphysique en tant que théologie s'occupe à juste titre du divin, en obtenant par le biais de l'argumentation rationnelle un concept propre de Dieu, sans emprunter les représentations de la mythologie ou de la religion. Elle engendre la théologie spéculative, c'est-à-dire philosophique, conceptuelle. C'est ainsi que Dieu entre dans la philosophie comme *summum ens*, mais il cesse en tant que tel de parler en première personne : ce qu'il a à dire est traduit dans le langage de la métaphysique et de la philosophie. Il fait effectivement son entrée en philosophie, mais pour en sortir tout de suite.

La question qui se pose est de savoir si l'identification de la métaphysique à la question de l'être selon la double constitution onto-théologique, tirée de la science aristotélicienne de l'être en tant que tel, est une détermination originaire ou si elle n'est pas plutôt une dérivation de celle que H.-J. Krämer a appelé la « métaphysique de l'esprit », dont la doctrine non écrite de Platon – réhabilitée par l'École de Tübingen, notamment par Krämer lui-même, Konrad Gaiser et Thomas A. Szlezák – donne la formulation systématique capitale. Le noyau de cet enseignement ésotérique, que nous connaissons grâce aux témoignages des élèves directs de Platon, à savoir Speusippe, Xénocrate et Aristote, n'est pas l'être mais il consiste en une doctrine de la transcendance, notamment dans la théorie des principes

1. La formulation canonique et définitive de cette thèse se trouve dans *Die onto-theologische Verfassung der Metaphysik*, dans M. Heidegger, *Identität und Differenz*, Pfulligen, Neske, 1957, p. 31-67.

qui se situent au-delà de l'être (ἐπέκεινα τῆς οὐσίας) et qui le constituent, à savoir l'Un et la Dyade, dont dérivent à la fois l'unité et la multiplicité.

QUESTIONS DE MÉTHODE : *DESTRUKTION, ÜBERWINDUNG, VERWINDUNG*

Pourquoi une Einführung ?

Étant donnée la réduction heideggérienne de la métaphysique à la question de l'être (de l'étant), donc à l'ontologie[1], quelle est l'attitude méthodologique qu'il faut adopter face à elle? Heidegger a déclaré la nécessité de dépasser la tradition de la métaphysique en suivant, selon les étapes de son chemin de pensée, des stratégies différentes :

1) à l'époque de *Sein und Zeit*, il poursuit l'idée d'une destruction phénoménologique de l'ontologie traditionnelle, visant en réalité une fondation plus radicale de celle-ci dans un projet qu'il appelle d'abord « science pré-théorétique originaire » (*vortheoretische Urwissenschaft*, 1919), puis quelques années plus tard « herméneutique de la facticité » (*Hermeneutik der Faktizität*, 1923); dans *Sein und Zeit*, « analytique de l'existence » (*Existenzielanalytik*) et « ontologie fondamentale » (*Fundamentalontologie*), et dans le livre sur Kant, « métaphysique du Dasein » (*Metaphysik des Daseins*, 1929);

2) après *Sein und Zeit*, à l'époque du « tournant », Heidegger radicalise ce projet dans l'idée explicite d'un « dépassement de la métaphysique » (*Überwindung der Metaphysik*), en essayant de définir les deux traits essentiels qui caractérisent la structure spéculative et historiale de la métaphysique : l'*onto-théo-logie*, déterminée foncièrement par l'aristotélisme, et la *subjectité*, reconductible au platonisme;

3) dans la dernière phase de sa pensée, il aboutit à la thèse de la fin de la métaphysique, laquelle serait désormais passée dans l'essence de la technique moderne : celle-ci serait l'accomplissement de la métaphysique, et la métaphysique la préhistoire de la technique. Face à ce destin inéluctable Heidegger recommande l'attitude de la *Verwindung* : comme une variante de l'*Überwindung* qui indique que pour dépasser la métaphysique de manière définitive il faut l'abandonner à elle-même *sans rien vouloir changer en elle*, il faut sortir d'elle comme on sort d'une maladie ou comme on surmonte une crise, en l'assumant et en la laissant à elle-même, selon le

1. Le terme, comme on sait, est forgé directement en grec par Rudolf Göcklen dans une note en marge de l'article *Abstractio* dans son *Lexicon philosophicum*, Becker, Frankfurt 1613, p. 16 : il définit l'*ontologia* comme *philosophia de ente*.

sens du mot allemand *verwinden*. Heidegger indique donc par ce terme la plus profonde radicalité de son geste, qui renonce à tout élément métaphysique, même au *residuum* de volonté qui est encore contenu dans l'*Überwindung*, pour rejoindre ce qui dans la métaphysique demeure « impensé » selon l'attitude méthodologique qu'il définit – en comparaison et opposition à l'*Aufhebung* hégélienne – comme « pas en arrière » (*Schritt zurück*)[1].

En ce sens Heidegger partage et radicalise l'exigence formulée dans la philosophie moderne et contemporaine de « dépasser » la métaphysique. Un dépassement que la philosophie continentale a déclaré pour des raisons foncièrement historiques : Marx, Nietzsche, Dilthey, Horkheimer et Adorno – ce ne sont là que les noms principaux d'un catalogue éminent qui illustre la conviction que la métaphysique est une croyance suspecte en des valeurs transcendantes ou à tout le moins un pseudo-savoir, appartenant désormais au passé. La philosophie néopositiviste et analytique, à son tour, a revendiqué son dépassement pour des raisons d'ordre logique et épistémologique, mises en évidence notamment par Carnap.

Face à la triple démarche méthodologique heideggérienne, articulée en *Destruktion*, *Überwindung*, *Verwindung*, quel sens faut-il donner au terme « introduction » (*Einführung*) employé dans le cours de 1935 ? Est-il à interpréter au sens fort d'une attitude méthodologique distincte des autres ? Ou dans quel autre sens doit-il être entendu ?

La *lectio facilior* serait d'assigner à ce terme une simple fonction pédagogique, celle d'un cours qui n'est pas adressé uniquement aux étudiants de philosophie mais aussi bien aux étudiants des autres facultés, leur proposant un itinéraire pour entrer dans la métaphysique.

La *lectio difficilior* est suggérée par l'interprétation de l'expression « introduction à la philosophie » (*Einleitung in die Philosophie*) que Heidegger avait donnée, quelques ans auparavant, dans le premier cours tenu à Fribourg comme successeur de Husserl, celui du semestre d'hiver 1928/29. Au début de ce cours il explique qu'« introduire », dans le cas de la philosophie, ne signifie pas simplement conduire à l'intérieur de la philosophie quelqu'un qui se trouverait au dehors d'elle : par le biais d'une introduction historique, racontant l'histoire de la philosophie, ou par une exposition systématique, présentant les disciplines philosophiques fondamentales. La philosophie étant quelque chose « qui sommeille en nous », y introduire signifie plutôt la réveiller et la « mettre en marche », en montrant comment nous passons de l'attitude naturelle quotidienne face à l'étant

1. *Cf.* M. Heidegger, *Identität und Differenz*, p. 39.

(aveugle à son être) à celle philosophique (qui voit son mode d'être)[1]. On pourrait dire de même qu'introduire à la métaphysique signifie dégager la tension métaphysique assoupie en l'homme en tant qu'il est un *animal metaphysicum*, étant « dans le monde, mais non pas de ce monde » (cf. saint Paul, *1 Cor* 7, 29-31).

Quoi qu'il en soit, le terme *Einführung* reflète bien, dans sa généralité, l'ambiguïté du diagnostic heideggérien : la revendication d'un « dépassement » de la métaphysique, arrivée à sa fin et passée dans l'essence de la technique, peut être lue à la fois comme la prise en compte de l'importance de la métaphysique. Dire en effet que c'est avec la décision métaphysique que l'Occident entreprend le chemin qui mène jusqu'à la technique moderne, signifie concevoir la métaphysique comme le fondement époqual de notre monde. En ce sens le dépassement heideggérien prend la forme d'une traversée radicale des moments fondateurs de la métaphysique, d'une explication rapprochée avec elle. Il ne fait pas de doute, donc, que l'œuvre de Heidegger aura principalement attiré notre attention sur le problème et qu'elle sera une véritable *Einführung* dans la métaphysique. Heidegger a été d'ailleurs, plus ou moins directement, l'inspirateur de quelques-unes des études les plus importantes consacrées à l'examen de la structure de la métaphysique et à l'analyse de ses moments principaux. En ce sens il aura été à l'origine d'un renouveau de la métaphysique[2].

1. « Die Philosophie schläft gleichsam in uns », *Ga.* 27, *Einleitung in die Philosophie*, WS. 1928/29, p. 4.

2. Parmi les études des élèves directs de Heidegger il faut mentionner : G. Siewerth, *Das Schicksal der Metaphysik von Thomas zu Heidegger*, maintenant dans *Gesammelte Werke*, vol. 4, Düsseldorf, Patmos, 1987 ; H. Rombach, *Substanz, System, Struktur*, 2 vol., Fribourg-Munich, Alber, 1965-1966, qui à partir de Heidegger développe le projet d'une « histoire fondamentale » (*Fundamentalgeschichte*) où « substance », « système » et « structure » représentent les trois structures fondamentales correspondant à la métaphysique médiévale, moderne et contemporaine; H. Boeder, *Topologie der Metaphysik*, Freiburg-München, Alber, 1980. Voir également K.-H. Volkmann-Schluck, *Die Metaphysik des Aristoteles*, Francfort, Klostermann, 1979, et le cours universitaire de Fridolin Wiplinger, édité à titre posthume par P. Kampits : *Metaphysik. Grundfragen ihres Ursprungs und ihrer Vollendung*, Fribourg-Munich, Alber, 1976 (avec une lettre-préface de Heidegger). En français on peut constater un intérêt pour les thèses heideggériennes dans Pierre Aubenque, *Le problème de l'être chez Aristote*, Paris, P.U.F., 1962 (c'est P. Aubenque qui a attiré l'attention sur le caractère problématique de la métaphysique, mettant en évidence les apories de celle qu'Aristote appelle la science de l'être en tant qu'être et essayant de comprendre ce que l'ontologie, la théologie et la métaphysique ont été pour la pensée occidentale dans leur démarcation et dans leur relation réciproque); J.-Fr. Courtine, *Suárez et le système de la métaphysique*, P.U.F., 1990 (qui analyse le tournant représenté au début de l'age moderne par Suárez; je renvois à mon compte rendu : « Suárez et le problème de la métaphysique », *Revue de Métaphysique et de Morale*, 98, 1993, p. 395-411); J.-L. Marion, *Sur le prisme métaphysique de Descartes. Constitution et limites de l'onto-théo-logie dans la pensée*

Employant donc *Einführung* – terme qui signifie une intention d'inclusion plutôt que d'exclusion – Heidegger indique non seulement le caractère propédeutique de son cours, qui en effet était destiné aux étudiants de toutes les facultés, mais il signale également la nécessité préalable d'entrer à fond dans la métaphysique, dans son essence et dans sa structure époquale, avant de la refuser de manière hâtive et superficielle.

Il s'agit d'une exigence qu'il ressentait d'autant plus vivement qu'à l'époque il venait d'être attaqué de plusieurs côtés, notamment sur le plan philosophique par Rudolf Carnap, comme on verra, et sur celui idéologique par Ernst Krieck. Celui-ci, dans un article paru en février 1934 dans la revue national-socialiste « Volk im Werden », avait écrit que « la teneur idéologique foncière de la doctrine heideggérienne est définie par les concepts de souci et d'angoisse, qui visent le néant. Le sens de cette philosophie est un athéisme explicite et un *nihilisme métaphysique*, analogue à celui représenté surtout par des écrivains juifs, donc un ferment de dépravation et de la dissolution du peuple allemand »[1].

Une véritable provocation pour Heidegger : contre un usage tellement grossier de termes nobles comme *métaphysique* et *nihilisme* il se propose de montrer ce qu'est la métaphysique, et ce qu'est le nihilisme, dans son sens profond et véritable, notamment dans l'*Einführung in die Metaphysik* de 1935 et dans la série des cours sur Nietzsche à partir de 1936.

cartésienne, Paris, P.U.F., 1986; *Sur l'ontologie grise de Descartes*, Paris, Vrin, 1975; *Sur la théologie blanche de Descartes. Analogie, création des vérités éternelles et fondement*, Paris, P.U.F., 1981 (qui définissent comment la question de l'onto-théologie agit dans la pensée de Descartes). *Cf.* également J. Stenzel, *Metaphysik des Altertums*, et A. Dempf, *Metaphysik des Mittelalters*, parus dans le *Handbuch der Philosophie* (Munich-Berlin, Oldenburg, 1934); de ce dernier voir aussi le volume posthume *Metaphysik. Versuch einer problemgeschichtlichen Synthese*, Würzbourg-Amsterdam, Königshausen & Neumann-Rodopi, 1986. Encore sur l'ontologie médiévale: R. Schönberger, *Die Transformation des klassischen Seinsverständnisses. Studien zur Vorgeschichte des neuzeitlichen Seinsbegriffs im Mittelalter*, Berlin, de Gruyter, 1986; Ludger Honnefelder, *Scientia transcendens. Die formale Bestimmung der Seiendheit und Realität in der Metaphysik des Mittelalters und der Neuzeit (Duns Scotus – Suárez – Wolff – Kant – Peirce)*, Hambourg, Meiner, 1990. Sur la critique de la métaphysique à l'époque moderne : P. Kondylis, *Die neuzeitliche Metaphysikkritik*, Stuttgart, Klett-Cotta, 1990. Sur le rapport entre ontologie et langage : T. Kobusch, *Sein und Sprache. Historische Grundlegung einer Ontologie der Sprache*, Leyde, Brill, 1987.

1. « Volk im Werden », II, 1934, p. 247; aussi dans G. Schneeberger, *Nachlese zu Heidegger. Dokumente zu seinem Leben und Denken*, édition hors de commerce, Berne, 1962, p. 225. Les italiques sont de moi.

À QUOI SERT LA GRAMMAIRE DANS LA QUESTION DE L'ÊTRE?

Dans la version de l'*Einführung in die Metaphysik* publiée en 1953[1], Heidegger a partagé le texte en quatre chapitres. (Dans la version éditée à titre posthume en 1983 par Petra Jaeger dans la *Gesamtausgabe*[2], chaque chapitre est ultérieurement divisé en paragraphes). Ayant reproposé dans le premier chapitre la question préliminaire et directrice de la métaphysique – *Warum ist überhaupt Seiendes und nicht vielmehr nichts?* Pourquoi y a-t-il de l'étant plutôt que le néant? –, il pose dans le deuxième la question de savoir si la grammaire et l'étymologie peuvent nous aider dans la recherche d'une réponse à la question de l'être.

Pourquoi s'appuyer sur la grammaire et sur l'étymologie? Parce que le verbe être – le « premier verbe » selon Schleiermacher – est utilisé dans une double fonction, qui produit dans le cours de la tradition un mélange fructueux au point de vue philosophique : la *fonction syntaxique*, dont les règles sont dépendantes de la *grammaire*, et la *fonction lexicale*, dont les contenus sont liés à l'*étymologie*[3].

Quant à la première discipline, Heidegger ne pense pas tellement à la grammaire spéculative dont il s'était occupé dans sa thèse d'habilitation (*Die Kategorien- und Bedeutungslehre des Duns Scotus*, 1915), quoique elle soit le paradigme visible de la fusion entre langage et pensée, grammaire et philosophie. Il fait référence plus simplement à l'analyse grammaticale telle qu'elle est proposée dans les manuels traditionnels basés sur le grec et le latin, utilisant notamment un ouvrage auquel il renvoyait déjà dans *Sein und Zeit*: Jacob Wackernagel, *Vorlesungen über Syntax mit besonderer Berücksichtigung von Griechisch, Lateinisch und Deutsch*, 2 vol., Birkhäuser, Bâle, t. I, 1920, 2e édition 1926; t. II, 1924, 2e édition 1928[4].

Abordant la question de l'être, Heidegger n'hésite pas à prendre comme référence le grec. Faisant allusion à la question de l'essence et de l'origine de la langue, il rappelle sa thèse bien connue sur la primauté philosophique du grec : « Cette langue (considérée en vue des possibilités de la pensée) est,

1. M. Heidegger, *Einführung in die Metaphysik*, Tübingen, Niemeyer, 1953.

2. M. Heidegger, *Einführung in die Metaphysik*, Vorlesung Sommersemester 1935, éd. P. Jaeger, Francfort, Klostermann, 1983 (*Ga.*, 40).

3. *Cf.* B. Cassin, *esti, einai*, dans B. Cassin (éd.), *Vocabulaire européen des philosophies. Dictionnaire des intraduisibles*, Paris, Seuil-Le Robert, 2004, p. 418-29.

4. La référence obligatoire est aujourd'hui Charles H. Kahn, *The Verb « Be » in Ancient Greek*, Dordrecht, Reidel, 1973. Kahn souligne – outre la fonction syntaxique et lexicale – la fonction « véritative » du verbe « être ».

à côté de l'allemand, la plus puissante et la plus spirituelle »[1]. Thèse discutable, mais partagée dans une certaine mesure et avec des analogie surprenantes par un linguiste comme Émile Benveniste qui dans ses études sur la question se propose de « montrer que la structure linguistique du grec prédisposait la notion d'« être » à une vocation philosophique »[2]. Laissant de côté la question de savoir sur quels arguments Heidegger peut fonder la primauté qu'il accorde au grec et à l'allemand, et donc la hiérarchie entre les langues et les cultures qu'il introduit de manière subreptice[3], ce qui intéresse ici c'est de savoir à quels résultats conduit l'analyse grammaticale du mot « être » basée sur le grec. Dans ses traits généraux ils sont vite résumés.

L'analyse grammaticale de dérivation grecque se base sur une conception de la langue qui considère deux parties fondamentales du discours : le nom ou substantif (ὄνομα) et le verbe (ῥῆμα). Platon dans le *Sophiste* et Aristote dans le *De interpretatione* – deux textes auxquels Heidegger a consacré des analyses approfondies – en ont donné la première définition rigoureuse :

1) selon Platon (*Soph.* 262 a-c) le nom est « expression de la chose » (δήλωμα πράγματος), le verbe « expression de l'action » (δήλωμα πράξεως) ;

2) selon Aristote (*De int.*, 2-4) le nom est « signifiant sans le temps » (σημαντικὸν ἄνευ χρόνου), le verbe « ajoute la signification du temps » (προσσημαίνει χρόνον).

Or les deux parties du discours peuvent être modifiées ou « fléchies » (ἔγκλισις) dans des déterminations particulières ultérieures que les grammairiens appellent « déclinaison » (πτῶσις) dans le cas du nom et « conjugaison » (ἔγκλισις) dans celui du verbe. Le mot « être » est un infinitif, c'est-à-dire le mode du verbe qui n'est pas défini quant à la personne (première, deuxième, troisième), au nombre (singulier ou pluriel) et au temps (présent, passé, futur). Le mode infinitif est donc celui qui exprime la signification du verbe dans les termes les plus généraux et les plus indéterminés, celui qui ne fait apparaître aucune de ses possibles spécifications ultérieures. Il est appelé en grec ἔγκλισις ἀ-παρεμφατικός, en latin *modus*

1. M. Heidegger, *Einführung in die Metaphysik*, p. 43 (*Ga.* 40, p. 61).

2. É. Benveniste, *Problèmes de linguistique générale*, Paris, Gallimard, 1966, p. 73. Les deux études fondamentales de Benveniste à ce sujet sont : *Catégories de pensée et catégories de langue* (p. 63-74) et *« Être » et « avoir » dans leur fonctions linguistiques* (p. 187-207).

3. Je renvois aux remarques critiques que j'ai proposées dans « Heidegger et la romanité philosophique », *Revue de Métaphysique et de Morale*, 2001, n. 3, p. 5-18.

infinitivus. Par le biais de l'article déterminatif, du mode infinitif abstrait « être » on dérive un substantif : « l'être », transformant par là l'acte d'être en une entité, une chose, un objet subsistant.

Heidegger ajoute également des renseignements sémantiques, indiquant qu'« être » signifie pour les Grecs « constance », « stabilité » (*Ständigkeit*) dans le double sens de :

1) φύσις, c'est-à-dire – selon son interprétation de ce terme – l'étant qui est stable car il a la puissance de s'engendrer et de s'installer dans la présence[1] ;

2) οὐσία, c'est-à-dire la « permanence », la « présence constante ».

Heidegger observe encore – sur la base des renseignements de Wackernagel, *Volesungen über Syntax*, t. I, p. 257 *sq.* – une autre particularité de l'infinitif du verbe être en grec : il a conservé longtemps ses flexions dialectales, se disant en attique εἶναι, en arcadien ἦναι, en lesbien ἔμμεναι, en dorien ἦμην, tandis que les formes conjuguées ont assumé une morphologie uniforme. Heidegger laisse ouverte la question de savoir si la survivance des flexions dialectales est à interpréter comme indication du fait qu'il s'agit d'une forme abstraite tardive, ou bien du fait qu'elle est une forme originaire sous-jacente aux flexions dialectales.

Quoi qu'il en soit, la conclusion de l'analyse grammaticale du mot « être » est plutôt négative que positive : l'infinitif est le mode qui renseigne le moins sur la sémantique du verbe, et la grammaire n'aide pas beaucoup à avancer dans la tentative de penser le sens de l'être. Il y a donc une méfiance de Heidegger face à l'usage philosophique des enseignements de la grammaire. La grammaire n'est pas une voie d'accès suffisante à la question de l'être. Au point qu'il déclarera, dans la *Lettre sur l'« humanisme »*, que la pensée et la poésie ont pour tâche de « libérer le langage de la grammaire pour la remettre à une structure essentiel plus originaire »[2].

1. Dans ce contexte Heidegger interprète le célèbre fragment 53 d'Héraclite sur le *polemos pater panton* (*Einführung in die Metaphysik*, p. 47-48 = *Ga.* 40, p. 66-67), à propos de quoi il entretint une correspondance avec Carl Schmitt (*cf.* la lettre du 22-8-1933 publiée dans M. Heidegger, *Reden und andere Zeugnisse eines Lebenswegs*, hg. von H. Heidegger, *Ga.* 16, Francfort, Klostermann, 2000, p. 156).

2. M. Heidegger, *Brief über den « Humanismus »*, dans *Ga.*, 9 (*Wegmarken*), p. 314.

UNE RÉPONSE INDIRECTE À CARNAP? LA QUESTION DU NÉANT

Pourquoi cette méfiance? Une conjecture s'impose: le chapitre en question représenterait la réponse implicite de Heidegger à Rudolf Carnap. Celui-ci – qui avait assisté à la célèbre querelle de Heidegger et Cassirer à Davos[1] – avait attaqué Heidegger dans la revue *Erkenntnis*, l'organe officiel du Cercle de Vienne qu'il dirigeait avec Hans Reichenbach, dans un article devenu célèbre: *Le dépassement de la métaphysique par l'analyse logique du langage* (*Überwindung der Metaphysique durch logische Analyse der Sprache*, II, 1931 [mais en réalité 1932], p. 219-241)[2]. Il s'agit d'une conférence donnée en novembre 1930 à l'Université de Varsovie, où Carnap montre la nécessité d'un « dépassement de la métaphysique par l'analyse logique du langage » et prend la Leçon inaugurale de Heidegger *Qu'est-ce que la métaphysique?* comme paradigme de la métaphysique cible de sa critique. Le discours heideggérien représenterait un pseudo-savoir, l'exemple négatif de tout ce qu'il ne faut pas faire en philosophie, car il se sert soit de concepts vides, auxquels ne correspond aucune signification vérifiable, soit de propositions inconsistantes du point syntaxique, telles que : *das Nichts nichtet*.

Peut importe que par la suite, « grâce à des analyses successives plus prudentes », Carnap aie atténué sa critique en précisant que sa thèse sur l'inconsistance des propositions métaphysiques ne s'applique pas :

1. *Cf.* M. Friedmann, *The Partying of the Ways. Carnap-Cassirer-Heidegger*, Chicago-La Salle, Ill., Open Court, 2000.

2. Dans un postscriptum à son article Carnap mentionne deux réactions ultérieures à la leçon inaugurale de Heidegger : celle de Oskar Kraus, un élève de Franz Brentano et Anton Marty, dans une conférence à la radio du 1 mai 1930, *Über Alles und Nichts*, ensuite publiée dans « Philosophische Hefte », II, 1931, p. 146, et celle du mathématicien David Hilbert dans la conférence *Die Grundlegung der elementaren Zahlenlehre*, donnée au mois de décembre 1930 à la Société philosophique de Hambourg et publiée dans les « Mathematische Annalen », CIV, 1931, p. 493 (Hilbert affirme : « Dans une conférence philosophique récente je trouve cette proposition : « Le Néant est la négation absolue de la totalité de l'étant ». Cette proposition est instructive parce que, malgré sa brièveté, elle exemplifie toutes les principales violations qu'on peut faire des principes établis par ma théorie axiomatique »). Le texte de Carnap est traduit dans le volume, édité par A. Soulez, *Manifeste du Cercle de Vienne et autres écrits – Carnap-Hahn-Neurath-Schlick-Waismann-Wittengstein*, Paris, P.U.F., 1985, p. 153-180. Voir aussi A. Soulez « Que reste-t-il de la métaphysique après le dépassement de « toute métaphysique »? Carnap et Heidegger », dans *Le Cercle de Vienne, doctrines et controverses*, éd. par A. Soulez et J. Sebestik, Paris, Klincsieck, 1986, p. 149-166; voir aussi C. Romano, « Une phénoménologie du néant est-elle possible? Autour de la controverse Carnap-Heidegger », dans *Il y a*, Paris, P.U.F., 2003, p. 295-344.

1) aux métaphysiques qui gardèrent un contact étroit avec les sciences de leur époque, comme la métaphysique d'Aristote ou celle de Kant;

2) aux explications métaphysiques nées à partir de l'expérience à travers des abstractions et des généralisations trop audacieuses, mais qui représentent quand même une anticipation des explications scientifiques;

3) aux métaphysiques « inductives », qui se basent sur des connaissances empiriques et en tirent des systèmes cosmologiques[1].

Peu importe, car la critique adressée contre Heidegger demeure inaltérée. De son côté, sans jamais prononcer le nom de Carnap, Heidegger essaie de montrer, comme on l'a vu, que l'analyse logico-grammaticale du terme « être » n'arrive nullement à saisir le sens profond du problème métaphysique auquel ce terme renvoie.

Que le chapitre en question soit la réponse indirecte à Carnap est explicitée dans l'édition du cours publiée à titre posthume dans la *Gesamtausgabe*, qui comprend un appendice où Heidegger déclare *expressis verbis*: « Un courant de pensée réuni autour de la revue *Erkenntnis* va encore plus loin dans la direction préfigurée en quelque sorte depuis Aristote selon laquelle l'être (*Seyn*) est déterminé et finalement annulé à partir du « est ». Ce courant entend fonder et développer pour la première fois en de termes rigoureux la logique traditionnelle avec les moyens de la mathématique et du calcul mathématique, pour construire de cette façon un langage « logiquement correct » dans lequel les propositions de la métaphysique, qui sont toutes des pseudo-propositions, deviendront dans le futur impossibles. Dans cette Revue (II, 1931) a paru un traité intitulé: *Le dépassement de la métaphysique par l'analyse logique du langage*. En celui-ci, sous couvert de la scientificité mathématique, on parachève l'extrême aplatissement et déracinement de la doctrine traditionnelle du jugement »[2].

La confirmation vient d'une autre observation acérée que Heidegger lance contre Carnap dans une glose non datée, mais vraisemblablement tardive, notée dans son exemplaire personnel de *Qu'est-ce que la métaphysique?* Elle se trouve juste en marge du passage critiqué par Carnap, celui où Heidegger transforme de manière subreptice par une

1. *Cf.* les répliques de Carnap à ses critiques, en particulier à Paul Henle et Karl Popper, dans Paul A. Schilpp (éd.), *The Philosophy of Rudolf Carnap*, La Salle, Ill., Open Court, 1963, p. 875. Voir également les précisions de Carnap dans *Remarks by the Author* (1957), dans Alfred J. Ayer (éd.), *Logical Positivism*, Glencoe, Ill., Free Press, 1959, p. 80-81.

2. M. Heidegger, *Einführung in die Metaphysik*, *Ga.*, 40, p. 227-228.

tournure soudaine l'adverbe *nichts* dans le substantif *das Nichts*[1]. Dans ce passage contesté Heidegger écrit : « Ce vers quoi se dirige la relation au monde, c'est l'étant lui-même – et rien d'autre (*und sonst nichts*). Ce dont toute attitude reçoit sa conduite directive, c'est l'étant lui-même – et rien de plus (*und weiter nichts*). Ce avec quoi advient, dans l'irruption, l'analyse qui recherche et confronte, c'est l'étant lui-même – et rien au-delà (*und darüber hinaus nichts*). [...] Ce que la recherche doit pénétrer, c'est simplement « ce qui est », et en dehors de cela – rien (*und sonst – nichts*) : uniquement « ce qui est », outre cela – rien (*und weiter – nichts*) : exclusivement « ce qui est », et au-delà – rien (*und darüber hinaus – nichts*). Qu'en est-il donc de ce Rien *(dieses Nichts)* ? »[2].

Or, dans la glose mentionnée Heidegger déclare avoir emprunté la formule « et rien d'autre » et ses variantes à Hyppolite Taine, c'est-à-dire à un penseur positiviste, ancêtre de Carnap[3].

En 1964 il confirmera encore une fois son irréductible opposition à Carnap dans l'appendice à la conférence *Phénoménologie et théologie*, où il définit sa position et celle de Carnap comme les deux « positions antagonistes extrêmes » de la philosophie contemporaine[4].

Au-delà de la polémique, quant à la question de l'être et de la métaphysique l'enjeu du différend est clair : Carnap se préoccupe d'établir les *conditions de la validité* du discours philosophique ; Heidegger, abstraction faite du problème de la validité du discours, entend montrer comment se produisent, en franchissant parfois les limites du langage, de nouvelles *ouvertures de sens*, des sémantiques épocales.

1. *Cf.* J. Taubes, *Vom Adverb « nichts » zum Substantif « Das Nichts »*, dans *Vom Kult zur Kultur. Bausteine zu einer Kritik der historischen Vernunft*, Munich, Fink, p. 160-172. Voir également G. Gabriel, *Heidegger und Carnap*, « Deutsche Zeitschrift für Philosophie », XLVIII, 2000, p. 487-497.

2. M. Heidegger, *Was ist Metaphysik ?, Ga.*, 9, *Wegmarken*, p. 105.

3. Le passage de Taine auquel Heidegger fait allusion se trouve dans la *Philosophie de l'art*, 13e édition, Paris, Hachette, 1909, p. 12. Le voici : « Mon seul devoir est de vous exposer des faits et de vous montrer comment ces faits se sont produits. La méthode moderne que je tâche de suivre, et qui commence à s'introduire dans toutes les sciences morales, consiste à considérer les œuvres humaines, et en particulier les œuvres d'art, comme des faits et des produits dont il faut marquer les caractères et chercher les causes ; rien de plus. Ainsi comprise la science ne proscrit ni ne pardonne ; elle constate et explique ». – Dans une lettre à sa femme Elfride du 11 août 1936, Heidegger lui demande de chercher l'ouvrage dans la bibliothèque de la maison de Fribourg et de l'envoyer à la Hütte (M. Heidegger, *« Mein liebes Seelchen ! ». Briefe Martin Heideggers an seine Frau Elfride, 1915 – 1970*, hg. von Gertrud Heidegger, Munich, Deutsche Verlags-Anstalt, 2005, p. 192). Je remercie Jean-François Courtine pour m'avoir signalé le passage de Taine.

4. M. Heidegger, *Phänomenologie und Theologie*, *Ga.*, 9, *Wegmarken*, p. 70.

LA « MERVEILLE DES MERVEILLES » : QUE L'ÉTANT EST

À ce propos il vaut la peine de rappeler une remarque intéressante de Wittgenstein, faite le 30 décembre 1929 chez Moritz Schlick à Vienne, notée par Friedrich Waismann et publiée intégralement après la mort de celui-ci sous le titre *Zu Heidegger* [*À propos de Heidegger*] [1]. Au début de sa remarque, Wittgenstein déclare: « Je peux bien m'imaginer ce que Heidegger entend avec être (*Sein*) et angoisse (*Angst*). L'homme donne du front contre les bornes du langage. Pensez par exemple lorsqu'on s'étonne que quelque chose existe. Cet étonnement ne peut pas s'exprimer sous la forme d'une question et il n'y a pas davantage de réponse. Tout ce que nous voudrions dire ne peut être, *a priori*, que non-sens. Malgré cela, nous donnons du front contre les bornes du langage ».

Il est intéressant que Wittgenstein – avec Frege le principal inspirateur du néo-positivisme logique du Cercle de Vienne et de la philosophie analytique – se prononce ici à propos de Heidegger donnant un sens positif à deux concepts heideggériens cardinaux tels qu'« être » et « angoisse ». Il apprécie – semble-t-il –la transgression linguistique heideggérienne, cible de la polémique néo-positiviste carnapienne, comme un « donner du front contre les bornes du langage » qui serait expression de la tendance métaphysique inhérente à l'homme.

Ce qu'il accepte est notamment la nouvelle manière heideggérienne de concevoir la motivation originale dont surgit le questionnement métaphysique qui, allant au-delà de l'étant, s'interroge sur son être. Il accepte en particulier le rapport que Heidegger établit entre l'« angoisse » et la possibilité de faire expérience de l'« être ». La nouveauté introduite par Heidegger consiste en ceci, qu'il ne définit pas la métaphysique en de termes

1. Avec le commentaire de Brian McGuinness dans le IIIe volume des Œuvres complètes : *Wittgenstein und der Wiener Kreis. Gespräche, aufgezeichnet von Friedrich Waismann*, Francfort, Suhrkamp, 1967 ; édition anglaise, Oxford, Blackwell, 1967 , édition et traduction française dans le volume *Wittgenstein et le Cercle de Vienne*, Mauvezin, TER, 1991, trad. G. Granel. La remarque *Zu Heidegger* se trouve aux p. 68-69, précédée par l'observation *Anti-Husserl* et suivie d'une autre sur Dedekind. Voir également l'édition américaine avec le commentaire de Michael Murray? *Id.* (éd.), *Heidegger and Modern Philosophy. Critical Essays*, New Haven-London, Yale University Press, 1978, p. 80-83. La note avait été publiée auparavant dans la *Philosophical Review* (LXXIV, 1965, p. 3-27) et dans les *Lectures and Conversations on Ethics, Aestetics, Psychology and Religious Belief* (Oxford, Blackwell), mais avec l'omission de l'intitulée et de la première phrase faisant référence à Heidegger. Sur la censure du nom de Heidegger, *cf.* F. Volpi, *Heidegger et Wittgenstein : le « dépassement » de la métaphysique entre philosophie analytique et philosophie continentale*, dans J.-M. Narbonne, L. Langlois (éd.), *La métaphysique. Son histoire, sa critique, ses enjeux*, Paris-Québec, Vrin-P.U.L., 1999, p. 61-89.

historiographiques, dans les formes et les figures sous lesquelles elle s'est à la fois présentée, mais il essaie de la déterminer dans son essence et dans sa motivation originaire. Or, l'essence propre à la métaphysique est au juste de questionner autour de l'*étant en tant qu'étant*, donc non pas en tant qu'il se présente sous tel ou tel aspect particulier, mais *en relation à son être*. La métaphysique dépasse la considération naturelle de l'étant dans sa donnée immédiate et « saute » dans une attitude philosophique où l'on voit le mode d'*être* de l'étant. Qu'est-ce qui provoque le saut d'une attitude à l'autre ? Quelle est la motivation originaire de la métaphysique ?

Dans la tradition on a interprété ce passage de différentes manières. Selon la phénoménologie husserlienne, par exemple, à laquelle Heidegger se rattache et s'oppose à la fois, on passe de l'attitude naturelle immédiate à celle philosophique (phénoménologique) à travers l'*épochè,* c'est-à-dire par un exercice technique, par une sorte de « fiction » que le philosophe professionnel effectue et par laquelle il met entre parenthèses la vision quotidienne du monde et saisit, au fondement de celle-ci, les opérations sécrètes nécessaires pour constituer notre expérience du monde, qui ne sont pas visibles à l'attitude naturelle.

Chez Heidegger, par contre, la motivation au philosopher ne jaillit pas d'un acte intellectuel supérieur aussi sophistiqué que l'*époché*, mais il est provoqué par une espèce de *conversion* qui se produit au cœur de l'être humain, dans les couches les plus profondes de sa réalité, et qui le pousse à s'interroger et à mettre en question les choses et leur sens. L'expérience de l'étant dans sa totalité, dont surgit la question concernant son *quid est* et son mode d'être, ne se forme pas selon Heidegger dans un horizon simplement théorique, c'est-à-dire lorsque la question sur l'étant dans sa totalité est posée en de termes neutres, constatifs et véritatifs. Elle est vraiment radicale seulement là où le questionnement résulte d'un trouble qui concerne le *Dasein* entier, quand il est engendré non pas par un acte de volonté particulier mais par quelque chose qui monte de sa *Gestimmtheit* de fond : alors, « au moment où l'on s'y attend le moins », tout apparaît dans une lumière différente et le sens familier de l'étant dans son ensemble s'évanouit, change ou se renverse. La *Stimmmung* qui procure cet arrêt et cette expérience est pour Heidegger l'angoisse, dont il exploite la fonction ontologiquement révélatrice. Si le questionnement métaphysique de l'étant a son origine à ce niveau profond, alors le besoin métaphysique qui s'enracine au plus profond de l'existence se situe avant la description logico-scientifique de l'étant. Dans cette perspective l'analyse grammaticale du mot « être » n'est pas suffisante. Il vaut mieux se laisser aller à la tendance, contradictoire mais inévitable, à donner du front contre les bornes du langage, c'est-à-dire à violer les règles de la descriptibilité rigoureuse, afin d'exprimer l' « être » inexprimable qui ne se laisse pas contenir dans la forme logique.

Wittgenstein peut nous aider à éclaircir l'intention de Heidegger. Pour illustrer la tendance à dépasser les limites du langage, Wittgenstein nous invite à penser non pas à des entités transcendantes – le concept de Dieu – mais plutôt à la simple « merveille (*Wunder*) que quoi que ce soit existe »[1]. Le fait qu'il y a quelque chose plutôt que rien – « mon premier et principal exemple », dit Wittgenstein dans la *Lecture on Ethics* en un parallèle surprenant avec l'*Einleitung in die Metaphysik* de Heidegger – suscite en nous un étonnement qui « ne peut pas s'exprimer sous la forme d'une question » et auquel « il n'y a pas davantage de réponse ». Et il conclut sa remarque : « Tout ce que nous voudrions dire ne peut être, *a priori*, que non sens. Malgré cela, nous donnons du front contre les bornes du langage »[2].

D'une part Wittgenstein met en évidence que, par rapport à l'étonnement naturel et légitime face à tel ou tel autre aspect du monde, au « comment il est », l'étonnement vis-à-vis de la simple existence du monde représente quelque chose de paradoxal : « C'est un non-sens de dire que je m'étonne de l'existence du monde car je ne peux pas imaginer qu'il n'existe pas. Naturellement je pourrais m'étonner que le monde qui m'entoure soit tel qu'il est. Par exemple, si je faisais cette expérience en regardant le ciel bleu, je pourrais m'étonner que le ciel soit bleu au lieu qu'être nuageux. Mais ce n'est pas là ce que je désigne en esprit. Je m'étonne du fait qu'il y a du ciel, *quel qu'il soit* »[3].

D'autre part, il soutient que ce paradoxe est inévitable car « un certain type caractéristique d'emploi abusif de notre langage se retrouve à travers *toutes* nos expressions éthiques et religieuses »[4].

À la rigueur, donc, c'est-à-dire dans les limites et selon les règles de la description logique, il n'est pas correct d'affirmer que nous nous étonnons de l'existence du monde. Pourtant, pour exprimer le sentiment et l'exigence éthico-métaphysico-religieuse qui est au fondement de cette expérience, nous continuons à le faire.

La solution suggérée par Wittgenstein est que ce paradoxe révèle l'écart profond qui sépare les deux manières possibles de voir les choses : pourquoi voyons-nous le monde parfois sous la forme rigoureuse de la

1. L. Wittgenstein, *Conférence sur l'éthique*, dans *Leçons et conversations*, Paris, Gallimard, 1971, 1992, p. 149.

2. *Ibid.*, p. 148.

3. *Ibid.*, p. 150.

4. *Ibid.*, p. 151.

logique, parfois au contraire nous nous donnons l'illusion de le percevoir selon l'ordre inexplicable de la magie, de la merveille et même du miracle? Comment sautons nous de l'une à l'autre modalité de considération? Et quel est leur rapport? Wittgenstein insiste sur l'écart entre l'exprimable et l'inexprimable, entre la logique et l'éthique, entre la vie comme mécanique et la vie comme sens[1]. D'où la possibilité de la tendance métaphysique inhérent à la finitude humaine.

Or c'est justement l'impossibilité de saisir et d'exprimer sur le plan logico-théorique le sens de l'étant dans sa totalité, donc son être, qui conduit Heidegger à refuser la solution traditionnelle du problème métaphysique: le sens de l'être ne se laisse pas réduire à la dimension catégoriale-discursive, à l'horizon de la grammaire, mais se montre plutôt par le biais d'une disposition émotive ontologiquement révélatrice telle que l'angoisse. C'est dans cet esprit que Heidegger se pose de nouveau – dans *Was ist Metaphysik?* et dans l'*Einleitung in die Metaphysik* – la grande question métaphysique formulée par Leibniz, reprise par Schelling et aussi par Wittgenstein: *Warum ist überhaupt Seiendes und nicht vielmehr Nichts?* Pourquoi y a-t-il de l'étant et non pas plutôt le néant[2]?

Dans la *Postface* (1943) à *Qu'est-ce que la métaphysique?* Heidegger définit la capacité d'être concerné par le néant et de s'étonner de l'existence des choses comme une qualité de l'être humain: «La disponibilité à l'angoisse [c'est-à-dire la disponibilité à s'ouvrir à l'expérience du néant comme négation de l'étant en sa totalité] est le oui à l'insistance dans la satisfaction de l'exigence la plus haute, qui seule saisit l'essence de l'homme. L'homme, unique parmi tous les étants, appelé par la voix de l'être, fait l'expérience de la merveille de toutes les merveilles: *que* l'étant *est*»[3].

1. *Mutatis mutandis*, un paradoxe similaire se trouve chez Kant: pourquoi le monde nous apparaît, d'un côté, comme soumis à l'ordre inébranlable de la causalité, de l'autre pourquoi voulons-nous penser que soit possible cette «chimère qu'il vaut la peine de penser», à savoir qui est la liberté? – Et il se trouve, dans une autre variation métaphysique, chez Schopenhauer: comment est possible, dans son unité, cet étrange allotrope qu'est le monde pensé comme représentation et comme volonté?

2. Également Bergson, James, Carlyle et Simmel y font allusion. Comme Jean-François Courtine me l'indique, une première formulation se trouve chez Siger de Brabant: *si vero quaeratur de tota universitate entium, quare magis est in eis quam nihil*.

3. M. Heidegger, *Nachwort zu « Was ist Metaphysik? »*, *Ga.*, 9 (*Wegmarken*), p. 307.

L'ÉTYMOLOGIE ET SON USAGE PHILOSOPHIQUE

Dans la seconde partie du chapitre en question Heidegger entreprend une analyse étymologique du mot «être» visant à remonter au sens originaire du terme et à déterminer son contenu lexicale. On sait qu'il aimer faire l'étymologie des concepts philosophiques capitaux et qu'il utilisait systématiquement des instruments classiques tels que le *Kittel* pour le grec[1], le dictionnaire des frères Grimm et le *Kluge* pour l'allemand[2], le *Porkorny* pour les langues indo-européennes en général[3].

D'où vient cet intérêt pour l'étymologie comme instrument au service de la philosophie? Heidegger renvoie lui-même à l'enseignement de Carl Braig (*10-2-1853 Kanzach bei Buchau, Württemberg – †24-3-1923 Freiburg i. Br.), professeur de philosophie et théologie à l'université de Freiburg, dont il suivit en particulier les cours d'*Introduction à la dogmatique* (semestre d'hiver 1910/11) et de *Cosmologie théologique* (semestre d'été 1911): «Dans ma dernière année au lycée – se souvient-il – j'étais tombé sur l'écrit de Carl Braig, à l'époque professeur de dogmatique à l'université de Fribourg, *Vom Sein. Abriß der Ontologie*. Il avait paru en 1896 quand Braig était professeur extraordinaire de philosophie à la Faculté théologique de Fribourg. Chacun des chapitres principaux de l'écrit comportait à la fin des morceaux assez longs tirés des textes d'Aristote, Thomas d'Aquin, Suárez, et davantage *l'étymologie des concepts ontologiques capitaux*»[4].

Mais c'est surtout après l'échec de la grammaire et du langage de la métaphysique dans *Sein und Zeit*, auquel il fait allusion dans la *Lettre sur l'« humanisme »*[5], que Heidegger commence à exploiter l'étymologie comme voie d'accès pour aborder les questions philosophiques. Le chapitre ici en question de l'*Einleitung in die Metaphysik* représente le première occurrence importante de cet usage philosophique de l'étymologie, qui

1. Gerhard Kittel, *Theologisches Wörterbuch zum Neuen Testament*, continuée par Gerhard Friedrich, Kohlhammer, Stuttgart 1933-1979, qui donne pour chaque terme grec, dans la première partie de chaque entrée, l'histoire de sa signification et de son usage d'Homère jusqu'à l'époque chrétienne. Entre outre, Rudolf Bultmann participa à l'entreprise.

2. J. et W. Grimm, *Deutsches Wörterbuch*, Leipzig, Hirzel, 1854-1960; Friedrich Kluge, *Etymologisches Wörterbuch der deutschen Sprache*, Berlin, de Gruyter, 1883 (mis à jour par Alfred Götze (à partir de 1910) et Walther Mitzka (à partir de 1957).

3. A. Walde, J. Pokorny, *Vergleichendes Wörterbuch der indogermanischen Sprachen*, Berlin, de Gruyter, 1927-1932. (Par la suite: Julius Pokorny, *Indogermanisches etymologisches Wörterbuch*, Tübingen-Bâle, Francke, 1959, 3e édition 1994).

4. M. Heidegger, *Mein Weg in die Phänomenologie*, dans *Zur Sache des Denkens*, Tübingen, Niemeyer, 1969, p. 81-82. Les italiques sont de moi.

5. Cf. *Brief über den « Humanismus »*, *Ga*. 9, *Wegmarken*, p. 328.

deviendra de plus en plus important dans la dernière étape de sa pensée. Car – selon l'attitude face au langage qu'il exprime dans la conclusion de la *Lettre sur l'« humanisme »* et qu'il confirme dans l'entretien avec Richard Wisser de 1969[1] – dans l'effort de penser l'être il s'agit moins d'inventer une nouvelle terminologie, comme dans *Sein und Zeit*, que de cultiver la langue et de faire attention à la lettre et au sens originaire des mots, ce qui serait même plus important que la philosophie.

Est-il possible de légitimer un usage philosophique de l'étymologie? La question appartient à ce genre de problèmes qui n'ont pas de solution mais seulement une histoire. À ce propos il vaut la peine de renvoyer à une de ses premières formulations, que Heidegger ne mentionne pas, mais qui est cependant très intéressante: celle contenue dans le traité *De lingua Latina*, en 25 livres, de Marcus Terentius Varron (116-27 a. C.). En particulier au début de la partie conservée de l'ouvrage (livres V-X), précisément au livre V, 7-8, Varron consacre bien des considérations à éclaircir la fonction de l'étymologie et déclare qu'elle prévoit quatre degrés d'interprétation (*quattuor explanandi gradus*) susceptibles de conduire jusqu'à la connaissance des mots :

1) *quo populus etiam venit*: « où même le peule peut arriver », c'est-à-dire le niveau des étymologies les plus simples, tout à fait évidentes, comme *argentifodinae*, « mines d'argent », mot qui vient de *argentum* et *fodina*;

2) *quo grammatica ascendit antiqua* : « où remontèrent les grammairiens de l'antiquité », c'est-à-dire les alexandrins qui commentaient les classiques essayant d'expliquer les étymologies des mots difficiles;

3) *quo philosophia ascedens pervenit*: « où la philosophie parvint à remonter », c'est-à-dire la philosophie des Stoïciens qui recherchaient les raisons pour lesquelles un signifié déterminé était exprimé par un signifiant correspondant.

4) *ubi est adytum et initia Regis*: « où se trouvent le sanctuaire et les origines des temps du Roi », c'est-à-dire où on rejoint le mystère de la genèse du langage.

Varron déclare que le dernier degré est tellement haut qu'il ne peut le concevoir que comme limite à laquelle il lui est impossible d'arriver. Sa

1. Cf. *Brief über den « Humanismus »*, *Ga.* 9, *Wegmarken*, p. 364 et *Martin Heidegger im Gespräch* (17-9-1969) dans *Ga.* 16, *Reden und andere Zeugnisse eines Lebenswegs*, p. 709.

recherche s'arrête donc au deuxième et au troisième degré, là où un certain usage philosophique de l'étymologie, quoique limité, paraît possible[1].

Dans le cas du mot « être » l'étymologie nous aide-t-elle à avancer dans la position et dans l'éclaircissement du problème? Heidegger résume les indications qu'on retrouve dans les dictionnaires mentionnés rappelant les trois racines et les significations correspondantes : *es* « vivre », **blu/*bheu* « s'épanouir », *wes* « demeurer ». Ce sont des indications qui se trouvent d'ailleurs déjà chez Braig, dans le traité *Vom Sein*, que Heidegger avait lu et utilisé dans sa jeunesse[2].

Mais, comme pour la grammaire, de même pour l'étymologie la conclusion de Heidegger est négative: les trois significations qu'elle indique se sont mélangées et perdues dans le concept abstrait d'être, qui est aujourd'hui dominant et qui détermine l'oubli de l'être[3].

1. Parmi les documents les plus intéressants sur ce problème, *cf.* le bref traité de Johannes Clauberg, *Ars etymologicva Teutonum e philosophiae fontibus derivata*, Duisburg 1663, repris dans Leibniz, *Collectanea etymologica*, Hanovre, Foerster, 1717.

2. *Cf.* C. Braig, *Vom Sein. Abriß der Ontologie*, Fribourg, Herder, 1896, p. 20 (Braig cite comme source Georg Curtius, *Griechische Etymologie*, p. 375-376, 304-305).

3. Johannes Lohmann a essayé, à partir de Heidegger, de développer systématiquement une linguistique philosophique, « spéculative »: *Philosophie und Sprachwissenschaft*, Berlin, Duncker & Humblot, 1965, 2e édition 1975.

CHAPITRE VI

LE DRAME DE LA Φύσις DANS L'*INTRODUCTION À LA MÉTAPHYSIQUE*

> Il nous faut reconnaître dans la scission, en apparence indifférente, entre *l'être et la pensée* l'attitude fondamentale de l'esprit de l'Occident et c'est contre elle qu'est dirigée notre véritable attaque [1].

L'*Introduction à la métaphysique* de 1935[2] est moins une introduction historique ou systématique à la métaphysique que le récit d'une « préhistoire » qui aurait conduit à l'instauration d'un mode de pensée « métaphysique », où Heidegger veut voir l'ancêtre direct de la technique, du nihilisme et par là de notre détresse contemporaine. Il se propose de surmonter cette détresse et, par conséquent, la métaphysique (même s'il n'est pas encore question en 1935 d'un « dépassement de la métaphysique »[3]) en racontant pour la première fois les grandes lignes de cette

1. *Introduction à la métaphysique*, 89/125.

2. Dans ce qui suit, nous citerons l'*Introduction à la métaphysique* en donnant la pagination du tome 40 de la *Ga.*, et entre crochets droits [...] celle de l'édition Tübingen, Niemeyer, 1966[3], puis celle de la traduction Kahn, même si toutes les traductions sont les nôtres.

3. En 1935, le terme de « métaphysique » est souvent encore employé en un sens positif, surtout comme adjectif, quand Heidegger vise à souligner une profondeur particulière. C'est d'une manière tout à fait positive qu'il dira des Allemands qu'ils sont « le peuple métaphysique » (*Einführung in die Metaphysik, Ga.* 40, 41 [Niemeyer 29]; *Introduction à la métaphysique*, trad. fr. p. 49), qu'il dira de notre existence qu'elle a besoin d'une tout autre « profondeur métaphysique » (115 [82]/ 116), que la question de l'homme n'est pas une affaire anthropologique, mais « méta-physique » (149 [107]/147), que le terme de justice doit être compris à partir de son « contenu métaphysique essentiel » (169 [123]/166) et que la

préhistoire. On mesure l'ambition du propos : cette histoire serait restée totalement inconnue jusqu'à Heidegger, qui serait ainsi le premier penseur à nous révéler la trame secrète qui aurait présidé à notre destin, celui de la pensée occidentale, devenue planétaire. Mais la prétention ne Heidegger ne s'arrête pas là. Son propos n'est pas qu'historique, il se veut aussi thérapeutique. Le récit ou la re-prise (*Wiederholung*) de cette histoire doit nous aider à vaincre notre détresse en ouvrant un nouveau commencement, dont Heidegger se veut aussi le premier héraut (je résiste ici à un calembour trop facile).

Il s'agit cependant d'une préhistoire un peu singulière. Elle ne s'est pas vraiment déroulée au cours de l'histoire ou même « avant » l'histoire proprement dite, même si ses plus grands protagonistes sont des auteurs préplatoniciens (on ne dira pas « présocratiques », car Socrate n'existe pas vraiment pour Heidegger). Cette « préhistoire » apparaît plutôt scandée par ce que l'on peut appeler le grand drame de la φύσις tel que Heidegger se le représente. Notre destin occidental aurait tout à voir avec ce maître mot de la pensée grecque, dont Heidegger prétend aussi être le premier à cerner le sens originaire. Bien que caractéristique de l'expérience spécifiquement grecque de l'être, ce sens se serait néanmoins perdu dès les Grecs, et plus particulièrement avec Platon et Aristote, que Heidegger associe clairement au déclin (*Verfall*) de la pensée grecque qui aurait connu son apogée avec Parménide, Héraclite, mais aussi Sophocle.

Cette méditation sur la φύσις comporte en outre des conséquences « politiques » en 1935, et justement, souligne Heidegger, parce que « nous osons nous atteler à la grande et longue tâche qui consiste à nous dégager (*abtragen*) d'un monde devenu ancien, et que nous cherchons à bâtir d'une manière véritablement nouvelle, c'est-à-dire historique » (*Ga.* 40, 134/134). L'allusion au « sursaut » allemand de 1933 tombe sous le sens. Mais en toute justice il faut reconnaître qu'elle ne s'y réduit peut-être pas pour Heidegger. C'est qu'il y va moins chez lui d'un tournant « politique » que d'un tournant « historique », au sens fort que Heidegger reconnaît à ce terme. Il demeure qu'il a bel et bien voulu l'associer, l'*Introduction à la métaphysique* en témoigne à toutes ses pages, à la « grandeur interne » du « mouvement » national-socialiste, où il voyait alors une riposte à la vision moderne et rationaliste du monde. Je ne le rappelle pas afin de discréditer l'entreprise de Heidegger, mais simplement

pensée grecque renferme les conditions de possibilité « métaphysiques » de tout classicisme (194/189). Voir aussi p. 211 [154]/205 ; il s'agit de la conclusion du cours : « vu d'un point de vue métaphysique, on peut dire que nous titubons ».

pour rappeler les convictions qui l'animaient à l'époque. En un sens, ces convictions ne l'ont peut-être jamais quitté, même après l'effondrement du national-socialisme. À ses yeux, son erreur – sa « fatalité » – aura été d'associer ses espoirs « historiques » au mouvement nazi. Mais l'idée qui ne l'a jamais abandonné est celle de la nécessité d'un « tournant », c'est-à-dire d'une révolution fondamentale de notre rapport à l'être, susceptible de renverser ou de mettre en question la tendance fondamentale de la tradition occidentale, celle qui vise à « dompter » la φύσις en la soumettant à la logique de la pensée. L'*Introduction à la métaphysique* livre sans doute le témoignage le plus éloquent de cette histoire secrète et de ses aboutissements vaguement « politiques ». Le drame de la φύσις est donc aussi celui de Heidegger.

Dans ce qui suit, je me concentrerai sur l'histoire secrète de la φύσις telle qu'elle se met en scène dans l'*Introduction à la métaphysique*. Je ferai ressortir à la fois sa logique, son fond de vérité, mais aussi, voire surtout son caractère problématique.

Comme cela n'est pas rare chez lui, le cours de 1935 s'ouvre sur des considérations générales sur le caractère un peu intempestif (*unzeitgemäß*) du questionnement philosophique. En se demandant « pourquoi y a-t-il de l'être et non pas rien ? », le philosophe affronte certes la question la plus large, la plus profonde et la plus originaire qui soit, mais ce n'est pas une question qui puisse répondre à des impératifs immédiats, d'ordre technique ou culturel. Il n'en demeure pas moins, et Heidegger le souligne expressément, que la philosophie, « conformément à son essence », doit être « une ouverture pensante (*denkerische Eröffnung*) des voies et du champ de vision du savoir qui pose la mesure et le rang, dans lequel et à partir duquel un peuple comprend et accomplit son existence au sein du monde historique et spirituel, ce savoir qui enflamme tout questionnement et toute évaluation, qui à la fois le menace et le nécessite » (12/23).

On remarque déjà l'ambiguïté, au reste constante chez Heidegger : la philosophie se situe d'emblée au-delà des exigences quotidiennes du temps présent (15/25), mais elle n'en a pas moins à « ouvrir » par la pensée les voies d'intelligence du présent. Cette ambiguïté n'est pas dépourvue de logique : si la philosophie s'inscrit dans son temps, et dans celui d'un peuple, c'est pour en mettre en question ses évidences les plus convenues. Cela sera également vrai de l'histoire de la φύσις ; c'est afin de mieux comprendre les voies d'intelligibilité du présent que cette histoire secrète doit être rappelée.

Afin de marquer ce statut « extra-ordinaire » de la philosophie, Heidegger se réclame volontiers de deux mots de Nietzsche : « le philosophe est un homme qui éprouve sans cesse des choses extraordinaires, qui les voit, les entend, les suspecte, les espère, les rêve… » ; « la philosophie, c'est la vie volontaire dans les glaces et les hautes montagnes » (15/25). On devine sans peine que Heidegger, dans l'autostylisation qui n'est pas non plus rare chez lui, entend s'identifier avec cette description, se reconnaissant dès lors à lui-même un statut d'exception…

C'est tout de suite après cette description héroïque du philosophe que tombe la première allusion à la φύσις dans le cours de Heidegger :

> À l'époque du premier et décisif déploiement de la philosophie occidentale chez les Grecs, par lequel la question à propos de l'étant comme tel dans son ensemble a connu son véritable commencement, on nommait l'étant φύσις (15/25-26).

Il s'agit là d'une pure déclaration de la part de Heidegger, car rien ne vient vraiment l'attester. Certes, chacun y reconnaîtra le grand thème des « présocratiques », qu'Aristote qualifiait déjà de φυσιολόγοι (pour utiliser un terme qui convient très bien à la marche générale du cours de 1935, mais qui n'y sera pas évoqué). Mais si on le dit, depuis Aristote, c'est pour signifier que les penseurs présocratiques cherchaient avant tout à « expliquer » la nature, et à partir d'un principe. Ce n'est certainement pas en ce sens que l'entend Heidegger. C'est même le contraire qui est vrai pour lui : au lieu de vouloir l'expliquer, les présocratiques ont plutôt su accueillir, selon lui, cet événement et ce mystère de la φύσις. Ce serait même leur grande vertu.

Heidegger nous met expressément en garde contre la traduction de φύσις par nature :

> On a coutume de traduire ce mot grec fondamental pour l'étant par « nature ». On utilise alors la traduction latine *natura*, qui veut dire « être né », « naître ». Mais par cette traduction latine, la teneur originaire du terme grec de φύσις se trouve refoulée (*abgedrängt*) en sorte que la force d'appellation philosophique du terme grec se trouve détruite. Cela n'est pas seulement vrai de la tradition latine de ce terme précis, mais de toutes les autres traductions de la langue des philosophes grecs dans la langue romaine. Ce processus de la traduction du grec vers le romain (*ins Römische*) n'est pas quelconque ni inoffensif, il constitue le premier épisode dans le verrouillage et l'aliénation de l'essence originaire de la philosophie grecque (16/26).

Heidegger déverse ici tout son fiel contre la traduction du grec « en romain » (comme si le romain était une langue…). Aversion bien connue, mais que Heidegger ne se donne pas toujours la peine de fonder. Il est clair que son propos est de remonter à ce qu'il tient pour « l'essence originaire » de la pensée grecque. Mais la question que l'on doit se poser est de savoir s'il est possible de remonter à cette « essence originaire » sans la traduire dans une langue que l'on est à même de comprendre. Un mot grec comme tel, φύσις, λόγος, νοῦς, μῦθος, etc. demeure inintelligible s'il n'est pas traduit, du moins en pensée, dans notre langue. À cet égard, je pense qu'il reste indiqué de s'inspirer des auteurs latins (que nous restons, en un sens), et en particulier de Cicéron, qui ont fait l'effort, tout à fait conscient, de traduire les termes grecs dans leur langue [1]. De quel droit peut-on décréter *a priori* que ces traductions sont toujours catastrophiques ? Il est du reste assez piquant de noter que la traduction latine de φύσις par *natura*, donc par l'idée de naissance et de surgissement, a justement retenu un aspect de la φύσις que Heidegger juge lui-même fondamental.

Heidegger traduit lui-même le terme de φύσις en allemand, confirmant qu'un terme grec qui n'est pas traduit n'a pas été compris. Cette traduction commande d'ailleurs toute son intelligence de la φύσις, mais dont il est permis de se demander si elle est vraiment conforme à la φύσις telle que l'ont pensée et décrite les Grecs.

Il est en effet frappant de remarquer que Heidegger ne s'appuie pas vraiment sur le témoignage direct des penseurs grecs pour nous dire ce qu'il faut entendre par φύσις [2]. Son intelligence de la φύσις, il la puise plutôt dans les dictionnaires d'étymologie grecque, le *Kluge* pour ne pas le nommer, qui associent la φύσις à l'idée de « croissance » et de jaillissement : φύσις viendrait du verbe φυεῖν, qui veut dire « engendrer » et, par conséquent, « faire croître ».

Heidegger en fera ses choux gras. Seulement, dans tout le passage où il est question de la signification originaire de la φύσις, on ne trouve aucune citation des penseurs grecs classiques, tout physiologues fussent-ils. Une seule référence sera donnée, à la *Métaphysique* d'Aristote (Γ, 1, 1003 a 27), où l'on pourrait encore selon Heidegger entendre un écho de cette signification originaire, mais le moins que l'on puisse dire est que la référence n'est pas vraiment probante, car le texte d'Aristote dit seulement qu'il faut rechercher les principes conformément à leur propre nature.

1. Voir à ce sujet mon étude « L'avenir de la philosophie est-il grec ? », dans C. Collobert (dir.), *L'avenir de la philosophie est-il grec ?*, « Noêsis », Montréal, Fides, 2002, p. 65-78.

2. Si je le dis, c'est que l'*Introduction à la métaphysique* aura par ailleurs le souci de justifier le bien-fondé de certaines des lectures qu'elle proposera des termes grecs. C'est le cas notamment du λέγειν entendu comme rassemblement (133 [95]/133) : « à titre d'exemple pour la signification originelle de λέγειν comme « rassemblement » on peut s'inspirer d'un passage d'Homère dans l'*Odyssée*, XXIV, 106… ». Rien de comparable cependant pour la φύσις.

Force est donc de s'en remettre à la traduction ou description que Heidegger propose lui-même :

> Que dit le mot de φύσις? Il dit ce qui s'épanouit à partir de soi (*das aus sich Aufgehende*) (par exemple l'épanouissement d'une rose), l'action de se déployer en s'ouvrant et, dans un tel déploiement, de faire son apparition, de se tenir dans cet apparaître et d'y demeurer, en bref, il dit : le règne (de ce) qui s'épanouit et qui dure (*das aufgehend-verweilende Walten*)[1] (16/26).

Le terme clef est ici le verbe « *aufgehen* », qui exprime l'idée d'une émergence ou d'une éclosion. Le premier exemple de Heidegger est celui de l'épanouissement d'une rose (pourrait-il s'agir, au fait, d'un exemple grec ? Je n'en suis pas sûr). L'idée fondamentale est celle d'un autodéploiement qui se « lève » de lui-même (*aus sich*), donc sans être produit (mais c'est peut-être oublier que la première signification du verbe φυεῖν est celle d'engendrer). La φύσις vient ainsi s'opposer ce qui est posé (θέσις) par un produire humain. Suivant la vision de Heidegger, cette émergence de la φύσις se retrouve partout pour les Grecs : « la φύσις comme émergence peut être éprouvée partout, dans les événements du ciel (le lever du soleil), dans le roulement des vagues, dans la croissance des plantes, dans la naissance de l'animal et de l'homme » (16/27).

Mais il est une autre connotation de cette idée d'émergence qui aura une importance déterminante pour le drame de la φύσις. C'est que le verbe *aufgehen* dit le plus souvent en allemand un jaillissement *pour quelqu'un*, évoqué au datif : *mir geht etwas auf.* C'est une expression que l'on utilise couramment pour signifier que l'on s'avise de quelque chose. C'est donc toujours pour un regard qu'il y a émergence ou surgissement. Tout le drame se jouera d'ailleurs ici aux yeux de Heidegger : le regard s'emparera brutalement de cette émergence qui est à l'origine un pur autodéploiement, un se-manifester qu'est l'être lui-même. Car c'est là l'idée fondamentale de Heidegger : la φύσις n'est pas seulement l'émergence de l'être, elle est l'être lui-même (17/27), le nom propre de l'être.

Cette émergence veut dire que l'être se porte « de lui-même » à la lumière et à l'apparaître. Ce lien serait déjà suggéré par la proximité, souvent soulignée par Heidegger, entre φύσις et les termes φῶς (lumière) et φαίνεσθαι (apparaître), entre la nature et la lumière : croître, c'est émerger à la lumière. Cette proximité, sinon cette identité, conduira Heidegger à établir un rapport étroit entre la φύσις et l'ἀλήθεια (66/72),

1. 16; 26. Je cite ici la traduction de ce passage proposée par Marlène Zarader dans son livre tout à fait indispensable, *Heidegger et les paroles de l'origine*, Paris, Vrin, 1986, p. 36.

entre la nature et la vérité, entendues au sens de Heidegger comme autodéploiement à partir de soi qui se porte à la lumière. Deux maîtres mots de Heidegger se rencontrent ici, mais pour se confondre : à la φύσις comme autodéploiement répond l'ἀλήθεια entendue comme le dévoilement de cette émergence. Dans l'ἀλήθεια, lue à partir de l'alpha privatif comme « levée du voilement », vient cependant s'ajouter l'idée que ce dévoilement doit être arraché à la faveur d'un *combat* (πολέμος). Ici, Heidegger s'inspire volontiers du texte bien connu d'Héraclite qui dit que le combat est le père de toutes choses (66/72). Il n'y est pas directement question de la φύσις, ni de l'ἀλήθεια du reste, mais Heidegger se permettra de substituer sa conception de la φύσις à « toutes choses ».

Or le « combat » (*Kampf*, mot dont les résonances étaient tout de même assez évidentes en 1935) dont il s'agit dans ce drame serait une lutte qui régnerait avant toute considération divine ou humaine, *ein vor allem Göttlichen und Menschlichen waltender Streit* (66/72). Il ne s'agit pas d'une « guerre à la manière humaine » (*ibid.*). Non, ce combat est celui où se produit le « monde ». On aurait donc affaire à un combat originaire (*ursprünglicher Kampf*), car il donnerait pour la première fois naissance aux combattants eux-mêmes (*ibid.*). Ce combat projetterait ce qui n'a jamais été entendu, ce qui n'a jamais été dit, ce qui n'a jamais été pensé :

> Ce combat se trouve alors porté par les créateurs, les poètes, les penseurs et les hommes d'État. Au règne surpuissant [de l'étant pensé comme φύσις], ils opposent le bloc de l'œuvre, enserrant en elle le monde qui s'ouvre par là. Ce n'est qu'avec ces œuvres que le règne, la φύσις, en vient à se tenir dans la présence (66/72).

Ce texte vient confirmer qu'il n'y a pas de surgissement sans que celui-ci ne s'offre à un regard, qui est ici celui des créateurs (Kahn traduit : « ceux qui œuvrent »). On peut d'ores et déjà se poser ici une petite question, que nous n'aurons de cesse de radicaliser : peut-on parler, s'agissant de la φύσις, d'un autodéploiement à partir de soi (*von sich aus*) si ce déploiement doit être mis en œuvre par les artistes, les poètes et les philosophes, tous présentés comme des créateurs (*Schaffende*) ? Il n'y a pas d'apparition de la φύσις sans que celle-ci ne soit mise en œuvre par des créateurs. On peut dès lors se demander ici si cette création est encore celle de la φύσις « elle-même », *von sich aus*.

La conviction de Heidegger est qu'il y a un lien essentiel et originaire entre la φύσις et l'ἀλήθεια, mais de manière telle que celle-ci, la vérité, appartient essentiellement à la φύσις elle-même : la vérité relève dès lors de l'essence de l'être lui-même (109/110-111), pensé comme autodéploiement, voire comme « épiphanie » (67/73) qui émerge de soi-même dans l'apparaître (φαίνεσθαι). De même qu'il n'y a pas de φύσις sans ἀλήθεια, de même celle-ci n'est pas sans apparaître (φαίνεσθαι) à la lumière. Si une origine grecque devait être trouvée à cette conception, je pense que l'on pourrait la trouver dans l'idée néoplatonicienne d'émanation (ἐκφέρειν), mais que Heidegger se garde bien d'évoquer, préférant la deviner chez les présocratiques eux-mêmes et leur pensée de la φύσις, comme pure émergence, que les créateurs ont pour fonction de mettre en lumière.

Cette pensée de la φύσις, avec laquelle Heidegger se solidarise visiblement, aurait cependant été perdue avec l'émergence d'une pensée autonome qui se placerait en face de l'être et de la φύσις, et afin de la soumettre à sa domination. L'étape décisive se joue donc dans la scission, apparemment inoffensive, de la pensée et de l'être (*Sein und Denken*). Or c'est précisément cette position fondamentale de la pensée que nous nous proposons justement d'attaquer, souligne expressément Heidegger[1].

Heidegger en a ici contre l'autonomie et la suprématie que se reconnaît la pensée face à l'être ou la φύσις, comme ce qui émerge d'abord à partir de soi. Le drame de la φύσις, qui prendra un tour tragique, est que l'opposition de la pensée et de l'être est *d'abord appelée par la φύσις elle-même* : c'est elle qui, en tant que pur apparaître, sollicite un rassemblement ou un effort de la pensée. Cet effort consistant à recueillir l'événement de la φύσις relève en propre du λόγος, entendu comme ce qui rassemble originairement, *das ursprünglich Sammelnde* (136/136). Heidegger ne manque pas de souligner que le λόγος signifie donc la même chose que la φύσις elle-même (139/139).

Sans doute est-il plus juste de parler d'une coappartenance essentielle de la φύσις et le λόγος, celle-là même que Parménide aurait voulu exprimer, d'après Heidegger, dans son fragment 3, selon lequel l'être et la pensée sont le même. Heidegger n'entend évidemment pas ce fragment au sens idéaliste d'une identité de la pensée et de l'être, mais comme l'expression de l'essence même de l'homme qui renvoie celui-ci à sa vocation d'être l'entendeur privilégié de l'être.

Cette entente (*Vernehmen*) de l'être est tout à fait dans l'ordre des choses, car elle est appelée par l'être entendu comme φύσις ou ce qui se tient (par soi-même) dans la lumière. Heidegger peut donc traduire ce qu'il tient pour l'esprit du fragment de Parménide en disant :

1. *Ga.*, 40, 125 [89]/125 : « *Wir müssen in der scheinbar gleichgültigen Scheidung* Sein und Denken *jene Grundstellung des Abendlandes erkennen, der unser Angriff gilt*. »

> Être veut dire: se tenir dans la lumière, apparaître, avancer dans le dévoilement (*in die Unverborgeheit treten*). Là où cela se produit, c'est-à-dire où règne l'être, là règne aussi et se produit aussi comme lui appartenant: l'entente (*Vernehmung*), un porter-à-une-tenue perceptif de ce qui se montre comme se tenant en soi-même (147/146).

Autrement dit, l'essence de l'homme, celle qu'aurait voulu exprimer Parménide, consiste ni plus ni moins qu'à entendre, en le portant à la parole, l'événement originaire de l'être comme autodéploiement. On le voit: l'événement fondamental n'est *pas seulement* celui de l'autodéploiement de la φύσις ou de son surgissement gratuit, mais *aussi* celui de la coappartenance essentielle de l'être et de l'entente (*Vernehmung*), car c'est dans cette entente, dans cette brèche (172/169) que signifie l'homme dans l'ensemble de l'étant, que l'être en vient à apparaître (148/147). Heidegger insiste pour dire que l'essence de l'homme se comprend ici à partir de l'essence (ou du déploiement) de l'être lui-même (148/147), et non l'inverse.

L'idée qu'il veut combattre est précisément celle selon laquelle l'être devrait plutôt se comprendre à partir de l'homme pensé comme *animal rationale*. Cette conception présuppose un devenir autonome de la raison, donc sa rupture avec l'être. Heidegger reconnaît aussi qu'il est rendu possible par la coappartenance essentielle de la φύσις et du λόγος. Mais en son sens le plus originaire, cette coappartenance veut seulement dire que le λόγος vient s'adjoindre à la φύσις. Le texte allemand dit ici: *der λόγος tritt der φύσις gegenüber* (183/179). Or le verbe *gegenübertreten* comporte une ambivalence qui s'avérera déterminante et même un peu fatale. La particule *gegenüber* veut dire à la fois que le λόγος s'adjoint (ou se conjoint) à la φύσις et qu'il s'y oppose. Heidegger salue le premier sens, mais combat avec force le second, car le *Gegenübertreten*, la jonction ou la conjonction de la φύσις et du λόγος, devient alors un *Auseinandertreten* (183/179), une scission des deux. L'opposition du *Gegenübertreten* et de l'*Auseinandertreten* peut apparaître purement sémantique. Or, Heidegger veut y voir ni plus ni moins que les deux moments fondamentaux de notre histoire, son commencement et sa fin. Au commencement (*Anfang*), on trouve l'idée, salutaire, selon laquelle, c'est l'être ou la φύσις qui appelle et sollicite un λόγος qui la recueille. Mais à la fin de cette histoire, on trouve l'idée, funeste, selon laquelle, le λόγος est plutôt un pouvoir de l'homme, compris comme *animal rationale* (184/180), qui soumet l'étant à son joug. Heidegger y dénonce une perversion de l'essence originaire du λόγος et par conséquent de l'homme lui-même.

Seulement, comment expliquer cette perversion ou cette déchéance? On a vu que le divorce ou l'*Auseinandertreten* du λόγος et de la φύσις était fondé en droit, car celle-ci appelait d'elle-même un recueillement dans le λέγειν. Mais pourquoi ce recueillement ou ce λόγος est-il devenu autonome et souverain par rapport à l'être ?

La *première* explication heideggérienne à ce drame de la φύσις consiste à dire qu'une *conséquence* de l'essence de la φύσις a alors été érigée en l'essence elle-même : une *Wesensfolge* est devenue le *Wesen* (191/186). L'explication est si cruciale pour l'histoire du déclin de la φύσις qu'il faut lui porter la plus haute attention. L'essence fondamentale – le *Wesen* – est celle de la φύσις comme pure émergence. Or la « conséquence de cette essence » est qu'il s'agit nécessairement d'un « apparaître émergeant » (*aufgehendes Scheinen*, souligné par Heidegger, 191/186). Si la conséquence est prise pour l'essence elle-même, c'est que l'événement du surgissement de l'être disparaît au profit du seul apparaître, pour un regard et une raison qui s'en accaparent. L'essence se réduit alors à l'idée (ἰδέα) que s'en fait la pensée. C'est le moment du déclin :

> Mais qu'est-ce qui arrive lorsque ce qui est une *conséquence* de l'essence se trouve érigé en l'essence elle-même et prend ainsi la place de l'essence ? Nous sommes alors en présence du déclin (*Abfall*), lequel doit pour sa part avoir des conséquences particulières. C'est ce qui est arrivé (*so ist es geschehen*). Ce qui reste décisif, ce n'est pas que la φύσις ait été caractérisée comme *idéa*, mais que l'ἰδέα se soit élevée comme la seule et déterminante interprétation de l'être (191/186).

Texte lui-même décisif, car il résume en quelques lignes l'histoire de notre déchéance : la suite de l'essence se trouvant confondue avec l'essence elle-même, la φύσις est devenue ἰδέα, et dès lors quelque chose qui se détermine exclusivement depuis notre intelligence.

Ce passage de la *Wesensfolge* à l'essence elle-même recèle au moins deux difficultés « métaphysiques », mais que Heidegger n'évoque pas :

1) On peut premièrement se demander s'il est permis de parler d'une « conséquence de l'essence » si le concept d'essence n'existe pas encore. La thèse de Heidegger est bien que la φύσις elle-même possède comme « conséquence » (de son essence) le fait d'apparaître et dès lors de se présenter à un regard. Or, l'essence dans l'expression « *Wesensfolge* » ne renvoie pas au libre déploiement de l'*essance* au sens verbal que Heidegger veut donner au *Wesen*, au « règne de la φύσις », elle renvoie plutôt à un concept scolastique de l'*essentia* dont on peut difficilement penser, suivant la conception même de Heidegger, qu'il faisait partie de l'essence originaire de l'être comme φύσις.

2) La deuxième difficulté est plus redoutable encore. En disant lui-même que la *conséquence de l'essence* a été prise pour l'*essence* elle-même, Heidegger présuppose comme allant de soi que l'on puisse distinguer les deux, l'essence et sa conséquence, en l'occurrence le libre surgissement de la φύσις et son apparaître. Mais qui nous dit que les deux peuvent être dissociés ? Peut-on vraiment distinguer de la φύσις le fait que celle-ci fasse son apparition (φαίνεσθαι, ἀλήθεια) ? Y a-t-il un *Aufgehen*, une éclosion ou une émergence, sans que celle-ci ne se profile sur un arrière-fond pour un regard et une entente possibles ? Cela est d'autant plus invraisemblable que Heidegger parle toujours, dans l'*Introduction à la métaphysique*, d'une coappartenance essentielle de l'être (φύσις) et de la vérité (ἀλήθεια). Dans cette situation, l'apparaître n'est donc pas une simple « conséquence » ou une suite de l'essence, il fait partie de l'essence elle-même de la φύσις, en supposant bien sûr que l'on puisse distinguer le noyau de l'essence de ses conséquences (ce qui apparaît déjà très problématique).

Mais cette histoire de la conséquence de l'essence qui aurait été prise pour l'essence n'explique pas encore pourquoi elle s'est produite. *So ist es geschehen*, déclare Heidegger, cela est arrivé (191/186), mais pourquoi ?

On trouve à ce déclin de la φύσις une *seconde* explication dans l'*Introduction à la métaphysique*. Elle consiste à dire que la grandiose conception de l'être comme dévoilement se serait « effondrée » parce que la grandeur du commencement ne pouvait pas être maintenue, effondrement qui serait lui-même fondé dans l'essence (décidément !) du commencement lui-même :

> La *raison* de cet effondrement [de l'*Unverborgenheit* ou de l'être comme dévoilement originaire] tient d'abord à la grandeur du commencement lui-même et dans l'essence du commencement lui-même. Le commencement doit en tant que tel d'une certaine manière s'abandonner lui-même. Le commencement (*Anfang*) ne peut pas sauvegarder le commencer (*Anfangen*) d'une manière aussi immédiate qu'il a commencé, et il ne peut pas le faire de la seule manière dont il peut être sauvegardé, c'est-à-dire de manière telle qu'il soit répété plus originairement dans son caractère originaire (*dadurch, daß es in seiner Ursprünglichkeit ursprünglicher wieder-holt wird*) (199-200/194).

Le déclin tiendrait ainsi au commencement lui-même : à partir du moment où il s'est mis en branle, un commencement ne peut plus être lui-même, c'est-à-dire un pur jaillissement dans toute sa fraîcheur. L'écroulement ferait ainsi partie de l'essence même du commencement. Mais pourquoi parler de « déclin » si celui-ci fait partie de la nature des choses ou du commencement lui-même ?

L'aporie la plus tenace tient cependant à l'idée d'une répétition (*Wieder-holung*) plus originaire du commencement dans son caractère originaire (*in seiner Ursprünglichkeit*). Heidegger rêve ici d'une « répétition » créatrice du commencement qui en renouvellerait le caractère originaire (pensant peut-être à sa propre philosophie et au projet qu'il mettra bientôt en chantier dans ses *Beiträge*, dont on sent partout poindre le projet dans l'*Introduction à la métaphysique*). Heidegger ne se tourne pas ici vers le passé, afin de le restaurer, mais vers le présent et l'avenir, dans l'espoir de recréer, en la mettant en œuvre, une essence de l'homme qui se comprenne à partir du jaillissement de la φύσις. Je n'insisterai pas sur les conséquences politiques du projet de Heidegger, même s'il est assez clair qu'il a voulu voir dans la « révolution » de 1933 une tentative de « résistance » à la conception logiciste, déracinée et métaphysique de l'homme. J'évoquerai plutôt l'aporie, et même la contradiction, d'une « nouvelle création » qui cherche à recréer la grandeur du commencement dans *son* caractère originaire. S'agit-il encore du commencement originaire s'il fait l'objet d'une nouvelle création ? Il est aussi permis de se demander si cette idée un peu volontariste d'une nouvelle création (*Neuschaffen*) laisse vraiment l'être être ce qu'il est, c'est-à-dire un pur surgissement, comme le veut pourtant Heidegger (213/207). Il se pourrait en effet que cette idée d'une reprise créatrice du commencement soit davantage tributaire de l'activisme de la pensée moderne que du commencement grec lui-même.

Conclusion

Que faut-il penser de cette histoire de la φύσις chez Heidegger ? On en a vu l'ambition : elle prétend nous dévoiler pour la première fois l'archéologie secrète de la pensée métaphysique, érigée sur le privilège de l'ἰδέα au détriment de la φύσις. Le drame de cette fable est qu'il n'a jamais été montré que cette idée de la φύσις comme d'un libre surgissement ait été celle des premiers penseurs grecs. Si cette idée d'un jaillissement de l'être pensé comme émergence à la lumière est grecque, elle est sans doute plus néoplatonicienne que préplatonicienne.

Il y a néanmoins derrière cette histoire une réelle vision, qui est davantage celle de Heidegger que des présocratiques, mais qui n'est pas pour autant dépourvue de grandeur intrinsèque. Elle réside dans une conception de l'être comme surgissement, porteuse d'une nouvelle intelligence de l'homme, pensé à partir de son rapport à l'être, que Heidegger a voulu opposer au constructivisme de la pensée moderne, qui réduit tout ce qui est à son apparaître et dès lors à son utilité comptable. Heidegger appelle de ses vœux un autre rapport à l'être, plus empreint de sérénité. Dans le monde technicisé qui est le nôtre, cet appel mérite sans nul doute d'être médité. La vision heideggérienne procède ainsi d'un réelle malaise face à la modernité, mais qui tend un peu à projeter son anxiété dans un passé immémorial, dans le drame de l'effondrement de la φύσις, tenu pour responsable de la détresse contemporaine. Mais va-t-il de soi que cette pensée puisse être retrouvée dans les fragments ou les termes clefs des auteurs présocratiques ? C'est loin d'être sûr. Il n'est pas sûr non plus que la pensée « métaphysique » doive uniquement être lue comme l'histoire d'un déclin et d'une perte[1].

1. C'est l'idée directrice de mon *Introduction à la métaphysique*, Presses de l'Université de Montréal, 2004.

CHAPITRE VII

L'ARCHIVE DU *LOGOS*

L'*opus* heideggérien de 1935, *Introduction à la métaphysique*[1], peut sans doute être caractérisé comme le lieu où s'expose le plus explicitement le passage et/ou la transformation de l'ontologie existentiale de *Être et Temps* à – et en – l'histoire de l'être : il explicite donc le passage de la question du « sens de l'être » (*Sinn des Seins*) à celle de l'histoire de l'être (*Geschichte des Seins)* qui sera désignée comme question de la « vérité de l'être »; toutefois on ne peut pas dire que ce passage soit une rupture totale avec la thématique du « sens de l'être ». Mais, si « l'être » apparaît désormais « *geschichtlich* », historialement, qu'est-ce à dire? Cela veut dire qu'il ne suffit pas de remarquer que « l'être s'ouvre à nous de multiples manières »[2], car cela pourrait ne concerner que la multiplicité du sens de l'être compris comme « présence » (οὐσία, *Anwesenheit*), déjà à l'œuvre dans *Être et Temps*; mais il faut aussi et surtout que la question convoque le *Dasein* « devant son histoire » (*auf seine Geschichte*[3]) et que le questionner soit donc un « questionner historial », *ein geschichtliches Fragen.*

Au sein de cette transformation de la question existentiale en question historiale, le thème du λόγος nous semble occuper une position centrale –

1. Heidegger, *Einführung in die Metaphysik*. Nous citons en mentionnant le volume *Ga.* 40, le paragraphe (entre crochets droits [...]) suivi de la page de cette édition et de celle de l'édition originale (1953); nous indiquons aussi la pagination de la traduction française, dans sa réédition, Paris, Gallimard, 1967. Nous modifierons souvent la traduction.

2. Heidegger, *op.cit.*, chapitre 3, « La question sur l'essence de l'être », [§ 32], p. 96/68, trad., p. 99.

3. Heidegger, *op.cit.* chapitre 1, « La question fondamentale de la métaphysique », [§ 14], p. 48/34, trad., p. 55.

bien que d'autres thèmes puissent aussi, et sans contradiction, revendiquer cette position centrale, du fait que dans l'investigation heideggérienne (comme nous le verrons) les thèmes, et particulièrement ceux qui s'inscrivent chez les penseurs initiaux, non seulement s'articulent entre eux, mais aussi se « co-appartiennent », s'interpénètrent et « s'identifient » pour ainsi dire entre eux. La stratégie de lecture propre à Heidegger, s'agissant de la pensée initiale des Grecs, consiste à faire en sorte que les thèmes mis en question s'ouvrent les uns sur les autres et presque s'identifient les uns aux autres.

Le thème du λόγος est déjà éminemment présent dans *Être et Temps* en 1927 puisqu'il est convoqué au § 7, où il s'agit d'expliciter l'expression de « phénoménologie », par l'explicitation d'une part du φαινόμενον et d'autre part du λόγος. Λόγος, chez Platon et Aristote signifie « discours » (*Rede*), et par la suite raison, jugement, concept, rapport, écrit Heidegger. Mais, en tant que « discours », λόγος signifie bien plutôt δηλοῦν, rendre manifeste ce dont il est parlé (ce dont il est question) dans le discours... Le λόγος « fait voir » (φαίνεσθαι) quelque chose ». Si λόγος signifie le même que φαινόμενον, on voit bien que, dès *Être et Temps* déjà, la lecture heideggérienne des termes grecs s'opère selon la stratégie, énoncée ci-dessus, d'interpénétration ou de quasi identification des thèmes entre eux.

Entre 1927 et 1935, la question devient proprement historiale. En tant que telle, elle s'inscrit dans la ré-élaboration de la question « qu'est-ce que l'étant ? » en la question « pourquoi y a-t-il l'étant et non pas plutôt rien ? », telle qu'elle s'exprime dans la conférence de 1929, *Qu'est-ce que la métaphysique ?,* question qui va être celle-là même qui fait l'objet de l'*Introduction à la Métaphysique* de 1935. On peut donc légitimement penser que la re-formulation de la question de l'être en 1929 n'est pas pour rien dans la mise en place du questionnement historial de 1935 par rapport au questionnement existential de 1927.

Et c'est véritablement au sein du questionnement historial que le thème du λόγος prend toute son importance. Dans l'*Introduction à la métaphysique* Heidegger nous conduit depuis les « paroles » des penseurs initiaux, Héraclite et Parménide, jusqu'à leur déclin dans la philosophie de Platon et d'Aristote, puis celle des modernes. C'est cette investigation heideggérienne des paroles des penseurs initiaux dans l'*Introduction à la métaphysique* qui fait l'objet de notre étude.

Signalons que la thématique de l'investigation des paroles des penseurs initiaux et de leur déclin se poursuit après 1935, après l'*Introduction à la métaphysique* lors de deux périodes surtout, quelque peu différentes : dans les cours de 1942-43 et dans les conférences et cours de 1951-1952.

Sommairement, on y retrouve la même investigation des « paroles » des penseurs initiaux, mais le contexte des années quarante et celui des années cinquante sont pourtant différents entre eux et différents de celui de l'*Introduction à la métaphysique* de 1935 – et cela entraîne, à notre sens, quelques modifications notables dans l'interprétation heideggérienne. Nous mentionnerons seulement ici les intitulés des cours et conférences concernés et nous nous permettrons de renvoyer à nos études sur les textes des deux décennies après 1935. Il s'agit du cours sur Parménide du semestre d'hiver 1942-43 à Freiburg, du cours sur Héraclite : *Der Anfang des Abendländisches Denkens – Logik – Heraklits Lehre vom Logos* du semestre d'été 1943 et du semestre d'hiver 1944 à Freiburg ; puis des textes réunis dans les *Vorträge und Aufsätze* : la conférence de Brême sur Héraclite en 1951, intitulée *Logos* et le texte sur Héraclite intitulé *Aletheia*, ainsi que du cours du semestre d'été 1952 consacré à Parménide et publié dans *Was heisst Denken ?* (*Qu'appelle-t-on penser ?*). Plus tard encore, le texte *La fin de la philosophie et la tâche de la pensée* en 1964, rédigé à l'occasion du colloque de l'UNESCO sur Kierkegaard[1].

C'est au chapitre quatre de l'*Introduction à la métaphysique*, intitulé « la limitation de l'être », que se situe le plus manifestement l'investigation heideggérienne du λόγος. Ce chapitre est divisé lui-même en quatre parties qui correspondent à ce que Heidegger désigne comme les « divisions » (*Scheidungen*) de l'être, ou les « optiques » (*Hinsichten*) selon lesquelles le thème de l'être est considéré dans l'histoire de la métaphysique dans son ensemble. Ces divisions ou optiques apparaissent, tout d'abord et dans une vue superficielle, comme quatre « oppositions » (*Entgegensetzungen*) dans lesquelles « l'être » serait pris par rapport à un « autre » : « être et devenir », « être et apparence », « être et pensée », « être et devoir ». Telles qu'elles sont énoncées, ces divisions donnent l'impression qu'on va assister à un exposé artificiel de type « scolaire » (*als Redensarten*). Mais Heidegger refuse d'emblée que ces quatre divisions puissent être prises comme des

1. Heidegger : *Parmenides*, *Ga.*, 54, éd. Mandfred S. Frings, Francfort, Klostermann, 1982 ; *Heraklit*, *Ga.*, 55, éd. Mandfred S. Frings, Francfort, Klostermann, 1979 ; *Vorträge und Aufsätze*, Pfullingen, Neske, 1954, *Essais et conférences*, trad. fr. A. Préau, Paris, Gallimard, 1958 ; *Was heisst Denken ?*, Tübingen, Niemeyer, 1954, *Qu'appelle-t-on penser ?* trad. fr. A. Becker et G. Granel, Paris, PUF., 1959 ; *Das Ende der Philosophie und die Aufgabe des Denkens*, Tübingen, Niemeyer 1968, *La fin de la philosophie et la tâche de la pensée*, trad. fr. J. Beaufret, dans *Questions IV*, Paris, Gallimard, 1976. Nous nous permettons de renvoyer à nos études : « Logos et tautologie », dans J.-F. Courtine (éd.), *Phénoménologie et logique*, Paris, Presses de l'ENS, 1996 ; « Logos et langue chez Heidegger », dans F. Dastur et C. Lévy (éd.), *Études de philosophie ancienne et de phénoménologie*, Paris, L'Harmattan, « Cahiers de Philosophie de Paris XII », 1999.

oppositions au sens strict – car, dit-il, elles s'entre-appartiennent les unes les autres, et les deux thèmes qui s'opposent en chacune d'elles s'entre-appartiennent eux-mêmes entre eux. Nous rencontrons donc, dès le plan le plus immédiat de notre lecture, la revendication heideggérienne de la co-appartenance (*Zusammengehörigkeit*) des thèmes – ce que nous allons retrouver tout au long de l'investigation heideggerienne des penseurs initiaux. C'est dans la troisième division, « être et penser » (*Sein und Denken*) que l'investigation du λόγος va trouver sa focalisation. Or, cette division semble posséder, selon ce qu'écrit Heidegger, une véritable supériorité sur les deux autres divisions précédentes. Mais où se loge cette supériorité? Elle se loge dans la considération « à partir du *Dasein* occidental ». Pourquoi ? Parce que pour le *Dasein* occidental, la pensée est « représentation » (*Vorstellung*) et que par conséquent la division « être et penser » est d'une autre nature que les deux précédentes ; elle est celle qui se représente les autres divisions. Les autres divisions concernent, peut-on dire, l'étant vis-à-vis de lui-même ou, si l'on peut encore dire, à l'intérieur de lui-même ; alors que la division « être et penser » se poserait à l'extérieur de l'être : « la pensée se pose en face de l'être d'une façon telle que celui-ci lui est proposé et par suite s'oppose comme un objet » [1]. On verra donc que Heidegger n'accorde la dite supériorité à cette division que pour mieux la détruire en tant qu'elle est platonico-aristotélicienne et moderne – et non initiale – et pour parvenir au contraire à « identifier » quasiment « être » et « pensée ». Mais c'est un long chemin à parcourir et ce chemin n'est rien d'autre que la patiente investigation, par Heidegger, du λόγος grec et de son déclin.

Nous allons procéder en deux étapes.

Première étape : Le λόγος *des penseurs initiaux –* λόγος *et* φύσις

Nous mettrons tout de suite en avant-plan de cette investigation portant sur la troisième partie du chapitre IV sur « la limitation de l'être », une formulation précédente de Heidegger (elle se situe dans la première partie, « être et devenir ») qui pose la quasi-identité de Parménide et d'Héraclite : « Héraclite, qu'on oppose brutalement à Parménide, dit la même chose que lui » [2]. Certes, ici, il s'agit de la division de l'être et du devenir et il s'agit pour Heidegger de dire que la division opérée par les grecs ultérieurs (Platon, Aristote) et par les modernes (c'est-à-dire selon le « Dasein

1. *Op.cit.*, [§ 45], p. 124/89, trad. fr., p. 124.
2. *Ibidem*, [§ 16], p. 105/74, trad. fr., p. 106.

occidental »), qui opposent l'être parménidien au devenir héraclitéen, est invalide. Et, nous le verrons, cette quasi-identité de Parménide et d'Héraclite vaut pour toutes les « divisions » et toutes les « optiques ». Il convient donc, pour nous, de souligner d'emblée que les analyses opérées par Heidegger dans cette troisième partie (« Être et penser »), ne séparent pas Parménide et Héraclite et, au contraire, les ajustent, les entrelacent, les interpénètrent, et s'appuient sur l'un pour analyser l'autre. Nous aurons à nous souvenir constamment de cette stratégie heideggérienne de la lecture des penseurs initiaux.

Nous remarquerons dès lors que les deux fragments sans doute les plus centraux pour l'investigation du λόγος par Heidegger est le fragment 50 d'Héraclite et le fragment V de Parménide :

Héraclite, fragment 50 :

> οὐκ ἐμοῦ, ἀλλὰ τοῦ λόγου ἀκούσαντας ὁμολογεῖν σοφόν ἐστιν ἓν πάντα
> *Habt ihr nicht mich, sondern den Sinn gehört, so ist es weise, im gleichen Sinn zu sagen : « Eines ist alles ».*
> Si ce n'est pas moi, mais le λόγος que vous avez entendu, Il est sage de dire dans le même sens : « Un est tout » [1].

Parménide, fragment V :

> τὸ γὰρ αὐτὸ νοεῖν ἐστίν τε καὶ εἶναι
> *Dasselbe aber ist das Denken und das Sein.*
> Or, le penser et l'être sont la même chose [2].

La traduction énoncée ici par Heidegger est celle à laquelle, dit-il, on est accoutumé depuis longtemps. Et il ajoute aussitôt : « la mésinterprétation de cette célèbre phrase selon un point de vue non-grec (*ins Ungriechische*) est à peine moindre que la falsification de la doctrine du λόγος d'Héraclite ». Ce fragment de Parménide fera l'objet de l'analyse de Heidegger, terme à terme, mais ce n'est pas ce fragment V de Parménide qui va être analysé en premier par Heidegger dans cette troisième partie. Nous y reviendrons.

Nous prenons donc cette troisième partie (« Être et penser ») dès son point de départ.

Pour examiner ce que signifie « penser » (*denken,* νοεῖν), c'est-à-dire la branche qui semble opposée à « *sein* » (être) dans la division considérée, Heidegger commence par exposer ce que « penser » (*denken,* νοεῖν) n'est

1. *Ibidem*, [§ 49], p. 137/98, trad. fr., p. 136.
2. *Ibidem*, [§ 50], p. 145/104, trad. fr., p. 144.

justement pas chez les Grecs, en affirmant que λόγος ne signifie pas originairement discours, dire (*Rede, Sagen*) »[1]. Cette affirmation vient clore un assez long exposé sur le « penser » des modernes – sur la *Vorstellung*, la représentation. Cet exposé souligne deux points du « penser » moderne : 1) que penser signifie représenter « quelque chose », 2) que penser est une de nos facultés (*Vermögen*). L'occultation moderne du λόγος tient donc dans la thèse de l'opposition sujet-objet. La faculté dont il s'agit chez les modernes est celle qui met en œuvre la « logique » (*epistémé logiké*), pour laquelle le λόγος est *Aussage*, proposition, énoncé. Cette analyse n'est pas étrangère aux § 31-32-33 de *Être et Temps* et on peut dire même qu'elle s'y enracine. Le sens du λόγος de la « logique » et la philosophie de l'opposition du sujet et de l'objet ont donc supplanté le λόγος des penseurs initiaux. Le λόγος des penseurs initiaux est un λόγος perdu (*verloren*) pour le « *Dasein* occidental » que nous sommes. Nous savons donc maintenant que « λόγος ne signifie pas originairement discours » – ni entendement ou raison.

Il faut donc revenir à la question du rapport essentiel du penser à l'être : ce rapport est dit en termes d'appartenance essentielle (*wesensmäßigen Zugehörigkeit des Denkens zum Sein*)[2]. Ce qui doit être explicité alors, c'est bien plutôt comment la division s'est produite à partir de l'appartenance essentielle – et non l'inverse, car la division n'est pas originaire. Il convient donc d'examiner « en même temps et d'abord » (*zugleich und zuvor*) leur appartenance essentielle. « Historialement, la question dit : qu'en est-il de cette appartenance lors du commencement décisif de la philosophie occidentale ? »

La réponse est presque immédiate : il s'agit de « la connexion originaire (*ursprüngliche Zusammenhang*) entre *être*, φύσις et λόγος ». L'appartenance essentielle (*wesentliche Zugehörigkeit*) tient donc à la connexion originaire (*ursprüngliche Zusammenhang*) et cette connexion va s'apparenter à une identité de « *être*, φύσις et λόγος ». C'est ici que démarre dans le détail des termes l'analyse du λόγος des penseurs initiaux, qui ne signifie donc pas originairement discours et dire : « le mot ne désigne rien qui se rapporte d'une façon immédiate au langage ». Car « Λέγω, λέγειν, en latin *legere*, c'est le même mot que notre *lesen* … qui veut dire : poser une chose à côté d'une autre, les mettre ensemble, bref rassembler (*das eine zum anderen legen, in eines zusammenbringen, kurz : sammeln* »[3]). Nous

1. *Ibidem*, [§ 48], p. 133/95, trad. fr., p. 132.
2. *Ibidem*, [§ 48,] p. 132/94, trad. fr., p. 131.
3. *Ibidem*, [§ 48], p. 133/95, trad. fr., p. 132.

sommes donc parvenus ici à un terme central pour l'explicitation du λόγος des penseurs initiaux : λέγειν, c'est rassembler – *sammeln*.

Or, *Sammlung* est aussi ce que veut dire φύσις. Λόγος ne peut s'expliciter que si nous comprenons ce que *être* veut dire pour les Grecs : l'être pour les Grecs est φύσις. Et Heidegger de rappeler ce qui a déjà été gagné dans le premier chapitre de l'*Introduction à la métaphysique,* « la question fondamentale de la métaphysique » où φύσις dit « ce qui s'épanouit de soi-même, ce qui se déploie en s'ouvrant et, dans un tel déploiement, fait son apparition, se tient dans cet apparaître et y demeure, bref le règne perdurant en s'épanouissant. [...] La φύσις est l'être même » (*Es sagt das von sich aus Aufgehende, das sich eröffnende Entfalten, das in solcher Entfaltung in die Erscheinung Treten und in ihr sich Halten und Verbleiben, kurz, das Aufgehend-verweilende Walten.* [...] *Die* φύσις *ist das Sein selbst*). Et encore : « φύσις est la venue au jour, le se porter hors du latent, et ainsi porter celui-ci d'abord au stable » (φύσις *ist das Ent-stehen, aus dem Verborgenen sich heraus- und dieses so erst in den Stand bringen*). La φύσις des Grecs n'est pas la *natura* des modernes, mais « l'être même grâce auquel seulement l'étant devient et reste observable » et ce n'est pas sur la base d'une observation simple et familière, mais « sur la base d'une expérience poétique et pensante que s'est ouvert aux Grecs ce qu'ils ont nommé φύσις »[1]. L'expérience grecque de l'être se dit donc φύσις.

Nous venons de passer par l'interprétation de la φύσις telle qu'elle s'élabore dans la deuxième partie et nous revenons maintenant à la troisième partie qui nous concerne en propre. Dans ce rapport intime (*innere Zusammenhang*) de *être,* φύσις et λόγος, c'est à Héraclite que Heidegger va s'adresser et non pas d'abord à Parménide. Il faut commencer, dit-il, par deux fragments dans lesquels Héraclite traite expressément du λόγος : le fragment 1, qui met en œuvre la formule κατὰ τὸν λόγον τόνδε (« selon le λόγος et en conformité avec lui ») et la formule κατὰ φύσιν (« selon l'être ») ; et le fragment 2, où il est dit du λόγος qu'« il est en tant que cet ensemble dans l'étant » (*als dieses Zusammen im Seienden west* »[2]. Heidegger, mettant en rapport les deux fragments, expose alors les caractéristiques du λόγος : 1) la constance, la permanence (*die Ständigkeit,*

1. *Ibidem*, « la question fondamentale de la métaphysique », [§ 3], p. 16-17/11, trad. fr., p. 27. On peut d'ailleurs rapporter ici ce que Heidegger dit, dans la 2e partie (*Être et apparence*) du chapitre IV, sur les racines *Phu-* et *Pha-* qui disent la même chose – par conséquent *phuein* et *phainesthai* sont le même : « *Das aufgehend-verweilende Walten ist zugleich das scheinende Erscheinen* », [§ 38], p. 108/77, trad. fr., p. 109.

2. *Ibidem*, [§ 49], p. 137/98, trad. fr., p. 136.

das Bleiben), 2) le rassemblant (*das Sammelnde*)[1], 3) le régnant (*das Waltende*) pour tout ce qui advient à l'être (*in das Sein kommt*). Ainsi, poursuit Heidegger, le λόγος héraclitéen correspond au sens propre du mot allemand : *Sammlung* et λόγος est donc : « le rassemblement qui règne constamment en soi et rassemble originairement » (*die ständig in sich waltende ursprüglich sammelnde Gesammeltheit*). Aussi cette analyse consonne-t-elle, dit Heidegger, avec celle du fragment 50 (dont nous avons dit ci-dessus qu'il nous paraissait être le fragment-clé pour le λόγος héraclitéen) qui dit : « si ce n'est pas moi, mais le λόγος que vous avez entendu, il est sage de dire, en conformité avec lui : un est tout » – où il est donc parlé de « l'entendre » des hommes, mais non du discours et du dire, comme on l'interprète ordinairement : parole et discours sont nommés ici, mais justement comme différents du λόγος et même par opposition à lui, ou par différence avec lui.

Ainsi le λόγος héraclitéen est bien : « le rassemblement stable » (*die ständige Sammlung*), et κατὰ λόγον et κατὰ φύσιν sont le même (*sind dasselbe*). Nous soulignons qu'il est bien écrit *dasselbe* et non *das Gleiche* – ce dernier terme indiquerait une identité de comparaison, alors que *dasselbe* dit qu'ils sont « un et le même », qu'ils ne font qu'un. Mais en quel sens ? C'est alors le fragment 8 qui peut nous éclairer : « ce qui se tient à l'opposé (*das Gegeneinanderstehende*) se transporte l'un vers l'autre ». C'est le πόλεμος héraclitéen (rappelons d'ailleurs que plus avant, au chapitre II, 1, Heidegger analysant le πόλεμος héraclitéen en vient à dire « πόλεμος et λόγος sont le même »). Autrement dit, entre les adverses (*Gegenwendige*), non seulement il n'y a pas rupture, mais ils s'entre-appartiennent et ne peuvent être l'un sans l'autre ; ils ne se succèdent pas non plus, ils sont toujours ensemble et ne font qu'un (c'est là le sens de *sind dasselbe*). Le *polémos* réside entre les adverses, mais ceux-ci résident dans l'union ou l'unité. D'où : « Un est tout » – ἓν πάντα[2].

Avec Héraclite, Heidegger a donc acquis au moins deux choses : 1) qu'il y a quasi-identité de λόγος, φύσις et ὄν – disant ensemble : *Sammlung* (rassemblement), 2) que l'entre-appartenance et l'adversité conviennent ensemble et que les Grecs ne concevaient pas l'opposition en termes de « rupture ». Il y va bien plutôt d'une « duplicité », d'une « ambiguïté » (*Zweideutigkeit*) et que chacun des termes qu'on a pu penser séparément chez les modernes sont bien plutôt « doubles » ou dédoublés

1. Notons, ne serait-ce qu'anecdotiquement, que dans les cours sur Héraclite de 1943-1944 (*Ga.*, 55) Heidegger qualifie le « *Versammeln* » de « *wunderbares* » ! Rappelons aussi que *Versammeln* dit en effet, selon Heidegger : « *einen und vereinen* ».

2. *Ibidem*, [§ 49], p. 140/100, trad. fr., p. 139.

ou redoublés chez les Grecs. Tous ces termes sont, entre eux, les « doubles » les uns des autres. C'est pourquoi ce qu'il y aura à expliquer, ce n'est pas leur « unité », que l'on vient d'entendre maintenant de manière grecque, mais au contraire leur division ou rupture chez les modernes. Pour une oreille grecque, les divisions énoncées sont inintelligibles. Ce que nous prenons comme allant de soi – les divisions – est précisément, chez les Grecs, ce qui est dépourvu de sens. Poursuivons encore : entre les termes, il y a « duplication », il y a « pli » (*Zwiefalt*) et cette duplication ou ce pli a son horizon fondamental dans la différence de l'être et de l'étant[1]. C'est la différence ontologique, expérience fondamentale des Grecs (même si elle n'est pas explicitée par eux) qui fonde le « pli » des termes grecs. Nous comprenons alors que l'expression *dasselbe*, qui n'est nullement *das Gleiche*, est l'expression qui dit la duplication des termes, le « pli » des termes.

C'est alors que, armé par l'analyse d'Héraclite qui a permis d'aboutir à l'unité et la quasi-identité de λόγος et de φύσις comme *Sammlung* (rassemblement, recueil) et de rejeter l'opération moderne des divisions pour poser, au contraire des modernes, l'unité et l'inséparabilité des contraires chez les Grecs, Heidegger peut en venir à la question du λόγος chez Parménide.

C'est donc au fragment V de Parménide que nous pourrons désormais nous adresser. Comme nous l'avons déjà dit, ce fragment, central pour la question du λόγος des grecs (et pour la compréhension de la division moderne « être et penser ») n'a pas été analysé immédiatement par Heidegger, et nous comprenons maintenant qu'il ne pouvait pas l'être. Mais, après la médiation et le passage par Héraclite, nous nous trouvons armés pour le faire, puisque désormais nous savons que l'expérience grecque de l'être se dit φύσις et que λόγος comme φύσις disent, chez Héraclite, *Sammlung* (rassemblement, recueil).

> τὸ γὰρ αὐτὸ νοεῖν ἐστίν τε καὶ εἶναι, ainsi s'énonce le fragment V de Parménide.

Heidegger va démembrer en quelque sorte le fragment terme à terme : 1) que signifie : τὸ αὐτό et τε καί?, 2) que signifie νοεῖν? 3) que signifie εἶναι?[2]. La troisième question est d'une certaine façon résolue, selon

1. Voir à cet égard *Die Grundprobleme der Phänomenologie*, 1927, *Ga.*, 24, *Les problèmes fondamentaux de la phénoménologie*, trad. fr. J.-F. Courtine, Paris, Gallimard, 1985. Et l'on peut comprendre à partir de cela que la question historiale de 1935 n'est pas véritablement séparée de la question existentiale de 1927.

2. *Ga.* 40., [§ 50], p. 146/105, trad. fr., p. 144-145.

Heidegger lui-même, par ce qui a été dit de la φύσις – qui est « être » chez les Grecs. La seconde question a encore besoin d'être élaborée : si nous évacuons la traduction de νοεῖν par « penser » (qui est une traduction moderne), alors νοεῖν signifie *vernehmen* (appréhender) et νοῦς signifie *Vernehmung* (appréhension) et cela, « en deux sens liés : 1) appréhender en tant qu'accueillir, laisser parvenir à soi ce qui se montre, ce qui apparaît – et 2) faire comparaître, par exemple appréhender un suspect ». D'où, le double sens de l'appréhension, mais sans rupture entre les deux sens : « Amener l'apparaissant en l'accueillant (*aufnehmende*), c'est ce qui est dit dans νοεῖν » (« *Dieses aufnehmende Zum-stehen-bringen des Erscheinenden liegt im* νοεῖν »). Donc, de l'appréhender (*Vernehmen,* νοεῖν), Parménide dit qu'il est le même que l'être. Plus loin, pourtant, une précision importante se donne à lire, s'agissant de cette quasi-identité, au moment où la re-traduction (*Übersetzung*) du fragment est proposée par Heidegger; il est dit, en effet, que la parole de Parménide ne dit pas que « penser et être sont le même », mais que « appréhension et être s'entre-appartiennent réciproquement » (*Zusammengehörig sind Vernehmung wechselweise und Sein)*[1]. Ce qui nous permet d'insister sur le régime de cette « co-appartenance » que nous avons découverte comme la structure permanente de ce que nous avons désigné comme des duplications entre les termes et comme l'unité des adverses – et qui ne sont nullement des identités au sens logique. C'est pourquoi nous préférons parler de « quasi-identité ». D'ailleurs Heidegger est passé sans plus attendre à l'examen du point (1) concernant ce fragment, celui qui questionne τὸ αὐτό τε et τε … καί. Heidegger explicite τὸ αὐτό (*das Selbe*) ainsi :

> Si une chose est la même qu'une autre, nous considérons que les deux ne font qu'une, qu'elles sont une seule et même chose. […] (Mais) l'unité n'est jamais ici l'uniformité vide, n'est pas l'identité comme pure équivalence. L'unité est l'appartenance réciproque (*Zusammengehörigkeit*) des antagonistes (*Gegenstrebigen*). C'est cela l'unité originaire (*Was mit anderem dasselbe ist, gilt uns als einerlei, als ein und dasselbe. In welchem Sinne von Einheit ist das Eine des Selben gemeint ?* […] *Einheit ist hier nie leere Einerleiheit, nicht Selbigkeit als blosse Gleichgültigkeit. Einheit ist Zusammengehörigkeit des Gegenstrebigen. Dies ist das ursprüglich Einige*)[2].

Et Heidegger explicite τε…καί : « être et penser sont, dans leur affrontement, unis. » Nous savons donc maintenant que le statut du τὸ αὐτό

1. *Ibid.*, [§ 52], p. 154/111, trad. fr., p. 152.
2. *Ibid.*, [§ 50], p. 147/106, trad. fr., p. 146.

(*das Selbe*) n'implique pas l'identité formelle ni l'équivalence, mais au contraire la différence, l'écart différentiel dans l'union ou l'unité. C'est ainsi que Heidegger revendiquera plus tard à cet égard le terme de « tautologie » = dire le même, mais non l'équivalent. La tautologie supposera précisément la structure du « pli ».

Nous qui lisons l'analyse de Heidegger à ce moment de son déroulement, nous restons quelque peu perplexes sur le point (2), c'est-à-dire au sujet de la traduction heideggérienne de νοεῖν par l'allemand *vernehmen*. Car il ne nous semble pas que, même si nous voulons bien concéder que le νοεῖν grec dit la même chose que l'allemand *vernehmen* (appréhender), nous ne voyons pas très bien où cela peut nous conduire, sinon à définir νοεῖν justement dans les termes du *denken* des modernes et d'y voir un rapport d'un sujet à un objet – ce que précisément Heidegger a refusé fortement, s'agissant des penseurs initiaux. À première vue, le terme de *vernehmen* nous semble renvoyer à un contexte qui serait celui de la faculté de perception et de compréhension d'un sujet. Peut-être la formule du *vernehmen* embarrasse-t-elle Heidegger lui-même, car, il a préféré passer, nous l'avons vu, à l'examen du τὸ … αὐτό, puis au fragment VIII, v. 34 qu'il conjugue avec le fragment V :

> ταὐτὸν δ'εστὶ νοεῖν τε καὶ οὕνεκεν ἔστι νόημα
> *Dasselbe ist Vernehmung und das, worumwillen Vernehmung geschieht,*
> « le même est l'appréhension et ce pour quoi l'appréhension advient ».

En un mot, l'appréhension, le *Vernehmen,* le νοεῖν, appartient à l'être. Il semblerait alors que soit résolue la question qui nous embarrassait concernant le *Vernehmen* : le *Vernehmen* appartient à l'être, et n'est pas une propriété de l'homme. Ce qui permet de poser la formule inverse de celle que nous avions cru apercevoir tout à l'heure : « l'essence de l'être-homme ne peut se déterminer qu'à partir de l'essence de l'être. » Autrement dit : il est bien question, dans le *Vernehmen*, le νοεῖν, de l'être-homme, mais celui-ci advient au sein de l'essence de l'être et non pas l'être au sein de l'essence de l'homme.

C'est alors que s'impose l'explicitation du fragment 6 de Parménide, autre fragment qui se tient au centre de l'investigation de la dite division « être et penser ». Le fragment 6 dit :

> Χρὴ τὸ λέγειν τε νοεῖν τ'ἐὸν ἔμμεναι
> *Not ist das λέγειν sowohl als auch die Vernehmung, nämlich das Seind in*

> *dessen Sein* = « Est nécessité le λέγειν aussi bien que l'appréhender de l' étant dans son être »[1].

Cette formule permet à Heidegger d'affirmer que l'appréhension n'est pas une faculté (*Vermögen*) que l'homme possède, mais au contraire un événement (*Geschehen*) qui possède l'homme. C'est ainsi que le Dasein est historial (*geschichtlich*) et qu'il ne saurait s'expliciter dans les termes du *Zoon logon ekon* aristotélicien et moderne, termes qui substituent à l'historialité du Dasein son classement dans la série des genres et des espèces du vivant. Il convient de dire au contraire : λόγος ἄνθρωπον ἔχων.

Au point où nous en sommes, avons-nous bouclé la boucle de l'explicitation du λόγος des penseurs initiaux ? Oui et non. Tout semble dit en vue de l'éclaircissement du λόγος initial – que nous pouvons résumer dans les termes de l' unité, de l'union et de la co-appartenance de λόγος, φύσις, ὄν. La parole de Parménide ne dit pas « la pensée est l'être sont le même » mais : « Appréhender et être s'entre-appartiennent réciproquement. » Pourtant, Heidegger va répliquer ou dupliquer, si l'on peut dire, la question et refaire le parcours depuis cet aboutissement – opérant à rebours une sorte de preuve ou d'épreuve, à partir de la question de l'être de l'homme. Car, « ce que la parole de Parménide exprime, c'est une détermination de l'essence de l'homme à partir de l'essence de l'être lui-même » (*Was der spruch des Parmenides ausspricht, ist eine Bestimmung des Wesens des Menschen aus dem Wesen des Seins selbst*)[2]. La question est désormais : « Qui est l'homme » (*Wer ist der Mensch ?*) ?

Deuxième étape : L'histoire du λόγος. Poésie et pensée (Dichten und Denken)

Dans une lecture rapide de la suite de l'investigation heideggérienne de la dite division « être et penser », et connaissant ce qui vient d'être gagné par Heidegger au cours de cette analyse de fragments de Parménide et d'Héraclite, on pourrait ne pas comprendre pourquoi maintenant Heidegger en vient à l'analyse du premier chœur de l'*Antigone* de Sophocle. Pourquoi faire appel à la tragédie au sein d'analyses des penseurs initiaux ? Une première et fondamentale raison, dont Heidegger nous a bien prévenus dans ce qui précède (bien que nous n'y ayons pas insisté) tient à ce que « pensée » et « poésie » (*Denken* et *Dichten*) sont dits « le même » chez les Grecs. Mais pourquoi la démonstration par les fragments des penseurs

1. *Ibid.*, [§ 51], p. 149/107, trad. fr., p. 148.
2. *Ibid.*, [§ 51], p. 152/110, trad. fr., p. 151.

initiaux n'est-elle pas suffisante? S'agit-il maintenant seulement d'un intermède passant par la poésie tragique, d'une sorte de pause qui, en même temps, porte sur l'être-homme (*das Menschsein*)? Et pourquoi cet intermède? Précisément parce que le *Dasein* historial des Grecs est défini par « la passion pour le dévoilement de l'être, c'est-à-dire le combat pour l'être lui-même » (*die Leidenschaft der Seinsenthüllung, d.h. des Kampfes um das Sein selbst*), comme Heidegger l'a affirmé dans la deuxième partie de ce même chapitre, « Être et apparence ». C'est en tant que tel que le *Dasein* grec est présenté par le poème tragique de Sophocle : le *Dasein* grec est tel que l'homme sophocléen, tel que Œdipe, il est « le plus inquiétant » de tous les étants, le δεινότατον, *der Umheimlichste*. L'intermède n'est pas superflu et il est même nécessaire, car les analyses du chœur de l'*Antigone* de Sophocle vont constituer la relance de la question du λόγος parménidien et héraclitéen et il s'agit alors d'une preuve et d'une épreuve fondamentale pour la question du λόγος, de la φύσις, de l'ὄν, et de leur unité, que l'accès au *Dasein* grec nous assurera.

Nous n'allons pas ici analyser plus avant les pages et les thèmes abordés dans l'explicitation du chœur sophocléen – nous renvoyons au texte de Françoise Dastur dans ce même volume. Nous nous attacherons à la relance de la question du λόγος, qui prend place après l'explicitation heideggérienne de l'être-homme chez Sophocle (à partir donc du dernier tiers de cette troisième partie[1]).

C'est en partant des termes grecs, δίκη et τέχνη, qui achèvent ses analyses du premier chœur de l'Antigone de Sophocle, que Heidegger relance la question de la co-appartenance réciproque de l'appréhender et de l'être. Il est affirmé d'emblée que le rapport réciproque (*Wechselbezug*) de δίκη et τέχνη (où δίκη est désignée comme *der überwältigende Fug*, la jointure qui règne sur tout, et τέχνη comme *die Gewalt-tätigkeit des Wissens*, l'activité violente du savoir), ce rapport réciproque donc est l'événement de l'*Unheimlichkeit*, de l'inquiétant. Or, Heidegger affirme que la co-appartenance de νοεῖν (*Vernehmen*) et de εἶναι (*Sein*) n'est rien d'autre (*nichts anderes*) que ce rapport réciproque δίκη-τέχνη. Le témoignage en est apporté par le fragment 80 d'Héraclite où δίκη est « la jointure qui conjoint » (*fügende Gefüge*), ainsi que par le début du poème de Parménide pour qui, dit Heidegger, δίκη est la déesse[2]. Nous soulignerons seulement à

1. À partir du [§ 53] et des pages 174/126 *sq.* du texte allemand – et des pages 170 *sq.* de la traduction française

2. Il s'agit du fragment IV, bien connu, sur les trois chemins : le chemin vers l'être, le chemin vers le non-être et le chemin vers l'apparence. Heidegger a déjà analysé ce célèbre

quel point le rapport δίκη-τέχνη rend manifeste comment se rapportent inséparablement l'une à l'autre la différenciation ou dissension des termes et leur jointure ou harmonie ou union : entre δίκη et τέχνη, il y va du « pli » de la dissension et de la jointure.

C'est donc bien l'appréhension, *Vernehmen*, νοεῖν, qui fait de nouveau l'objet de l'investigation ; ce qui confirme que Heidegger n'était pas encore arrivé au bout de la compréhension du *Vernehmen* avant d'entamer le passage sur Sophocle. Il est probable que maintenant l'analyse du *Vernehmen* va bénéficier de l'analyse aussi bien de l'*Unheimlichkeit* que de la *Fügung*, rendues manifestes dans l'analyse du texte sophocléen. Trois énoncés sont mis en place : 1) l'appréhension n'est pas un simple processus (*Vorgang*), 2) l'appréhension est en intime communauté d'essence avec le λόγος – et ceci est une nécessité (*Not*), 3) le λόγος fonde l'essence du langage (*Sprache*)[1].

L'entreprise heideggerienne consiste donc à remettre en jeu le rapport λέγειν – νοεῖν, *Sammlung-Vernehmen*, λόγος-*appréhension*, tout en introduisant la question du langage, du « parler ». Ce qui va éclairer plusieurs points. D'abord dans le poème de Parménide sur les trois chemins (fragment IV), l'appréhension est dite comme le point de passage (*Durchgang*) par le croisement des trois chemins, ce qui veut dire aussi que c'est le lieu de la décision (*Entscheidung*), mais aussi du risque (*Gefahr*). Ainsi, l'appréhension va se dire en terme de décision et de risque. Ensuite, que appréhender (νοεῖν) et λέγειν ont partie liée en ce que λέγειν veut dire « rendre manifeste » (*offenbarmachen*), « ouvrir » (*eröffnen*) – ce que confirme le fragment 93 d'Héraclite, où il est dit que le dieu qui est à Delphes « ne recueille ni ne cèle, mais fait signe (*er gibt Winke*) » ; le λόγος a donc le caractère du δηλοῦν (le manifeste) – (ce qui nous rapproche d'ailleurs d'*Être et Temps* – cf. notre mention ci-dessus). Si nous lisons bien, il était nécessaire de passer par la détermination du « *Vernehmen* », νοεῖν, « appréhender » pour parvenir à ce caractère du λόγος. Le λόγος est donc à la fois rassemblement (*Sammlung*) et manifestation (*Offenbarmachen*) et ce n'est qu'à partir du λέγειν que le νοεῖν trouve son essence, comme appréhension rassemblante (*sammelnde Vernehmen*).

Mais alors quel rapport la langue (*Sprache*) noue-t-elle avec le λόγος? La *Sprache* peut-elle être définie, comme le λόγος, par le *sammeln* et le *Offenbarmachen*? Non, cela ne va pas de soi, dit Heidegger, car la langue

fragment dans la 2e partie, « être et apparence », *Ga.*, 40, [§ 43], p. 118-119/84-85, trad. fr., p. 119-120.

1. *Op. cit.*, [§ 53], p. 176/128 sq, trad. fr., p. 173 *sq.*

aujourd'hui est prise comme un ensemble de signes (*Zeichen*), un ensemble de renvois : le mot et le nom (*Wort und Nennen*) déchoient en signes et c'est alors que nous nous trouvons dans le troisième chemin du poème de Parménide, le chemin de l'apparence, qui est celui de la δόξα. Précisément, ce troisième chemin est désigné comme celui sur lequel le fragment VI (dans la deuxième partie, « Être et apparence ») nous mettait en garde, et qui est celui que « les hommes – ceux qui ne savent pas – en bicéphales (*Zwieköpfe*) qu'ils sont, s'aménagent, dans leur appréhender errant (*in ihrem irrenden Vernehmen*), qui les jette de côté et d'autre ». Le *Vernehmen*, l'appréhender, peut donc « errer » lorsqu'il prend le chemin de la δόξα. N'est-ce pas alors celui qui est pris lorsqu'on suit le langage des signes (*Zeichen*) ? À l'inverse, la seule langue qui parle dans le chemin vers l'être est *Urdichtung* : poésie originelle, comme celle d'Homère[1]. Si donc le *Vernehmen* peut errer, c'est que le seul νοεῖν qui co-appartient au λόγος est un *dichten*, un penser poétiquement, et non pas n'importe quel *Vernehmen*. La légende (*Sage*) parménidienne des trois chemins est maintenant devenue claire : avant le chemin vers la δόξα (qui erre dans le langage, le discours, la *Rede*) et le chemin vers le non-être dont rien ne peut être dit, il y a le chemin vers l'être – ὄν, φύσις, λόγος, ἀλήθεια, dont le dire n'est pas un *reden*, mais un *dichten*. Dès lors, « être-homme » signifie : « entreprendre le rassemblement, l'appréhension rassemblante de l'être de l'étant, la mise en œuvre sachante de l'apparaître et ainsi gérer le non retrait, le préserver du retrait et du voilement » (*Menschsein heisst : die Sammlung, das sammelnde Vernehmen des Seins des Seiendes, das wissende Ins-Werk-setzen des Erscheinens übernehmen und so die Unverborgenheit verwalten, sie gegen Verborgenheit und Verdeckung bewahren)*[2]. N'est-ce pas cela le mode du « *Dichten* », le mode de la poésie, comme de l'art tout entier ?

C'est alors que nous pouvons nous poser la question de savoir comment et à quelle condition s'est produite la dissidence historiale du λόγος des Grecs et sa mésinterprétation dans le λόγος des modernes. Quand se produit le déclin du λόγος des penseurs initiaux ? Il se produit lorsque se produit une « dissension » (*Auseinandertreten*) de λόγος et de φύσις, qui n'est pourtant pas encore une « dissidence » (*Heraustreten*), car « celle-ci

1. *Ibid.*, [§ 53], p. 180/131, trad. fr., p. 176.

2. *Ibid.*, [§ 53], p. 183/133, trad. fr., p. 179. Nous voudrions remarquer simplement que l'analyse heideggérienne de « l'être-homme », comporte la même terminologie que celle des conférences sur l'art des années 1935-1936, notamment la formulation du « *Ins-Werk-Setzen* ». Cf. *Ursprung des Kunstwerkes*.

ne se produit que lorsque le λόγος renonce à son essence originelle, tandis que l'être comme φύσις est recouvert et transformé »[1]. Reste à élucider cette transformation dans l'interprétation de l'être, qui conduit, après la grande pensée des penseurs initiaux, à la souveraineté de la pensée sur la φύσις, sur l'être – à la pensée comme *ratio*.

Or, il nous semble que le processus du déclin du λόγος est bien décrit et explicité dans l'*Introduction à la métaphysique* (et nous allons en rendre compte), mais ce qui n'est pas clair, ce sont les conditions qui ont permis cette dissidence et ce déclin. Il nous semble, en effet, que ces conditions ne seront pas totalement exposées dans l'*Introduction à la métaphysique,* mais seulement plus tard. Ce n'est que dans les textes des années quarante et cinquante que la question trouvera une entière réponse, en tous cas une autre réponse, dans le phénomène de la « traduction » du grec en romain (nous y reviendrons brièvement). Pourtant, c'est déjà avec Platon et Aristote que le déclin commence. Décrivons donc sommairement ce déclin, tel qu'il se présente ici dans l'investigation heideggérienne. Il est important de noter tout de suite que Heidegger affirme que cette transformation n'a pas une origine externe (*von aussen*), elle vient du dedans (*von « innen »*)[2]. Mais « que veut dire du dedans ? » demande Heidegger lui-même.

Nous allons donc remonter « au dedans » de la philosophie grecque elle-même. C'est avec Platon qu'est inaugurée la transformation (*Wandel*) par laquelle l'être (φύσις) devient ἰδέα, εἶδος, idée. Le « véritablement étant » (ὄντως ὄν) est avec Platon l'ἰδέα; l'ἰδέα est l'être de l'étant – et l'être n'est donc plus φύσις au sens des penseurs initiaux, mais ἰδέα. L'interprétation de l'être comme ἰδέα, qui s'installe comme l'interprétation unique et déterminante de celui-ci, s'éloigne de la φύσις en produisant la thèse du χωρισμός, de la séparation (ἰδέα est l'être élevé au suprasensible). Il en résulte que se séparent deux sens de l'apparaître (*Erscheinen*, φαίνεσθαι) : l'apparaître (des penseurs initiaux) comme le rassemblement qui porte à la tenue (*das sich sammelnde, in der Gesammeltheit Sich-zum-Stand bringen und so Stehen*), et l'apparaître « déjà-là qui offre une façade, une surface, un point de vue, une é-vidence pour le regard » (*als schon Da-stehendes eine Voderfläche, Oberfläche darbietet, ein Aussehen als Agebot für das Hinsehen*)[3]. L'apparaître au premier sens ouvre l'espace, l'apparaître au second sens ne fait que remplir et aménager un espace déjà ouvert. L'ἰδέα

1. *Ibid.*, [§ 55], p. 187/136, trad. fr., p. 183.
2. *Ibid.*, [§ 55], p. 198/144, trad. fr., p. 193.
3. *Ibid.*, [§ 55], p. 191/139, trad. fr., p. 187.

(l'être) joue alors le rôle du « paradigme » (παράδειγμα, *Vorbild*) pour l'apparaître au second sens qui est « simple apparence » – et le rapport de l'être et de l'apparence est un rapport de μίμησις. Le statut privilégié de l'ἰδέα chez Platon aboutit donc à la séparation du ὄν et du φαινόμενον (de l'être et de l'apparaître). L'être n'apparaît plus, il se donne par « copie » – la vérité de la φύσις comme ἀλήθεια, est remplacée par la vérité comme ὁμοίωσις, μίμησις, *adaequatio*. La différence, l'écart différentiel dans la co-appartenance fait place à la rupture, à la dissidence, au χωρισμός; la co-appartenance fait place au dualisme.

Quant au λόγος, il se transforme du même coup en discours et en un simple « raconté », γλῶσσα. La vérité du discours ne peut résider désormais que dans la rectitude (*Richtigkeit*) du rapport des mots et des choses – rapport de μίμησις, ici aussi, c'est-à-dire de représentation (*Vorstellung*). Le λέγειν ne réside plus dans le δηλοῦν, le *Offenbarmachen*, « rendre manifeste », mais dans le « dire quelque chose de quelque chose » : λέγειν τι κατά τινος. C'est Aristote qui accomplit cette transformation, dans la théorie du λόγος ἀποφαντικός et la théorie des catégories – lesquelles sont les modes suivant lesquels quelque chose peut être dit de quelque chose; le λέγειν, devenu λέγειν τι κατά τινος transforme l'ontologie en théorie des catégories. La proposition, l'énoncé (*Aussage*) est le lieu où quelque chose est dit de quelque chose et la langue (*Sprache*) est l'instrument pour cette expression des énoncés : les catégories de la métaphysique sont les catégories de la langue. Ainsi est perdu le λόγος initial au profit de la construction de la « logique ». Le λόγος se sépare de l'être, de la φύσις à laquelle, chez les penseurs initiaux, il était « uni » dans une co-appartenance telle qu'il était impossible d'appréhender l'un sans l'autre; la vérité (ἀλήθεια) qui leur était unie de la même manière et qui s'opérait comme « *Unverborgenheit* » (δηλοῦν) se voit remplacée par la *Richtigkeit*, la rectitude. Ainsi, « le non-retrait (*Unverborgenheit*), l'espace institué pour l'apparaître de l'étant (*für das Erscheinen des Seiendes*) s'écroula. Ce qui fut sauvé comme ruines de cet écroulement furent « l'Idée » et « la catégorie », l' οὐσία et la κατηγορία.

Tel est l'événement (*Geschehen*) qui constitue le déclin de la pensée initiale des Grecs et va se continuer à travers les modernes en séparant et opposant λόγος et φύσις comme « sujet » et « objet », lesquels désormais se font face sans répit et ne sont plus unis dans une co-appartenance originaire. Telle est l'histoire de l'être, telle est l'histoire du λόγος[1].

1 *Ibid.*, [§ 55], p. 194-198/142-144, trad. fr., p. 189/192.

Il y a donc maintenant ce que Heidegger désigne du terme de *Einsturz*, écroulement. L'écroulement du non-retrait (l'écroulement de l'*Unverborgenheit*) – est l'événement (*Geschehen*) qui marque le déclin de la pensée des penseurs initiaux ou de la *Urdichtung*. Pourquoi cet événement, pourquoi cet écroulement? Heidegger répond que « l'initial ne peut pas garder son « initialité » dans l'immédiateté avec laquelle il s'initie » (*Der Anfang kann nicht und kann nie ebenso unmittelbar, wie es anfängt, dieses Anfängen auch so bewahren*)[1]. Ne peut-on alors penser que c'est cette impossibilité pour l'initial de demeurer dans son initialité, c'est-à-dire cette nécessité (*Not*) de la transformation (*Wandel*), que Heidegger a désignée comme une transformation « du dedans » (*von innen*)? La dissidence et l'écroulement seraient-ils donc déjà inscrits dès l'origine, comme possibilité, dans la co-appartenance de φύσις et de λόγος ? Dissidence et écroulement seraient-ils déjà inscrits dans le « pli » de λόγος et φύσις comme aussi dans la *Zwiefalt* de l'ἀλήθεια (*Unverborgenheit/Verborgenheit*), dans la différence ontologique? La *Fügung* (δίκη), la jointure, ne joue-t-elle alors plus son rôle? Il nous semble bien que c'est là l'explication heideggerienne dans l'*Introduction à la métaphysique* de 1935. Seule la poésie (*Dichtung*) vient à rebours de ce déclin du λόγος des Grecs. Seule la poésie et seul l'art rendent manifeste la mêmeté (la différence dans la co-appartenance) de λόγος et φύσις, de νοεῖν et εἶναι, de la « pensée » et de « l'être ». Les analyses heideggériennes du déclin du λόγος élaborent ce que l'on peut entendre comme le tournant et le renversement « interne » à l'histoire de la philosophie – et qui est pré-inscrit en quelque sorte dans la structure même des termes et des thèmes grecs, donc « interne » à ceux-ci quasi initialement. L'oubli de la différence se profilerait-il dès l'initial, dès l'initiale co-appartenance? Ou bien adviendrait-il seulement depuis que l'être a été interprété comme ἰδέα – transformant la philosophie en métaphysique? En un mot; jusqu'où faut-il faire remonter l'oubli? c'est bien ainsi que doit se poser la question de la nécessité « interne » énoncée tout à l'heure.

Le tournant se fait jour avec Platon et Aristote et cela s'inscrit à l'évidence dans leur terminologie et leur thématique. Plus tard, Heidegger trouvera une explication dans le processus de la « traduction » : le passage du grec au romain. Peut-être alors pourrait-on parler rétroactivement d'une « traduction » interne à la langue grecque qui aurait lieu par conséquent avec Platon et Aristote. S'agit-il, avec les conférences et cours des années 40 et 50, d'une transformation « externe », ou bien reste-t-elle encore « interne » ? Nous ne pensons pas être en mesure d'en décider.

1. *Ibid.*, [§ 55], p. 200/146, trad. fr., p. 194.

Il est clair que les conférences et les cours des années 40 et des années 50 – que nous avons répertoriés au début de ce travail – sont d'une grande importance pour suivre le parcours de Heidegger au sein de cette problématique. Nous ne pouvons en parler ici – et nous renvoyons à nos études déjà mentionnées sur ces textes. Malgré les relativement nombreuses modifications que ces cours et conférences présentent par rapport aux analyses de l'*Introduction à la métaphysique* de 1935, nous voudrions seulement mettre l'accent sur deux points – sous forme de deux remarques.

Remarque I. Sur l'interprétation heideggérienne d'Héraclite

Nous pensons que le cours de 1943-44 est plus proche des analyses de 1935 que de celles de la conférence de Brême de 1951. Dans tous les cas, le fragment qui fait l'objet de l'investigation est le fragment 50. Mais en 1943-44, Heidegger fait appel, dans son explicitation, au fragment 45 :

> ψυχῆς πείρατα ἰὼν οὐκ ἂν ἐξεύροιο, πᾶσαν ἐπιπορευόμενος ὁδόν· οὕτω βαθὺν λόγον ἔχει.
>
> Der Seele aüsserste Ausgänge auf deinem Gang nicht wohl kansst du sie ausfinden, auch wenn du jeden Weg abwanderst; so weitweisende Lese (Sammlung) hat sie.
>
> Les limites les plus extrêmes de l'âme, tu ne pourras pas les trouver sur ta route, même si tu parcours jusqu'au bout chaque voie, tellement est vaste sa récollection (*Lese*), son rassemblement (*Sammlung*).

Le fragment 45 sur la ψυχή, est donc associé au fragment 50 dans l'explicitation du λόγος. Heidegger repousse très rapidement l'interprétation psychologique-anthropologique de la ψυχή : la ψυχή serait plutôt à interpréter, dit-il, dans les termes du διαφαίνω (du transparaître) et du διαφέρειν (de l'*austragen* comme un « porter la différence »). Toutefois, il est notable que ce fragment 45 n'intervient plus dans la conférence de Brême de 1951. Le contexte de l'interprétation a donc changé : il est probable qu'en 1943-44 comme en 1935, le contexte soit celui qui situe le λόγος des mortels dans un rapport de dissension et de co-appartenance avec le λόγος de l'être – de « discordante duplicité », *zwiespältige Zwiefalt* – dans le cadre général d'une ontologie de l'apparaître. Alors qu'en 1951, le cadre devient peu à peu celui d'une ontologie de l'inapparent qui trouvera son expression, non pas au plan d'une théorie de la ψυχή (même non « psychologique-anthropologique »), mais au plan de la *Sprache*, dont *Unterwegs zur Sprache* sera le témoignage dans les mêmes années 50.

Remarque II. Sur l'interprétation heideggérienne de Parménide

A l'inverse de ce qui se passe pour Héraclite, la proximité de l'interprétation heideggérienne de Parménide dans le cours de 1942-1943 et dans *Qu'appelle-t-on penser?* de 1951-52 est grande. Elle est grande surtout en ce que toutes les analyses de Parménide présentent un fil directeur commun et qui n'était pas manifeste dans les cours et conférences sur Héraclite, ni dans l'analyse de 1935 sur Parménide : ce fil commun tient dans le thème explicite de la « traduction ». Le terme de traduction était déjà employé en 1935 et dans les cours sur Héraclite s'agissant de la manière dont Heidegger « rendait » le grec en allemand – mais sans que Heidegger semble lui prêter une attention particulière. Les cours sur Parménide des années 40 et des années 50, au contraire, paraissent centrés sur ce thème majeur de la traduction. D'abord, ayant traduit ἀληθές et ἀλήθεια par *unverborgene* et *Unverborgenheit*, Heidegger se demande s'il s'agit là d'une « traduction » et il répond « quand nous remplaçons – *ersetzen* – ἀλήθεια par *Unverborgenheit*, nous ne traduisons pas encore ». La traduction n'est pas seulement le passage d'une langue dans une autre langue, car déjà dans notre propre langue nous traduisons. Que faut-il entendre par là, sinon que Heidegger lui-même « traduit » dans sa propre langue, quand il traduit le grec ἀλήθεια par *Unverborgenheit* et non pas par *Wahrheit*? Cette procédure est un « traduire originaire », *ein ursprüngliches Übersetzen*[1] ; c'est pourquoi « parler et dire sont en soi un traduire » (*Sprechen und Sagen sind in sich ein übersetzen*). Dès lors vont être explicitées deux ententes du « *übersetzen* » (selon que l'accent porte sur la particule *über*- ou non) et trois formes différentes que sont : *die Übertragung* (transposition), *die Umschreibung* (reformulation), *die Umdeutung* (ré-interprétation). C'est ainsi que la traduction du grec ἀλήθεια dans le latin *veritas* (allemand *Wahrheit*, français « vérité ») est une *Umdeutung* – qui a son lieu dans un domaine d'expérience tout autre que celui de l'expérience grecque, c'est-à-dire dans le domaine d'expérience de *l'imperium romanum*. Ce passage, cette ré-interprétation romaine de l'essence de la vérité, est désigné comme « l'événement proprement dit » : il ouvre l'histoire et « l'histoire est la transformation de l'essence de la vérité » (*die*

1. Aussi peut-on sans doute faire référence, en matière de « traduire originaire » à la relecture que Heidegger fait maintenant du fragment VI de Parménide et tout particulièrement de la formule « *eon emmenai* » – que (se rapportant à une forme locale de « εἶναι » qui serait « ἐμμέναι ») il transforme en « ἔον ἔον » – c'est-à-dire en rien d'autre que justement une duplication ou une tautologie. Ne peut-on dire aussi que la co-appartenance de φύσις, λόγος et ὄν, renvoie précisément à une traduction du grec « en grec » ?

Geschichte ist der Wandel des Wesens der Wahrheit)[1]. Nous ne pouvons expliciter davantage ici cette importante analyse[2]. Nous voulons nous demander où se situe véritablement pour Heidegger le déclin du λόγος initial et l'écroulement (*Einsturz)* mentionné par lui dans tous les textes où il s'agit des penseurs initiaux que sont Parménide et Héraclite? D'abord, pourquoi l'investigation d'Héraclite est-elle toujours si avare en ce qui concerne la question du « traduire », alors que l'interprétation de Parménide est toujours très fortement attentive à cette question? Ensuite où se situe « l'écroulement » : à l'intérieur de la philosophie grecque et de la langue grecque, c'est-à-dire dans le passage des « penseurs initiaux » à Platon et Aristote, ou bien dans le passage du grec au latin? Et peut-on dire, pour répondre à la question que nous avons antérieurement posée, que le premier passage se ferait « de l'intérieur » (*von innen*) et que le second passage se ferait « de l'extérieur » (*von aussen*)? Mais cette dichotomie de l'intérieur et de l'extérieur est-elle valable, alors que nous savons qu'il s'agit de part en part de la mise en œuvre de la métaphysique occidentale? Celle-ci est-elle, ou non, tout « unie » en elle-même? Le contraste ou la différence ne seraient-ils pas plutôt à chercher du côté de la langue, de la *Sprache* : dans la dissidence du *reden* et du *dichten*? Le λόγος des penseurs initiaux ne serait-il pas à chercher, au sein d'une histoire (*Geschichte*) « non-chronologique » (d'une historicité « inactuelle » au sens nietzschéen du terme), du côté de cette *Dichtung* dont il est question dès 1935-36, dans *Der Ursprung des Kunstwerkes?* Le λόγος des penseurs initiaux ne serait-il pas la *Dichtung* de la poésie et de l'art.

1. Heidegger, *Parmenides*, *Ga.*, 54, Francfort, Klostermann, 1982, p. 13-20.

2. Nous nous permettons de renvoyer, outre à nos études déjà mentionnées sur les cours et conférences de Heidegger sur Héraclite et Parménide, à nos études sur la traduction : « De la traduction comme origine des langues : Heidegger et Benjamin », *Les Temps Modernes*, Paris, Gallimard, mai-juin 1989, n° 514-515; ainsi que « Philosophie, langue et *Bildung* : la tâche du traducteur (de Heidegger et Benjamin à Humboldt) », dans *Traduire les philosophes*, J. Moutaux et O. Bloch (éd.), Paris, Publications de la Sorbonne, 2000.

CHAPITRE VIII

L'AUTRE DE L'ÊTRE

Le lecteur le plus superficiel de l'*Introduction à la métaphysique* ne manquera pas de s'étonner devant l'allure disproportionnée de ce cours, où le chapitre quatre occupe à lui seul plus de la moitié du texte. S'y ajoute une seconde disproportion au sein même de ce chapitre qui expose les « quatre délimitations de l'être » illustrées par un schéma qui apparaît à la fin du texte : la distinction de l'être et du devenir occupe deux pages ; celle de l'être et du devoir-être trois pages, celle de l'être et du paraître treize pages. Le centre de gravité du chapitre et, en un sens, du cours entier est occupé par les soixante et unes pages que Heidegger consacre à la distinction de l'être et du penser.

Avant de tenter une interprétation de ce schéma, j'expliciterai l'idée que je me fais des tâches du commentateur et de l'interprète de ce cours du semestre d'été 1935 qui est la dernière des grandes « introductions » à la métaphysique proposées par Heidegger depuis sa leçon inaugurale de 1929 qui avait pour titre : « Qu'est-ce que la métaphysique ? ».

La moindre des choses qu'on puisse demander à un commentateur, c'est de « lire Heidegger dans le texte », ce qui implique souvent, même si ce n'est pas toujours, la nécessité de s'écarter des traductions existantes. Même s'il n'a pas la forme d'une exégèse linéaire, le commentaire est un travail de « lecture », de collecte et de rassemblement du sens, plus ou moins conforme à la définition du λόγος et de la lecture que Heidegger donne lui-même dans le quatrième chapitre. « Rassembler » ne signifie ni paraphraser, ni résumer. Le commentateur repère dans le texte des mots-clés et des thèses directrices qui permettent au lecteur de s'y frayer son propre chemin. C'est un travail d'accentuation du sens, qu'on peut comparer aux accents toniques qui rendent un discours compréhensible.

S'y ajoute une tâche de contextualisation synchronique ou diachronique. *Synchronique*, pour autant que certaines thèses entrent en résonance, par un jeu de renvois dont l'auteur n'a pas nécessairement conscience, avec d'autres passages du même texte ; *diachronique*, pour autant que les décisions théoriques sont aussi le fruit de l'évolution intellectuelle de l'auteur. Cette contextualisation s'impose d'autant plus que Heidegger lui-même renvoie à plusieurs reprises à l'ontologie fondamentale de *Sein und Zeit* ou à *Vom Wesen der Wahrheit*. Nous lisons aujourd'hui ce cours de 1935 sur la toile de fond des cours des années trente parus dans le cadre de la *Gesamtausgabe*, de même que nous ne pouvons pas ignorer la proximité chronologique avec les écrits « ésotériques » de Heidegger, en particulier les *Beiträge zur Philosophie*.

Lire, et lire en accentuant, c'est en un sens déjà interpréter. L'interprétation proprement dite commence quand le lecteur entre en débat avec l'auteur, en s'engageant dans le « combat amoureux pour la chose même ». Même si la lecture que je propose ici relève davantage du commentaire, elle me conduira parfois à formuler des hypothèses interprétatives qui déboucheront sur un questionnement en retour, une *Rückfrage*.

Dans le bref chapitre III du cours, Heidegger, tournant le dos aux considérations « grammaticales » et « étymologiques », déploie la question de « l'essence » de l'être, décisive pour la possibilité d'une véritable compréhension de l'être. Le chapitre s'achève sur la thèse d'après laquelle « la limitation (*Begrenzung*) du sens de « être » se maintient dans le champ de la présence et de l'adestance, de la consistance et de la subsistance, de la con-tinuité et de l'ad-venir »[1] (69 ; 100).

Il n'est pas nécessaire d'alléguer la distinction kantienne entre *Schranke* et *Grenze*, pour remarquer le terme *Beschränkung* dans le titre du quatrième chapitre. Au lieu de traduire *Begrenzung* et *Beschränkung* par « limitation », il me paraît préférable de rendre le second par « délimitation ». C'est en effet à un travail de délimitation, ou de « recadrage », que Heidegger se livre dans ce chapitre, consacré à l'analyse des quatre

1. « Die Begrenzung des Sinnes von "Sein" hält sich im Umkreis von Gegenwärtigkeit und Anwesenheit, von Bestehen und Bestand, Aufenthalt und Vor-kommen », *Einführung in die Metaphysik*, Tübingen, Niemeyer, 1966³, p. 69 ; trad. fr. G. Kahn, rééd., Paris, Gallimard, 1967, p. 100. Nous donnerons simplement dans la suite la pagination de l'édition Niemeyer (elle figure en marge de la *Gesamtausgabe*, tome 40, suivi immédiatement – et à titre seulement indicatif – de la pagination de la traduction G. Kahn).

distinctions couramment alléguées pour différencier l'être de son autre : être et devenir, être et paraître, être et penser, être et devoir-être.

Ces délimitations dont le commentaire montre qu'elles sont aussi des « restrictions » nous placent aux antipodes du soupçon nietzschéen qui formait le point de départ du cours : loin d'être une simple coquille verbale vide, l'être se caractérise maintenant par une multiplicité déroutante de déterminations. De l'impossibilité de définir l'être, on passe à un excès de « définitions », risquant de faire écran à sa déterminité la plus essentielle.

L'image de la désorientation utilisée au début de ce chapitre (*daß wir uns kaum zurecht finden*, ce qui, littéralement, peut être rendu par : « que nous avons peine à nous y reconnaître ») se retrouve, renforcée, à la fin du chapitre : « Du point de vue métaphysique, nous *titubons*. Nous sommes partout en route au milieu de l'étant, et ne savons plus ce qu'il en est de l'être. Nous ne savons même pas que nous ne le savons plus. Nous titubons encore quand nous nous assurons l'un à l'autre que nous ne titubons pas, et il en est même encore ainsi lorsqu'on s'efforce même de montrer, comme on l'a fait récemment, que ce questionner vers l'être ne fait que mettre de la confusion, qu'il exerce une action destructrice, que c'est du nihilisme. » (154-155 ; 205).

La comparaison de la formule inaugurale avec la formule conclusive, qui n'est pas sans évoquer la préface de *Sein und Zeit,* nous invite à nous interroger sur le « travail de reconnaissance » particulier auquel Heidegger se livre dans le quatrième chapitre. Il prend son départ avec les distinctions les plus courantes que récapitule le « schéma des délimitations » (149 ; 199) inséré à l'intersection de la troisième et de la quatrième délimitation. Elle constitue une sorte de feuille de route présupposée dès le départ, comme le montrent les sept « points de repère » (*Richtpunkte*) indiqués au début et répétés textuellement à la fin du chapitre. On peut les lire comme le « mode d'emploi » du schéma des délimitations.

Heidegger souligne d'abord que chaque tentative de délimiter l'être de son « autre » le circonscrit d'une certaine manière, mais chacune de ces délimitations produit un effet spécifique. Rien ne garantit que ces effets se complètent et s'enrichissent mutuellement. Il faut au contraire envisager l'hypothèse d'après laquelle, loin de se renforcer, ces délimitations puissent diverger, voire même se neutraliser. D'entrée de jeu, Heidegger formule une alternative énigmatique : ou bien la déterminité de l'être se ramifiera et s'accroîtra, ou bien elle diminuera » (72 ; 103). Une des tâches de l'interprète de ce chapitre est de se demander où, et selon quelles modalités se produit le renforcement, la bifurcation ou la neutralisation des oppositions.

Ce qui est vrai des multiples significations de l'étant, elle aussi régie par une quadruplicité fondamentale, vaut également pour les quatre délimitations qui retiennent l'attention de Heidegger ici : les comprendre, c'est comprendre leur nécessité historiale. Loin d'être purement occasionnelles, elles reflètent la « frappe » (*Prägung*) originelle de l'être, tel qu'il s'est manifesté dans l'histoire de l'Occident et tel qu'il est visé dans le questionnement originel des philosophes présocratiques.

L'influence de ces démarquages ne se manifeste pas seulement dans le champ philosophique, mais dans bien d'autres domaines du savoir, de l'agir et du discours. La « métaphysique » n'est pas seulement une discipline philosophique, elle est une puissance historiale qui reflète un destin de l'être.

La sixième indication est celle que Heidegger explicite le plus longuement. Derrière la synchronie des oppositions, on discerne la diachronie d'une évolution historique. Les deux premières oppositions prennent forme dès la philosophie antique. Étant les plus anciennes, elles sont également les plus courantes.

Pour plausible qu'elle soit, cette thèse ne doit pas nous empêcher de nous demander s'il n'y a pas d'autres distinctions, peut-être moins « courantes », c'est-à-dire moins bien « reconnues », que celle de l'être et du devenir et de l'être et du paraître. Comment ne pas penser ici à la distinction de l'être et de l'Un, dans l'hénologie néoplatonicienne ? N'est-ce pas justement dans ce courant de pensée que le terme *Beschränkung des Seins* reçoit toute sa force ? Y a-t-il moyen plus efficace de « renvoyer l'être à l'intérieur de ses limites » que de dire qu'il n'est que le premier dérivé du Principe originel qu'exprime le chiffre de l'Un ?

En comparaison, les deux dernières distinctions, celle de l'être et du penser et de l'être et du devoir-être, ne reçoivent leur plein relief qu'avec la philosophie moderne. Cela ne veut pas dire qu'elles aient été totalement ignorées des philosophes anciens. Platon et Aristote – et avant eux, Parménide, comme le montre la suite du chapitre – se sont déjà intéressés à la distinction de l'être et du penser. Il n'empêche que la philosophie moderne naissante, autrement dit le *cogito* cartésien, lui imprimera un tournant décisif. D'après Heidegger, il s'agit de la distinction la plus complexe et dont la visée est la plus problématique. En ajoutant entre parenthèses : « C'est pourquoi elle reste pour nous la plus digne de question » (72 ; 104), Heidegger prévient ses lecteurs que l'essentiel du chapitre gravitera autour de cette distinction.

Quant à la distinction de l'être et du devoir-être, elle semble être une invention typiquement moderne, même si Heidegger suggère qu'elle trouve une préfiguration lointaine dans la caractérisation ancienne (platonicienne en particulier) de l'être comme Bien. Sous l'influence de Kant et du néokantisme, elle détermine l'une des attitudes fondamentales de l'esprit moderne face à l'étant dans son ensemble.

Est-elle *fragwürdig* et en quel sens ? Il y a un contraste saisissant entre les soixante pages que Heidegger consacre à la troisième distinction et les maigres trois pages qu'il consacre à la quatrième. Indépendamment de la question de cette inégalité du traitement, on peut aussi se demander si la formule employée : « l'étant en tant que Bien » rend justice au tranchant de l'ἐπέκεινα τῆς οὐσίας de *République* 509 b, qui avait fasciné Heidegger dans ses derniers cours de Marbourg.

La septième indication explicite l'enjeu du questionnement que Heidegger déploie dans ce quatrième et dernier chapitre du cours : il s'agit de relancer de manière originelle la question de l'être en déployant la vérité de l'essence de l'être. Pour « courantes » (ce qui veut dire aussi « scolaires ») qu'elles soient, toutes ces distinctions sont l'expression de « puissances cachées » auxquelles une authentique pensée de l'être doit se mesurer.

QUAND L'ÊTRE PARAÎT

La pensée de l'être se déploie dès le départ sous l'égide de la distinction de l'être et du devenir. Parménide est le témoin le plus insigne d'un regard porté sur l'être qui commence par en écarter tout ce qui relève du devenir, de la genèse et du déclin. Sa grandeur inégalée est d'avoir donné tout son relief à ce geste de pensée. Prenant le contre-pied d'une idée reçue, Heidegger souligne qu'Héraclite ne dit pas autre chose que Parménide.

Après cette présentation succincte de la première distinction, qui se confond pour l'essentiel avec un éloge de la grandeur de la pensée parménidienne, comparable à une statue grecque archaïque, Heidegger s'arrête un peu plus longuement sur la distinction de l'être et du paraître, qu'il tient pour aussi originaire que la première. Par le fait même se pose la question, non encore élucidée, de leur lien, question d'autant plus délicate que l'orientation épistémologique de la pensée moderne nous empêche de comprendre la signification originellement grecque de la distinction de l'être et du paraître qui présuppose leur unité cachée.

L'argumentation de ces pages n'est pas sans rappeler celle du paragraphe 6 de *Sein und Zeit*. Au lieu d'opposer l'être et le paraître comme le réel et l'irréel, il faut partir du sens positif du terme « paraître » que connotent les expressions : « le soleil paraît », « l'enfant paraît » à la naissance, avant de se tourner vers le sens négatif : l'apparence, la « semblance », etc. C'est pour cette raison qu'il me semble préférable de traduire le titre de la deuxième section du chapitre par « Être et paraître » et non par « Être et apparence ». Cette traduction respecte mieux la gradation des trois modes du « paraître » que distingue Heidegger : l'éclat et le brillant d'une chose ; l'apparaître entendu comme manifestation ; l'apparence purement illusoire de « ce qui donne le change ». En soulignant que l'ordre de dérivation des trois significations est irréversible, Heidegger confirme sa compréhension « grecque » du phénomène et de la phénoménologie. « Sauver les phénomènes », c'est accueillir la manière dont l'être lui-même se manifeste comme *physis*. « Éclosion » (φύσις) et « déclosion » (ἀλήθεια) sont le même pour les Grecs, ce qui veut dire que « *la vérité appartient à l'essence de l'être* » (78 ; 111).

Le terme δόξα doit lui aussi être pris dans son acceptation « glorieuse » qu'on trouve encore dans le grec néotestamentaire de saint Paul, parlant de la « gloire de Dieu » qui s'est manifestée en Christ. Seul un « docétiste » en conclura que le Christ n'est qu'un « semblant » de Dieu. Plus grec que chrétien, Heidegger évite de se poser la question du lien que ce thème néotestamentaire entretient avec la *kabod Yahvé* de l'Ancien Testament. Il s'en tient au sens du mot *doxa* chez les poètes grecs, qui furent aussi des « maîtres de Vérité »[1] : « glorifier » un dieu ou un guerrier en chantant ses exploits, c'est le « magnifier », accroître son être et empêcher qu'il ne tombe en oubli.

Le fait que le terme δόξα peut se charger également d'autres connotations plus négatives, qui nous font passer progressivement de la renommée à la simple opinion, en passant par la « vue » et l'apparence, n'est pas un hasard, mais une donnée philologique qui a des implications ontologiques. « Cette plurivocité du mot n'est pas une négligence de la langue, mais un jeu fondé en profondeur au sein même de la sagesse amenée à maturation par une grande langue, qui garde, enveloppés dans les mots, les traits essentiels de l'être. » (80; 113). La sagesse de la langue grecque confirme ce que Heidegger avait déjà affirmé au paragraphe 6 de *Sein und Zeit* : « Autant de paraître, autant d'"être" »[2]. Comme en écho, l'*Introduction à la métaphysique* stipule : « De même que l'apparaître appartient à l'étant lui-même, le paraître le fait lui aussi. »

1. Voir M. Détienne, *Les maîtres de vérité dans la Grèce archaïque*, Paris, Maspéro, 1979.

2. « Wieviel Schein jedoch, soviel "Sein" », *Sein und Zeit* § 6, p. 36.

Le lever et le coucher du soleil, l'aube et le crépuscule, ont une vérité « phénoménologique » que nul savoir astronomique ou météorologique ne saurait invalider. C'est « en soutenant le combat qui se livre entre l'être et le paraître » que les Grecs – les philosophes, mais aussi les bâtisseurs de temples, les fondateurs des cités, les tragiques et les organisateurs des jeux olympiques – « ont arraché l'être à l'étant ». Platon, tout comme les sophistes, s'écarte déjà de ce grand jeu agonistique en séparant l'étant illusoire de l'être véritable, tendance que renforcera encore l'opposition chrétienne de l'ici-bas et de l'au-delà, que Heidegger, citant Nietzsche, ramène à la formule : « platonisme pour le peuple ».

De toutes les expressions de la culture grecque, c'est *Œdipe-Roi* qui illustre le mieux aux yeux de Heidegger la grandeur et la violence de ce combat de l'être et du paraître, la « passion fondamentale » du dévoilement de l'être qui est « passion du combat pour l'être même » (81 ; 115). « L'œil de trop » que Hölderlin attribue à Œdipe aveuglé, c'est, pour Heidegger, l'œil capable de voir l'être en sa vérité. Si on accepte cette lecture, qui fait d'*Œdipe-Roi* « la tragédie du paraître » (82 ; 116), rien ne s'oppose à ce que les tragiques grecs soient crédités d'une pensée de l'être, de même que les penseurs de l'être peuvent être crédités d'une anthropologie qui ne se distingue en rien de celle des tragiques – postulat herméneutique dont les enjeux apparaîtront clairement dans l'interprétation heideggérienne de l'opposition de l'être et de la pensée. *Œdipe-Roi* confirme la justesse de la thèse d'après laquelle « le paraître appartient à l'être en tant qu'apparaître. L'être en tant que paraître n'est pas moins puissant que l'être en tant que non-latence » (83 ; 117).

Que l'apparaître puisse nous tromper et nous égarer, ne signifie nullement que la *doxa* ne soit que tromperie et illusion. L'homme a affaire à un « monde tridimensionnel » (*Dreiwelt*), dans lequel l'être, la non-latence et le paraître ne cessent de s'entremêler. Dans un tel monde, l'errance (*Irre*) que Heidegger avait décrite dans « De l'essence de la liberté » est non seulement possible, mais inévitable.

Parce que nous avons affaire à un monde tri-dimensionnel, celui-ci se laisse parcourir selon un « triple chemin » (*Dreiweg*). C'est le triple parcours de la reconnaissance inaugural de la pensée philosophique naissante qu'explore le poème de Parménide : le *chemin vers l'être* et sa vérité ; le *chemin vers le non-être* qui, même s'il s'avère impraticable, doit néanmoins être reconnu comme tel ; le *chemin du paraître* qu'évoque le Fragment 6, consistant à reconnaître l'appartenance du paraître à l'être même.

Heidegger caractérise chacun des chemins par un adjectif soigneusement choisi : « incontournable » (*unumgänglich*) pour le premier, « inaccessible » (*unzugänglich*) pour le second, « toujours accessible et toujours emprunté, et pourtant contournable » pour le troisième qui emprunte ainsi, « à l'envers » un élément du premier et du second chemin. La *physis* qui, d'après Héraclite, aime se cacher, relève de la même expérience de l'être appelé à paraître.

Au terme de son analyse de la distinction de l'être et du paraître, Heidegger décèle le lien secret qui rattache la seconde distinction à la première, celle de l'être et du devenir. Le devenir est en réalité « un paraître de l'être » (*ein Schein des Seins*), une modalité particulière de sa manifestation. Cela ne signifie pas que la première distinction se résorbe dans la seconde ou que les deux reviennent au même. Heidegger défend une conception agonistique des premiers combats de la reconnaissance auxquels se sont livrés les premiers penseurs grecs, sans qu'on puisse encore se prononcer sur l'issue du combat : « Le *penser* et l'être-là des Grecs mènent un combat en vue de la décision entre les grandes puissances Être et Devenir, Être et Paraître. » (88 ; 123-124).

GEGENSTREBIGKEIT : LE CHIASME DE L'ÊTRE ET DU PENSER

Si l'issue du combat est incertaine, c'est aussi parce que le combat se livre sur un troisième front, que les Grecs n'ont fait qu'entrevoir : celui où l'être et le penser se font face. Ce n'est pas seulement le nombre de pages que Heidegger consacre à cette distinction qui montre l'importance qu'il lui attache. D'entrée de jeu, il souligne la particularité de ce qu'il estime être la scission dominante de la pensée occidentale, qui est aussi la cible principale de ses critiques : « Dans la scission apparemment indifférente : *être et penser*, il nous faut reconnaître la position fondamentale de l'esprit de l'Occident, contre laquelle se dirige notre attaque véritable. On ne peut la surmonter qu'originairement, c'est-à-dire de manière à ce que sa vérité originelle soit renvoyée à l'intérieur de ses propres limites et, ainsi, refondée à nouveaux frais » (89 ; 125). Le vocabulaire guerrier de l'attaque ne doit pas nous faire oublier qu'il s'agit d'un travail de déconstruction, et non d'une entreprise de démolition.

La particularité – également indiquée dans le schéma récapitulatif – est celle-ci : à la différence des deux distinctions évoquées jusqu'ici, où l'autre de l'être était envisagé du point de vue de l'être lui-même (comme l'indique l'orientation des flèches dans le schéma), la troisième distinction implique un double regard : soit celui de l'être qui se tourne vers le penser, soit celui du penser qui se dirige vers l'être. Si on privilégie le second regard, l'être devient un objet de représentation pour une pensée dont l'essence consiste justement dans l'acte de représentation.

Par le fait même, on est obligé de se poser la question à laquelle Heidegger consacrera son ultime cours en 1954 : « Qu'appelle-t-on penser ? » (90; 126). Si penser ne veut dire rien d'autre que « représenter », placer par devers soi, on comprend que n'importe quel étant puisse devenir un objet de représentation. En revanche, on aura de plus en plus de mal à comprendre pourquoi cette capacité de représentation se rapporte à l'être même. En d'autres termes : on comprend pourquoi le penseur soit semblable à l'archer qu'Aristote évoque au début de la *Métaphysique*, mais rien n'indique que la cible que sa flèche cherche à atteindre, ce soit l'être lui-même. Or, pour Heidegger, le titre « être et penser » nous oblige à envisager également la possibilité inverse : celle d'une flèche partant de l'être lui-même et qui frappe le penseur en plein cœur. La difficulté est de comprendre en quel sens nous avons affaire à une distinction « qui est pour ainsi dire exigée par l'être même » (91 ; 127).

Cette question de « l'appartenance interne du penser à l'être » ne relève pas de la « logique » telle qu'on la comprend habituellement. Il faut même dire plus : c'est la logique qui nous empêche de nous la poser. En suggérant de mettre le terme de « logique » entre guillemets, Heidegger entérine l'accusation centrale de son cours donné au semestre d'été 1934 sur la logique comme question de l'essence du langage[1] : la « logique » occulte l'accès à l'ἀλήθεια et à la φύσις, autrement dit : elle ne permet plus de penser l'être en tant que « déclosion ». Pour Heidegger, la « logique » n'a pu se développer qu'une fois accomplie la scission de l'être et du penser « sous une guise déterminée et d'un point de vue particulier » (92-93 ; 129). Loin de fonder cette scission, elle a elle-même besoin d'être fondée par une pensée qui accepte de retourner à « la question du rapport essentiel du penser à l'être », ce qui, pour Heidegger, revient à déployer la question de l'être comme tel.

L'introduction à la métaphysique ne peut s'accomplir que sous la forme d'un « penser plus originaire, plus rigoureux, dans l'obédience de l'être » qui se montre capable de « surmonter la logique traditionnelle ». Ce n'est que sur la toile de fond de l'appartenance originelle du penser à l'être qu'il devient possible de comprendre leur distinction. Formulée en termes plus historiques, la question devient : « dans quelle mesure être et λόγος sont-ils pour les Grecs la même chose, c'est-à-dire originairement unis, de façon à

1. *Logik als die Frage nach dem Wesen der Sprache*, Ga. 38.

ce qu'ensuite ils puissent diverger et qu'ils doivent le faire pour des raisons déterminées ? » (95 ; 133).

Un premier indice philologique est fourni par la signification originelle du terme λόγος qui désigne la « collecte » sous ses différentes modalités : glaner des épis de blé, rassembler du bois sous forme de fagot, les vendanges, la sélection, la lecture, etc. S'y ajoute le fait que la même relation d'appartenance entre le λόγος, compris comme « collecte », et l'être compris comme présence manifeste, est attestée dans la philosophie naissante chez Parménide et Héraclite.

Les fragments « logocentriques » d'Héraclite (Fragments 1, 2 et 50) gravitent autour de trois thèmes fondamentaux : le λόγος est le garant de la présence constante ; il tient ensemble tous les étants et les rassemblant ; tout ce qui vient à être se conforme à ce rassemblement que Heidegger suggère d'entendre dans le double sens de l'acte de recueillir et de la recollection que connotent le terme allemand de *Sammlung*. Le λόγος dont parle Héraclite, c'est le « recueillement constant ». Toute traduction qui s'écarte de cette signification originelle (« sens », « parole », « doctrine », « discours », etc.) est à rejeter. Sans la capacité d'écouter (écoute qui est déjà une obéissance docile, une *Hörigkeit*) cette « *recollection de l'étant lui-même* » (99 ; 137-138) qui repose sur l'unité originelle de la φύσις et du λόγος, il n'y a guère de compréhension possible.

Heidegger achève son esquisse d'une interprétation des fragments d'Héraclite qui thématisent le λόγος, par deux remarques complémentaires.

La première souligne le lien essentiel entre le dire, l'écoute et la compréhension de l'être : « Le dire et l'écoute ne sont authentiques que si, au préalable, ils sont en soi déjà dirigés vers l'être, vers le λόγος. Ce n'est que là où celui-ci se découvre que le phonème devient parole. Ce n'est que là où l'être de l'étant qui se découvre est perçu que le simple fait de laisser traîner l'oreille devient écoute. »(101 ; 140). Le λόγος seul permet de s'établir fermement dans l'être de l'étant, mettant fin au « titubement » déjà évoqué. Ceux qui sont capables d'un tel établissement, ce sont les poètes et les penseurs, auxquels ne s'appliquent pas les comparaisons héraclitéennes du chien qui aboie au passage des inconnus et de l'âne qui ne sait pas distinguer la balle et l'or. Ils possèdent, peut-on dire en écho au Fragment 7, un « flair de l'être » qui les met en mesure de discerner plusieurs manières d'être, ce qui, par le fait même, les met à l'abri du soupçon nietzschéen d'après lequel l'être ne serait que buée et vapeur inconsistante.

La seconde remarque met l'accent sur le caractère aristocratique ou élitiste de la pensée d'Héraclite. Seuls des êtres exceptionnels, de haut rang, comprennent l'appartenance originelle du λόγος et de l'être. Tous les rassemblements communautaires et collectivistes et tous les attroupements, loin de là, ne nous fournissent pas une idée adéquate du rassemblement inscrit dans l'essence même du λόγος. « Das Rangmässige ist das Stärkere » : au lieu de traduire par : « Ce qui a un rang est quelque chose de fort », il est philologiquement plus exact, et certainement aussi plus conforme au contexte, de traduire par : « Ce qui est de haut rang est le plus fort », en sous-entendant : plus fort que tout collectivisme ou populisme égalitaire et nivelant.

Là où s'arrête la tâche du commentateur, commence celle de l'interprète qui devra s'interroger sur le critère de la *Rangmässigkeit* que Heidegger introduit ici. Il aura d'autant plus de raison de le faire que la manière dont Heidegger distingue ici le λόγος héraclitéen du λόγος néotestamentaire donne la fâcheuse impression que l'hypothèse (qui est peut-être une hypothèque !) nietzschéenne d'après laquelle le christianisme n'est qu'un platonisme pour le peuple, tend à réduire la conception chrétienne – johannique et paulinienne – du λόγος à une expression de l'égalitarisme communautaire. Le « λόγος de la Croix » ne mérite-t-il pas un peu plus de considération ? Peut-être représente-il une *Rangmässigkeit* d'un autre type que celle dont parle Heidegger, une *Rangmässigkeit* de type « kénotique », dont on lit l'épure dans l'hymne christologique de Philippiens 2, 6-11, auquel bien des philosophes se sont intéressés. Si on veut qualifier cet ordre kénotique, on est obligé de transformer l'énoncé heideggérien en disant : « *Das Rangmässige ist das Schwächere* » et de l'interpréter de façon paulinienne : ce n'est qu'en renonçant au rang qui lui revient de droit et en se faisant obéissant jusqu'à la mort que le Λόγος manifeste son être véritable. L'interprétation qui vient d'être proposée prend Heidegger au mot : « Un monde sépare tout cela d'Héraclite » et de Heidegger ! Mais la différence de ces deux mondes n'est pas celle entre un monde aristocratique et élitiste et entre un monde populiste et égalitariste.

L'idée grecque du λόγος et son interprétation héraclitéenne a permis à Heidegger de redécouvrir l'appartenance originaire du λόγος et de l'être. A la limite, leur union est maintenant si intime qu'elle rend impossible toute scission. Comment expliquer le fait que malgré tout, ils puissent faire « bande à part » non pour des raisons accidentelles (par exemple la scission moderne du sujet et de l'objet), mais en vertu d'une nécessité inscrite dans leur essence même ? Paradoxalement, Heidegger cherche la réponse en se tournant vers Parménide, non en tant qu'il dit le contraire d'Héraclite, mais parce qu'il envisage cette appartenance d'un autre point de vue. Le paradoxe se renforce encore du fait que le Fragment 5 du poème, sur lequel

Heidegger se focalise maintenant, ne parle pas du λόγος, mais du νοῦς : « être et penser c'est en effet le même ».

L'exégèse qu'en propose Heidegger veut mettre Parménide à l'abri d'une interprétation subjectiviste, d'après laquelle Parménide serait un lointain précurseur de l'idéalisme, du fait qu'il estime qu'il appartient au sujet de décider ce qu'est l'être. Il faut d'abord revenir au sens grec de l'être qui se confond avec la φύσις. Quant au νοεῖν, Heidegger récuse la facilité consistant à traduire le mot simplement par « pensée ». Le νοεῖν, c'est une « *Vernehmung* » (une « appréhension ») au double sens du mot allemand. D'une part, il s'agit d'une perception réceptive, capable d'accueillir ce qui se montre et ce qui paraît. En d'autres termes : en dehors de la vision grecque et plus précisément présocratique du lien entre l'être et le paraître, le sens du verbe νοεῖν demeure inintelligible. D'autre part, il y a le sens juridique de l'interrogation d'un témoin, en vue d'établir un constat.

Entendu en ce sens, le νοεῖν est plus proche de certaines valeurs du verbe « comprendre » que de celles qu'on attribue ordinairement au verbe « penser ». S'il y a unité entre l'εἶναι et le νοεῖν grecs, celle-ci ne peut se ramener à une simple uniformité ou à une identité purement formelle. Le « même » tient ensemble deux notions qui sont *gegenstrebig*, qui tendent en quelque sorte à faire bande à part, ou qui, du moins, regardent en deux directions différentes, comme les deux visages d'un *Janus bifrons*.

QUI SOMMES NOUS ? L'APPARTENANCE DE L'HOMME À L'ÊTRE

On pourrait alors s'attendre à ce que Heidegger explique directement l'idée qu'il se fait de cette *Gegenstrebigkeit* au sein de la « mêmeté ». En réalité, le travail exégétique ne sera repris que vingt pages plus loin.

Les vingt pages intercalaires (106-126; 147-170) sont entièrement dédiées à la justification de la thèse d'après laquelle « l'essence et la guise de l'être-homme ne se laissent déterminer qu'à partir de l'essence de l'être » (106; 147). Heidegger a conscience du fait que la portée proprement ontologique de l'énoncé parménidien n'apporte aucune réponse directe à la question kantienne : « Qu'est-ce que l'homme ? ». Pourtant, si « être » et « penser » sont inséparables, cela veut dire que, d'une manière ou d'une autre, l'homme appartient à l'être. Il n'y a pas de plus court chemin de réponse à la question : « Qu'est-ce que l'homme ? » que celle qui passe par l'analyse des modalités proprement humaines d'appartenance à l'être.

Ce rapprochement entre l'ontologie et l'anthropologie n'est pas sans conséquences pour le questionnement anthropologique lui-même. Sans justifier explicitement la transformation de la question, comme il le fera dans d'autres textes, Heidegger remplace immédiatement la particule interrogative « qu'est-ce que ? » par la particule : « qui ? ». La question : « qu'est ce que *x* ? » peut être adressée à n'importe quel étant, tandis que la question : « qui ? » n'a de sens que si elle est adressée à un étant qui est un soi-même, une ipséité.

Là où il y a un « soi-même », il y a nécessairement un « autre que soi ». En ce sens, la question : « qui ? » engage un travail de distinction et de différenciation qui, plus d'une fois, passe par la différenciation du divin et de l'humain. Sur ce point on peut adresser une question critique à Heidegger : la question : « Qui ? » doit-elle être réservée à l'homme, comme il semble le suggérer, ou s'applique-t-elle également à Dieu ? Dans la Bible, l'exclusivité du nom révélé de Dieu (*ehye asher ehye*, *Ex 3*, 14) a pour conséquence de singulariser le destinataire de cette révélation, à savoir Moïse. Si Dieu est « quelqu'un », un « qui » au sens fort du terme, son mandataire l'est aussi, comme le souligne André LaCoque : « Celui qui fait face à Dieu reçoit un nom propre *dans la relation* avec un Dieu qui n'est pas lui-même anonyme ». La révélation du Nom de Dieu instaure ainsi un rapport intime entre l'Ipséité divine et le soi humain : « Le plus grand des paradoxes est que Celui qui a seul le droit de dire “Je” et qui est l'unique *'ehyeh*, a un nom qui inclut une deuxième personne, un tu ». LaCocque l'illustre par l'anecdote hassidique du maître qui refuse d'ouvrir sa porte à un ami qui s'annonce en disant : « C'est moi ! », en lui rétorquant : « Qui peut dire *anokhi* à part Dieu ? »[1].

Concernant la question : « Qui est l'homme ? », Heidegger formule trois thèses, introduites par une remarque polémique : « « Qui est l'homme ? » Cela n'est pas écrit pour la philosophie quelque part dans le ciel. » (p. 107 ; 147). En d'autres termes : il faut nous méfier des solutions toutes faites qui supposent que la réponse est déjà déposée quelque part, dans une « révélation » qui nous dispense du labeur du questionnement.

Pour Heidegger, en tout cas :

« 1. La détermination de l'essence de l'homme n'est jamais réponse, mais bien essentiellement question.

2. L'élaboration de cette question et sa décision sont historiales, pas seulement en général, mais elle est l'essence de l'histoire.

3. La question de savoir qui est l'homme doit toujours être posée en lien essentiel avec la question de savoir ce qu'il en est de l'être. » (107 ; 147). Autrement dit : nous avons affaire non à une question anthropologique,

1. P. Ricœur, A. La Cocque, *Penser la Bible*, Paris, Seuil, 1998, p. 315.

mais à une question « méta-physique », même s'il n'est pas sûr que la métaphysique traditionnelle, qui, d'après Heidegger, n'est qu'une sorte de « physique », ait été capable de la résoudre.

En résumé, nous pouvons retenir trois consignes :

1) Prendre vraiment au sérieux la *question* : « Qui est l'homme ? », en nous interdisant de spéculer sur des réponses toutes faites.

2) Prendre au sérieux le caractère *historique* de la question, en évitant de la confondre avec une enquête sur la « nature humaine » immuable. Ce sont des expériences multiples, diffractées dans une pluralité de traditions culturelles, qu'il s'agit d'interroger.

3) Prendre au sérieux la dimension « *métaphysique* » de la question, c'est-à-dire la relation d'appartenance qui rattache l'homme à l'être et qui fait que, dans l'interrogation sur le sens de l'être, il y va toujours déjà de notre propre être.

C'est cette dimension historiale de la question que souligne Heidegger quand il suggère que l'énoncé parménidien d'après lequel « penser et être sont le même » engage une certaine compréhension de l'homme. La capacité de penser ou d'accueillir l'être n'est pas une faculté parmi d'autres. L'accueil pensant de l'être transforme l'homme en *Verwahrer des Seins* : littéralement en « gardien de la vérité de l'être » (108 ; 148). Le paradoxe est qu'en l'occurrence, le « gardien » appartient à ce dont il a la garde.

En comparaison de cette définition essentielle, la définition traditionnelle et classique de l'homme comme « animal rationnel » est totalement dérivée. Pour Heidegger, il s'agit au fond d'une définition purement « zoologique » qui se focalise sur la différence de l'homme et de l'animal et qui évite soigneusement de se demander quel genre de « vivant » est l'homme, question qui a trouvé récemment une nouvelle actualité dans la « phénoménologie matérielle » de Michel Henry.

Quatre consignes supplémentaires confirment l'orientation nouvelle que Heidegger donne au questionnement anthropologique :

4) « Ce n'est que là où l'être se découvre dans le questionner qu'advient l'histoire et, par le fait même, cet être de l'homme en vertu duquel celui-ci ose s'expliquer avec l'étant comme tel. » (p. 109 ; 150-151)

5) Seule cette « explication » *(Auseinandersetzung)* questionnante avec le tout de l'étant ramène l'homme à cet étant qu'il est lui-même et doit être. La question : « Qu'est-ce que l'homme ? » est réflexive, non parce qu'elle inciterait l'homme à ne s'intéresser qu'à lui-même, mais parce que l'interrogation sur le sens de l'être nous oblige à nous intéresser au rapport d'appartenance qui nous relie à l'être et aux tâches qui nous incombent de ce fait.

6) « Ce n'est qu'en tant qu'il est questionnant et historique que l'homme vient à lui-même et qu'il est un soi-même » (110; 151). Les questions que nous nous posons sur nous-mêmes, pourvu qu'elles soient essentielles et aillent au fond des choses, ne peuvent pas ne pas laisser des traces dans l'histoire. « Ipséité » et « historicité » sont inséparables. D'où l'importance cruciale d'une détermination correcte de l'ipséité. Ce n'est que quand nous aurons compris ce que être soi-même veut dire, que les notions de « moi », de « toi », de « nous », d'individu et de communauté pourront recevoir une réponse.

7) La septième et dernière thèse souligne l'importance de la transformation de la question : « Qu'est-ce que l'homme ? » en la question : « Qui est l'homme ? » Cette modification lexicale entraîne une détermination entièrement nouvelle du rapport de l'homme à l'être et à lui-même.

La définition adéquate de l'homme reste à trouver et à inventer. Dans la suite du commentaire, Heidegger souligne que, pour Parménide et Héraclite, « trouver » et « inventer » reviennent encore partiellement au même, parce que « pensée » et « poésie » ne sont pas encore totalement séparées. Si l'on veut savoir qui est l'homme, il faut, d'une manière ou d'une autre, faire preuve d'imagination et d'une certaine inventivité, c'est-à-dire faire appel à une pensée poétisante *(dichterisches Denken)*. « Savoir qui est l'homme, c'est ce à quoi nous ne pouvons arriver par une définition savante, mais seulement si l'homme s'avance dans l'explication avec l'étant, en essayant de l'amener à son être, c'est-à-dire en lui donnant limite et forme, c'est-à-dire en poétisant originairement, en fondant poétiquement » (p. 110; 151).

Inversement, cela suppose l'existence d'une « poésie pensante » qui peut alors, elle aussi, être mise à contribution pour avancer dans la question : « Qui est l'homme ? » C'est ce que confirme la manière dont Heidegger lit le premier chant du chœur d'*Antigone* de Sophocle (v. 332-375), qui lui permet d'explorer une voie plus « poétique » et, moins ardue que celle du Poème de Parménide, pour avancer dans la question : « qui est l'homme ? ». La tragédie grecque n'est pas une forme littéraire parmi d'autres. Les affects proprement tragiques qu'éprouve le spectateur – effroi et compassion – déclenchent un travail de reconnaissance *(ἀναγνώρισις)* spécifique qui trouve une illustration saisissante dans le premier chant du chœur de l'*Antigone* de Sophocle[1].

1. Le même texte est cité *in extenso* par Hans Jonas au début du *Principe de Responsabilité*. La comparaison entre les deux lectures (qui ne sont pas de véritables commentaires) serait très instructive.

L'interprétation du chant se déploie en trois temps.

I. Heidegger extrait d'abord trois énoncés porteurs, qu'il lit comme des quasi-définitions de l'homme dans la mesure où ils se détachent nettement des descriptions plus concrètes des différentes activités et performances proprement humaines qu'on trouve dans les autres vers.

Le chant s'élève, alors que le décor et les éléments du conflit sont déjà campés. À sa sœur Ismène, Antigone a déjà fait part de son désir farouche de servir les dieux chtoniens et les valeurs des liens familiaux, en offrant une sépulture à son frère, Polynice, sachant parfaitement que cet acte de transgression la rendra « saintement criminelle ». Créon, le nouveau chef de la cité de Thèbes, est résolu à prouver qu'il est un vrai chef d'état, capable de faire régner l'ordre public : « Est-il possible cependant de bien connaître l'âme, les sentiments, les principes d'un homme quelconque, s'il ne s'est pas montré encore dans l'exercice du pouvoir, gouvernant et dictant des lois ? » Créon veut restaurer la grandeur de Thèbes à n'importe quel prix. Ce dont il a besoin, ce sont des sujets qui font preuve d'une loyauté indéfectible envers la cité. Aussitôt après qu'il a émis l'ordre de ne pas ensevelir le traître Polynice, le garde vient le prévenir que son ordre a été transgressé. Bientôt, le même garde reviendra pour ramener Antigone, prise en flagrant délit d'infraction. C'est entre les deux apparitions du garde que Sophocle a inséré le chant du chœur qui retient l'attention de Heidegger.

Le plus inquiétant des animaux

Le premier vers que Heidegger pointe est traduit sobrement par Pierre Mazon : « Il est bien des merveilles en ce monde, il n'en est pas de plus grande que l'homme. » Chez Heidegger on lit : « *Vielfältig das Unheimliche, nichts doch über den Menschen hinaus, unheimlicheres ragend sich regt.* » (« Multiple l'inquiétant, rien cependant au-delà de l'homme, plus inquiétant ne se soulève en s'élevant. »)

Cet énoncé est traduit différemment, selon que, dans le premier vers, où figure le terme τὰ δεινά, on met l'accent sur l'admiration, l'émerveillement, l'étonnement ou la frayeur. Hölderlin, au cours de sa tentative héroïque de transposer Antigone en Allemagne, traduira d'abord le vers 202 en 1801 par :

Vieles Gewaltige giebts. Doch nichts
Ist ge-
waltiger als der Mensch

Trois ans plus tard, il publiera sa traduction en modifiant :

> *Ungeheuer ist viel. Doch nichts*
> *Ungeheuerer als der Mensch*[1].

En choisissant le terme *unheimlich*, Heidegger retrouve son interprétation de l'angoisse au paragraphe 40 de *Sein und Zeit*. Ce qui rend l'angoisse si angoissante, c'est l'être-au-monde lui-même. L'expérience de l'angoisse se produit quand le monde, ainsi que l'être-avec-autrui, n'a « plus rien à nous offrir » *(nichts mehr zu bieten)*, de sorte que rien ne nous dit plus rien. Une sorte de « solipsisme existential »[2] replie alors le sujet sur lui-même, ce qui rend sa situation d'autant plus insupportable.

Pour caractériser ce vécu affectif particulier, Heidegger se sert de l'expression familière : « *Es ist einem unheimlich* ». L'expression doit être prise au pied de la lettre : pour celui qui éprouve un sentiment d'inquiétante étrangeté, il n'y a plus de « chez soi » nulle part, parce que plus rien ne l'abrite et le protège ou le rassure. C'est dans le même sens qu'il faut entendre l'interprétation que Heidegger donne du premier vers du passage d'*Antigone* : « L'homme est d'*un* mot τὸ δεινότατον, ce qu'il y a de plus inquiétant » (114; 156). « D'*un* mot, cela veut dire que ce superlatif "ce qu'il y a de plus inquiétant" *(das Unheimlichste)* », contient en germe toute une compréhension de l'être humain qu'aucune description concrète et aucun savoir scientifique ne pourront jamais égaliser.

Les différentes activités humaines que Sophocle évoque dans la foulée de cette « définition » – la navigation en haute mer, l'agriculture, la chasse, la pêche, l'élevage d'animaux domestiques, la construction de maisons et de cités – restent en-deçà de l'ambivalence foncière du mot que Heidegger répartit autour d'un double foyer de sens, sens qui dessine une ambivalence elle-même « étrangement inquiétante » *(unheimliche Zweideutigkeit)*.

1) Le premier foyer de sens est l'effrayant ou le terrifiant, tout ce qui nous fait frémir, comme nous frémissons devant le sort d'Œdipe, d'Antigone, de Prométhée. En soulignant qu'il ne s'agit pas des petites frayeurs quotidiennes (je sursaute au moindre bruit), mais de la grande terreur, qui peut aussi bien s'exprimer dans un état de panique et d'angoisse mortelle, que dans la crainte révérencieuse *(Scheu)*, recueillie, silencieuse, résonnant en elle-même (réaction dont la profondeur échappe à l'observateur externe), Heidegger a peut-être en vue deux affects qui renvoient à des expériences distinctes : l'effroi (φόβος) que suscite le spectacle

1. Textes cités par Heidegger *Ga.*, 53, p. 85. Pour Heidegger, la seconde version est « plus mûre, plus poétique que celle qui la précède ».

2. *Sein und Zeit*, p. 188.

tragique et la réaction de l'homme face à l'inquiétante altérité du « sacré ». Quoi qu'il en soit, de part et d'autre, nous sommes confrontés à des puissances qui nous dépassent.

2) C'est précisément l'idée d'une puissance incontrôlable qui constitue le second foyer de sens : *Gewaltig, Überwältigend* (« puissant », « subjuguant ») sont des adjectifs qui s'imposent, quand on veut caractériser l'étant en sa totalité. En comparaison de la puissance anonyme de l'être qui « nous en impose », en même temps qu'elle s'impose à nous, l'homme apparaît comme le plus violent de tous les étants. La violence qui l'habite est une réponse, on pourrait presque dire une riposte, à la violence anonyme des choses. Sachant qu'il est dominé par les étants et qu'il ne peut pas se dérober à l'emprise qu'ils exercent sur lui, il leur impose sa propre violence excessive. La traduction de δεινόν par *unheimlich* englobe les deux foyers de sens.

D'après Heidegger, ce vers recèle la véritable définition *grecque* de l'homme. Tò δεινότατον, le plus inquiétant, n'est pas une propriété humaine parmi d'autres, mais la caractéristique la plus essentielle de l'être humain : « être ce qu'il y a de plus inquiétant, c'est le trait fondamental de l'essence de l'homme, auquel les autres traits doivent toujours être rapportés » (116; 158).

L'animal aporétique

Dans le vers 360 que Mazon traduit par : « Bien armé contre tout, il n'est désarmé contre rien de ce que lui peut offrir l'avenir », c'est la formule παντοπόρος ἄπορος ἐπ'οὐδὲν ἔρχεται qui retient l'attention de Heidegger. Manœuvrant au plus près du texte grec, et sensible au jeu de mots (παντοπόρος/ἄπορος) il traduit : « *überall hinausfahrend unterwegs, erfahrunglos ohne Ausweg kommt er zum Nichts* », rendu en français par : « Partout en route faisant l'expérience, inexpert sans issue, il arrive au rien. »

Cette traduction fait écho au jeu de mots παντοπόρος/ἄπορος. Le premier terme désigne l'homme comme le grand aventurier ou le grand explorateur, qui trouve partout des « passages » (πόρος) qui lui permettent d'aller plus loin. On pensera évidemment aux expéditions maritimes des navigateurs grecs. Parce qu'il est « sans domicile fixe », le navigateur, plus que le sédentaire, s'expose à des surprises qui lui font éprouver l'inquiétante étrangeté de l'étant.

Le mot πόρος fait partie d'une famille de mots qui contiennent la racine *per-*, connotant le « passage » sous toutes ses formes. ἐμπειρία, *Erfahrung,* expérience : toute expérience authentique est vécue comme un passage. Seul un être de passage, un *homo viator,* peut aussi faire l'expérience de passages impraticables, « sans issue », c'est-à-dire ce que la langue philosophique ultérieure appellera des « apories ». Les « apories » intellectuelles ou existentielles, sont-elles simplement des indices montrant qu'on a fait fausse route, qu'on s'est engagé sur un *Holzweg*, un chemin qui ne mène nulle part, qu'on s'est enfermé dans une impasse, ou ont-elles également, quelque paradoxal que cela puisse paraître, une signification positive ? En d'autres termes : les « apories » que nous affrontons ne nous apprennent-elles pas quelque chose sur nous-mêmes ?

Le « rien » que Heidegger introduit dans sa traduction est-il un « rien du tout », ou est-il, lui aussi, une puissance que nous devons affronter ? Dès sa conférence inaugurale de 1929 : « Qu'est-ce que la métaphysique ? », dominée par la thèse « *Das Nichts nichtet* » (« le Néant néantise »), Heidegger souligne que l'angoisse, qui est pour lui l'affect métaphysique fondamental, nous oblige à prendre au sérieux la question métaphysique fondamentale sur laquelle s'ouvre également l'*Introduction à la métaphysique* de 1935 : « Pourquoi y a-t-il de l'étant en général et non pas plutôt rien ? » (1 ; 13). C'est, s'il faut en croire Heidegger, la plus vaste, la plus profonde et la plus originaire de toutes les questions que l'homme doit affronter. Elle va de pair avec une certaine compréhension de ce qu'est l'homme : précisément parce qu'il est le plus « poreux » des êtres, il est aussi un animal « aporétique », condamné à affronter le Rien, ce qui fait de lui un « *Platzhalter des Nichts* »[1]. Tel était aussi l'énoncé anthropologique central de « Qu'est-ce que la métaphysique ? » : « *Die Hineingehaltenheit des Daseins in das Nichts auf dem Grunde der verborgenen Angst macht den Menschen zum Platzhalter des Nichts.* » (« L'exposition du *Dasein* au Rien, basée sur l'angoisse cachée, fait de l'homme le lieu-tenant du Rien. » (nous traduisons)

Dire que l'homme est le « gardien de la vérité de l'être » *(Verwahrer des Seins)* ou le « berger de l'être » *(Hüter des Seins)* et dire qu'il est le « lieu-tenant du Rien », sont des énoncés qui ne se font nullement concurrence, mais reviennent au même ! Éprouver, dans l'angoisse, la puissance néantisante du Rien et éprouver, dans le sentiment d'inquiétante étrangeté, la surpuissance de l'étant (τὸ δεινόν) ce sont des expériences qui reviennent au même.

Quelque ingénieux qu'il soit, l'homme est démuni devant la puissance de la mort. Nous pourrions dire, en écho à la huitième élégie de Rilke que

1. *Ga.*, 9, 118.

l'homme est « le plus mortel des animaux », parce que lui seul a conscience de la mort qui l'attend : « Contre la mort seule, il n'aura jamais de charme permettant de lui échapper, bien qu'il ait déjà su contre les maladies les plus opiniâtres, imaginer plus d'un remède » (trad. P. Mazon)

« A l'unique imminence, la mort, il ne peut
par aucune fuite jamais se défendre,
même s'il a réussi par adresse à se soustraire
au désarroi d'un mal tenace. » (113; 154)

L'animal « suprapolitique »

La formule παντοπόρος ἄπορος nous offre une première interprétation du superlatif δεινότατον. Au milieu de l'antistrophe suivante on rencontre une formule construite exactement sur le même modèle : ὑψίπολις ἄπολις (v. 370). Heidegger traduit par « *Hochüberragend die Stätte, verlustig der Stätte* », rendu en français par : « Dominant de haut le site, exclu du site » (113; 155). L'écart avec la traduction de P. Mazon est particulièrement saisissant : « Qu'il fasse donc, dans ce savoir, une part aux lois de sa ville et à la justice des dieux à laquelle il a juré foi ; *il montera alors très haut* dans sa cité; tandis qu'il *s'exclut* de cette cité, du jour où il laisse le crime le contaminer, par bravade. »

Dans cette traduction, le chœur se comporte en conseiller moral avisé : servir la cité ou en être banni, telle est l'alternative. Dans la traduction heideggérienne, c'est le verbe « être » qui prime : « Dominant de haut le site, exclu du site, *tel il est!* »

Heidegger évite de traduire *polis* par « cité » ou « État », ce qui nous mettrait sur la route de la définition « politique » de l'être humain que nous devons à Aristote : « l'homme est par nature un être politique », un ζῷον πολιτικόν. Pour Heidegger, au contraire, la cité est d'abord le lieu où se décide une certaine histoire, dont les protagonistes essentiels sont les rois, les prêtres, les poètes et les penseurs. Tous, mais chacun à sa manière, sont des « violents ». Leur violence est nécessaire pour fonder la cité comme lieu du vivre-ensemble. Ne peut fonder un espace du vivre-ensemble que celui qui « domine » celui-ci (ὑψίπολις), ce qui, paradoxalement, fait de lui un étranger à la cité (ἄπολις).

On peut évidemment imaginer une autre lecture, dans laquelle la formule ὑψίπολις/ἄπολις s'appliquerait directement au destin d'Antigone, dont l'ὕβρις l'élève au-dessus de la cité et de ses valeurs, aboutissant à son excommunication de celle-ci. Dans cette lecture, l'avertissement final du chœur vise directement Antigone et ceux qui seraient tentés de s'identifier avec elle. Antigone, dans la tragédie de Sophocle, n'est pas une sainte admirable, mais un être terrifiant, tout comme l'est Créon.

II. Dans le second temps de sa lecture, Heidegger cherche à montrer que les vers qui s'intercalent entre ces trois énoncés centraux, qui sont des quasi-définitions anthropologiques, confirment l'interprétation qu'il vient de proposer.

Mer et terre apparaissent ici comme des puissances élémentaires que l'homme doit affronter à ses risques et périls, en leur imposant sa propre violence de navigateur et de laboureur, puis, dans son rapport aux animaux, de chasseur et de dompteur.

D'après Heidegger, on a tort de lire la succession de ces descriptions comme l'ébauche d'une histoire culturelle au cours de laquelle le chasseur « primitif » se transforme peu à peu en citadin « civilisé ». L'origine véritable n'est jamais le plus primitif, le plus archaïque, mais le plus inquiétant et le plus puissant, que les générations ultérieures s'efforcent d'oublier ! Par le fait même se pose la question du genre de discours qui est le mieux accordé à cette inquiétante étrangeté. Pour Heidegger, ce discours, c'est précisément le mythe qui, dans cette hypothèse, ne saurait être confondu avec une science archaïque : « La connaissance de l'histoire à ses origines (*Ur-geschichte*), ne consiste pas à déterrer le primitif et à rassembler des ossements. Elle n'est pas une science de la nature totalement ni même à moitié; si elle est quelque chose, c'est une mythologie » (199; 162). Nous ne sommes pas loin de la *Philosophie de la mythologie* de Schelling.

Les autres particularités humaines évoquées par la suite, le don de parler, la faculté de comprendre, la « pensée prompte comme le vent » dit Mazon, « *windeiliges Allesverstehen* » traduit Heidegger, le courage et les grandes passions qui conduisent à l'édification des cités, sont autant de manifestations d'une puissance inquiétante qui, à la différence des premières facultés évoquées plus haut, habitent le cœur de l'homme lui-même. Le pouvoir des mots et les grandes passions sont des puissances dangereuses que l'homme croit maîtriser, mais dont il n'est en réalité jamais le « maître et le possesseur » ni « l'inventeur », mais plutôt le jouet.

Le caractère « aporétique » de l'homme se manifeste fondamentalement dans la mort, à laquelle nul n'échappe et qui, pour chacun de nous, est l'impasse ultime. « L'homme est sans issue en face de la mort, non pas seulement quand il vient à mourir, mais constamment et essentiellement. En tant que l'homme *est*, il se tient dans l'absence d'issue de la mort. » (121; 164-165). C'est à la lumière de cette thèse qu'on peut lire le poème suivant de Hilde Domin :

Unterricht

Jeder der geht
belehrt uns ein wenig
über uns selber.
Kostbarster Unterricht
an den Sterbebetten.
Alle Spiegel so klar
wie ein See nach einem großen Regen,
ehe der dunstige Tag
die Bilder wieder verwischt.

Nur einmal sterben sie für uns,
nie wieder.
Was wüssten wir je über sie ?
Ohne die sicheren Waagen,
auf die wir gelegt sind,
wenn wir verlassen werden.
Diese Waagen ohne die nichts
sein Gewicht hat.

Wir, deren Worte sich verfehlen,
wir vergessen es.
Und sie ?
Sie können die Lehre
Nicht wiederholen.

Dein Tod oder meiner der nächste Unterricht
so hell, so deutlich,
dass es gleich dunkel wird.

Instruction

Quiconque s'en va
nous instruit un peu
sur nous-mêmes.
L'instruction la plus précieuse
se fait auprès des lits des mourants.
Tous les miroirs sont clairs
Tel un lac après une grande pluie,
avant que le jour embrumé
vienne à nouveau brouiller les images.

Une fois seulement ils meurent pour nous,
et plus jamais.
Que pourrions-nous savoir d'eux
sans les balances sûres
sur lesquelles nous sommes posés
quand on nous abandonne ?
Ces balances sans lesquelles
rien n'a de poids.

Nous dont les paroles s'égarent,
nous l'oublions.
Et eux ?
Ils ne peuvent répéter
la leçon.

Ta mort ou la mienne est la prochaine
instruction, si claire, si distincte
qu'aussitôt il fait sombre [1].

D'après Heidegger, la strophe conclusive du chant d'*Antigone* rassemble les différents visages de l'inquiétante étrangeté de l'homme.

1) L'homme apparaît d'abord comme « maître d'un savoir dont les ingénieuses ressources dépassent toute espérance » (trad. Mazon), « fabricateur par savoir-faire » (trad. Heidegger). A cela correspond le terme grec de τέχνη, qu'il importe de ne pas confondre avec le sens moderne du mot « technique ». Dans l'acception grecque, l'artiste, tout comme le scientifique, est un « technicien ». L'un et l'autre adoptent une attitude face à la

1. Hilde Domin, « Nur eine Rose als Stütze », Fischer Verlag 1978.

totalité de l'étant consistant à « voir plus loin » que la simple présence subsistante *(Hinaussehen über das je gerade Vorhandene)* (122; 164). Aussitôt après, Heidegger transforme le *Hinaussehen* en un *Hinaussein*: celui qui voit plus loin que le bout de son nez, c'est-à-dire qui ne se contente pas d'enregistrer simplement ce qui est le cas, « dépasse ce qu'il voit »! Heidegger en conclut que l'œuvre d'art est une sorte de détecteur ontologique. Ce n'est que par l'œuvre d'art, considérée comme « l'être étant » *(das seiende Sein)*, « que tout ce qui apparaît par ailleurs, et est présent subsistant, est confirmé et accessible, interprétable et compréhensible, *à titre d'étant*, ou alors de non-étant ». La « technique », ainsi comprise, est inséparable du questionnement qui est la « passion de savoir » (122; 166).

2) A la violence de la « technique » fait face la violence de la justice (δίκη) qui s'impose à nous et à laquelle nous devons nous plier *(Sichfügen)*. Heidegger ne traduit pas le terme par « justice », mais par *Fug*, ce qu'on pourrait rendre en français par la « disposition ». (Ne parle-t-on pas toujours de « dispositions légales » ?) Cette lecture a l'avantage – que certains considéreraient plutôt comme un désavantage – de donner un fondement ontologique à l'idée de justice.

3) D'après Heidegger, ces deux aspects se complètent pour souligner le caractère « risqué » (τόλμα v. 371) de l'existence humaine. L'avertissement que le chœur lance aux audacieux qui prennent trop de risques et bravent le destin devient, dans l'interprétation heideggérienne, une caractéristique ontologique de l'être humain. Mazon traduit τόλμα par « bravade », alors que Heidegger traduit par *Wagnis* (« action osée » dans la traduction française). Créer une œuvre, dire ce qui ne fut encore jamais dit, ouvrir un nouveau chemin de pensée, faire arriver des événements nouveaux, faire voir ce que personne n'a encore vu, toutes ces actions humaines comportent une part de risque.

Chacune des activités évoquées à la page 123 exigerait un commentaire détaillé. Le phénoménologue sera évidemment intéressé par la formule: *das Ungeschaute erscheinen machen* (« faire apparaître le non encore vu »). On pourrait l'illustrer en citant la thèse de Joseph Conrad dans sa préface au *Nègre du Narcisse*: « L'art lui-même peut se définir comme la tentation d'un esprit résolu pour rendre le mieux possible justice à l'univers visible, en mettant en lumière la qualité, diverse et une, que recèle chacun de ses aspects. C'est une tentative pour découvrir dans ses formes, dans ses couleurs, dans sa lumière, dans ses ombres, dans les aspects de la matière et les faits de la vie même, ce qui leur est fondamental, ce qui est durable et essentiel – leur qualité la plus lumineuse et la plus convaincante – la vérité de leur existence. L'artiste donc, aussi bien que le penseur ou l'homme de science, recherche la vérité et lance son appel »[1].

On entrevoit ici la possibilité d'une approche authentiquement phénoménologique de l'œuvre d'art qui trouve son illustration dans les travaux d'Henri Maldiney et, plus récemment chez Michel Henry[2] ou Claude Romano[3].

Je ferai un pas de plus au-delà de Heidegger en me demandant si la foi religieuse ne participe pas, elle aussi, à cette violence originaire qu'il ne faut évidemment pas confondre avec la violence destructrice qui en est l'ombre portée. En guise illustration j'évoquerai l'énigmatique *logion* évangélique : « Depuis les jours de Jean le Baptiste jusqu'à présent, le Royaume des Cieux souffre violence, et des violents s'en emparent »[4].

III. Le troisième parcours de lecture explicite le non-dit du chant, ce qui, de l'aveu même de Heidegger, ne va pas sans une certaine violence interprétative. La pointe de cette interprétation est le mot *Verderb* (« la ruine »). Heidegger ne se contente pas de souligner, avec le chœur tragique, que l'homme est menacé par l'échec quand il se surestime et vit en quelque sorte « au-dessus de ses moyens ». Cet échec est inscrit dans l'être même. L'être et les puissances qu'il recèle, aura toujours raison de la violence humaine : « Le faire-violence *(Gewalt-tätigkeit)* exercé contre la violence surpuissante de l'être, doit se briser sur celle-ci, si tant est que l'être règne en tant qu'il se déploie, en tant que *physis*, en tant que puissance qui s'épanouit. » (124 ; 168)

Condamné à faillir, c'est-à-dire à se briser, homme apparaît comme une « faille » *(Bresche* : « brèche ») dans l'être. Plus loin, Heidegger parlera même d'un *Zwischen-Fall* (« incident »). L'homme est un « in-cident » dans l'histoire de l'être. Telle serait, s'il faut en croire Heidegger, la vérité profonde qui se cache derrière la mise en garde tragique contre l'*hybris*, la présomption et la surestimation de soi. Même si nous le voulions, nous ne pouvons pas échapper à la démesure qui caractérise notre être le plus profond.

1. J. Conrad, *Œuvres*, « Bibliothèque de la Pléiade », tome 1, Paris, Gallimard, 1982, p. 493.

2. M. Henry, *Voir l'invisible. Sur Kandinsky*, Paris, François Bourin, 1988.

3. C. Romano, *Le chant de la vie, Phénoménologie de Faulkner*, Paris, Gallimard, 2005.

4. Mt 11,12 ; Lc 16,16. Sur la diversité des traductions et des interprétations possibles de ce verset, voir la note de la Bible de Jérusalem p. 1695.

Remarques critiques

Ce qui rend l'interprétation heideggérienne problématique, c'est le fait que « la pensée de Heidegger lui-même se retrouve trop parfaitement dans les textes qu'il interprète. Peut-être l'homme grec, celui de Sophocle en tout cas est moins heideggérien que Heidegger ne veut le croire et nous le faire croire »[1].

Parmi les libertés que Heidegger prend avec le texte de Sophocle on notera :

1) Le remplacement du comparatif δεινότερον (« encore plus inquiétant ») par le superlatif τὸ δεινότατον (« rien de plus inquiétant que »).

2) Traduction de δεινόν : peut-on exclure totalement la nuance de l'admiration et de l'émerveillement ?

3) παντοπόρος ἄπορος : pourquoi transformer l'expression positive, puis négative de la même idée (l'homme riche en expédients n'est jamais privé d'expédients) en affirmation simultanée de deux attributs contraires (« partout en route faisant l'expérience, inexpert sans issue ») ?

4) ὑψίπολις /ἄπολις· : on peut aussi séparer les deux qualifications par un point, en les reliant à deux phrases distinctes (c'est ce que fait Mazon : « Il montera alors très haut dans sa cité (ὑψίπολις), tandis qu'il s'exclut de cette cité (ἄπολις) le jour qu'il laisse le crime le contaminer par bravade. » La lecture heideggérienne efface la « signification politique manifeste comme le contexte juridique, éthique et religieux »[2] de la dernière strophe.

5) La traduction du verbe ἐδιδάξατο dans la deuxième strophe (« tout cela, il se l'est enseigné lui-même ») par : « il finit par s'y retrouver », est surprenante.

6) N'y a-t-il pas une certaine violence interprétative dans la tentative de ramener le sens obvie des termes τέχνη (savoir-faire) et δίκη (« justice ») aux deux sens du terme δεινόν? A nouveau, cette traduction met sur la route d'une interprétation qui gomme « la portée politique, éthique et religieuse du poème »[3] et tend à faire oublier le conflit qui met aux prises Antigone et Créon.

1. D. Coppieters de Gibson, « Les Grecs et la question de l'homme. A propos d'une lecture de Sophocle par Heidegger » dans *Qu'est-ce que l'homme ?*, Philosophie / Psychanalyse. Hommage à Alphonse De Waelhens (1911-1981), Bruxelles, Facultés Saint Louis, 1982, p. 55.

2. *Ibid.*, p. 60.

3. *Ibid.*, p. 61. Sur les risques d'une lecture exclusivement « ontologisante » des tragiques, voir J. Taminiaux, *Le théâtre des philosophes. La tragédie, l'être, l'action*, Grenoble, Millon, 1995.

7) De quel prix faut-il payer cette décontextualisation du chant du chœur ? La même question se pose également au sujet de l'interprétation développée sur presque cent pages, du même chant dans le cours de Heidegger sur l'*Ister* de Hölderlin[1] donné au semestre d'été 1942. Antigone, dont il n'est pour ainsi dire jamais question dans l'*Introduction à la métaphysique*, illustre maintenant la capacité de supporter pleinement l'inquiétante étrangeté de l'être, παθεῖν τὸ δεινὸν τοῦτο[2]. Heidegger y esquisse une interprétation des vers 88 *sq.* qui mettent en présence Antigone et sa sœur Ismène. Les mots par lesquels elle prend congé de sa sœur sont rendus par Mazon : « Va donc et laisse-nous, moi et ma sottise, courir notre risque (παθεῖν τὸ δεινὸν τοῦτο). Du moins je n'en courrai pas qui me puisse mener à une mort honteuse ». De nouveau, le contraste avec la traduction-interprétation de Heidegger est saisissant :

> *Doch überlass dies mir und jenem, was aus mir Gefährlich Schweres rät :*
> *ins eigne Wesen aufzunehmen das Unheimliche,*
> *das jetzt und hier erscheint.*
> *Erfahren nämlich werd' ich allenthalben Solches nichts,*
> *Daß nicht zum Sein gehören muß mein Sterben.*

> Mais laisse cela à moi et à ce qui, en moi, me conseille de faire ce qui est risqué et difficile :
> accueillir en mon propre être l'inquiétante étrangeté
> qui apparaît ici et maintenant.
> Car nulle part je n'éprouverai rien d'autre
> que ceci : que ma mort doit appartenir à l'être (nous traduisons).

Le commentaire de ces vers montre que pour Heidegger, Antigone, qui veille aux valeurs fondamentales du foyer domestique, est une « bergère de l'être », on serait presque tenté de dire une « passonaria de l'être ». Cette interprétation culmine dans la thèse paradoxale : *Der Herd ist das Seyn*[3], ce qu'on pourrait traduire par : « L'être, c'est l'âtre ». Dans cette interprétation ontologique de la figure d'Antigone, celle-ci apparaît comme la véritable bergère de l'être.

8) Mais la véritable anthropologie grecque qu'exprime le chœur d'Antigone, ne doit-elle pas être cherchée dans « l'admiration pour le courage et l'ingéniosité féconde de l'homme », inséparable de la conscience vive des limites qui n'en font précisément pas le δεινότατον tout court,

1. *Ga.*, 53, 69-152.
2. *Ga.*, 53, p. 123 ; 127.
3. *Ga.*, 53, p. 150.

mais seulement le terme d'une comparaison qui marque sa prééminence relative (ou δεινότατον)[1] (p. 63)?

9) Quel sens donner à l'expression τόλμα? S'agit-il d'une audace coupable, comme semble le suggérer le contexte, ou l'homme est-il un « franc-tireur » ontologique qui, en assumant son essence d'être le plus inquiétant, s'éloigne nécessairement des lois communes de la tribu?

10) « Pourquoi privilégier comme unique un texte qui se situe dans une immense tradition culturelle, même s'il se présente sous une forme nouvelle et avec des traits spécifiques ? »[2]

11) Le propre de la culture grecque ne consiste-t-il pas précisément, à vouloir « déterminer le statut de l'homme en le situant par rapport au dieu et, corrélativement, par rapport à l'animal »[3]? Alléguant les travaux des grands hellénistes (J.-P. Vernant, M. Detienne, P. Vidal-Naquet, N. Loraux), Coppieters de Gibson objecte à l'ontologisme heideggérien la thèse suivante : « La structure de base, celle qui supporte le tronc archaïque de la culture grecque et par rapport à laquelle se déploient les variations, est celle de la séparation dans la relation. L'homme est ainsi établi dans sa consistance propre quand il institue sa différence d'avec le dieu et l'animal et entretient avec eux des rapports réglés et bien définis. C'est l'ordre de la religion institutionnelle, du sacrifice, de la cuisine, de la cité, du mariage : l'ordre de la culture grecque dans son assiette constitutive »[4]. Finalement, « pour l'homme grec, la question de l'homme ne serait pas d'abord la question de l'être, mais la question de l'homme dans son rapport au dieu. La question de l'homme serait plus « ancienne » que la question de l'être et ce ne serait que dans le jeu et l'approfondissement de la première que la seconde trouverait son lieu »[5].

Au terme de sa lecture du chant de l'*Antigone*, Heidegger se fait le porte-parole de ses auditeurs et lecteurs en s'adressant à lui-même la question critique de savoir ce que tout cela a à voir avec Parménide. L'objection semble tomber sous les sens : qu'y a-t-il de commun entre l'inquiétante étrangeté du *Dasein* et la mêmeté de l'être et du penser? Même si on refuse d'amalgamer le poème de Parménide et le chant de Sophocle, le rapprochement cesse d'être incongru si l'on accepte l'hypothèse heideggérienne de la connexion essentielle et originaire du dire

1. Daniel Coppieters de Gibson, art. cit., p. 63.
2. *Ibid.*, p. 64.
3. *Ibid.*, p. 65.
4. *Ibid.*, p. 65.
5. *Ibid.*, p. 66.

poétique et du dire pensant qui, l'un et l'autre, ont une fonction instauratrice. Heidegger estime pouvoir pousser le rapprochement encore plus loin, en arguant du fait que l'appartenance du penser et de l'être est le même que la relation entre δίκη et τέχνη dans la dernière strophe du chant d'Antigone. On pourrait résumer cette hypothèse interprétative par la formule suivante :

Δίκη = εἶναι
τέχνη   νοεῖν

Finalement, l'inquiétante étrangeté que connote le vocable δεινόν devient une caractéristique essentielle de l'être lui-même : « Dans l'événement de l'inquiétance s'ouvre dès lors l'étant tout entier. Cette ouverture est l'événement de la non-latence. Cette non-latence n'est rien d'autre que l'advenue de l'inquiétance. » (127; 172). Ce n'est que si l'être est pensé comme ἀλήθεια que l'*Unheimlichkeit* peut être reconnue comme une dimension intrinsèque de celui-ci.

Guidé par cette hypothèse, Heidegger peut reprendre son exégèse du poème de Parménide, en s'intéressant maintenant au lien que Parménide établit entre le νοεῖν et le νοεῖν, compris comme « fondement de l'être-homme » (128; 173). La démonstration engage trois termes qui se complètent dans une sorte de crescendo : *Ent-scheidung* (« décision »), *Not* (« nécessité »), *Kampf* (« lutte »).

Si penser veut dire *Vernehmen*, la « compréhension » qui est mise en œuvre ici s'accomplit comme traversée de la croisée du triple chemin évoqué ci-dessus. Cette traversée, il faut la vouloir et s'y décider, en lui donnant la forme d'une « dé-cision *pour* l'être *contre* le Néant et débat *avec* le paraître » (128; 173). C'est le premier trait de l'*Unheimlichkeit*, au plan de la compréhension de l'être : le penser arrache violemment l'homme au familier, au proche et à l'usuel, en l'engageant sur le chemin du para-doxal. La mêmeté du penser et de l'être doit être conquise de haute lutte; à aucun moment, elle ne va de soi.

Le terme *Not* qu'il faut entendre au double sens de la nécessité et de la détresse, se rapporte au Fragment 6 du poème, dans lequel Heidegger découvre une dimension du λόγος qui se distingue de l'équation héraclitéenne du λόγος et de la φύσις. « Le λόγος en tant que rassemblement dans la nécessité se distingue du λόγος en tant que recollection de l'être » (129; 174). Deuxième trait de l'*Unheimlichkeit* ontologique : la violence et le risque évoqués dans le chant d'*Antigone*, caractérisent également le dire et le penser de l'être.

Dans l'interprétation heideggérienne, le terme *Kampf* se rapporte à l'opposition entre λόγος et *glossa* du début du Fragment 8. Heidegger traduit *glossa* par *Mundwerk* et *Zungenfertigkeit,* deux termes très imagés qui désignent les « moulins à parole » et les manipulateurs de parole. Le λόγος ne cesse de combattre les abus de langage semblables à ceux qui s'en mettent « plein la vue », ce qui les rend incapables de discerner le lien entre l'être et le paraître. Compris de cette manière, « le λόγος est une nécessité et a besoin en soi de violence pour se préserver de la facilité de parole et de la dispersion » (133; 179).

Au terme de cette triple interprétation, l'écart entre la définition implicite de l'être-homme qu'on trouve chez Parménide et la définition explicite qu'en donne Sophocle s'est considérablement réduit. De part et d'autre, il s'agit du rapport que le *Dasein* entretient avec l'être: « Être-homme veut dire: le rassemblement, l'appréhension rassemblante de l'être de l'étant, *assumer* la mise en œuvre de l'apparaître dans le savoir, et ainsi *gérer* la non-latence, la *préserver* (*bewahren*) de la latence et du voilement » (133; 179).

Mais ce commencement inaugural de la pensée ne fut préservé: l'appartenance originelle de l'homme à l'être s'est progressivement estompée pour laisser place à la définition aristotélicienne du ζῷον λόγον ἔχον. Même si, chez les Grecs, on observe déjà une « discession » (*Auseinandertreten*) du λόγος et de la φύσις, il ne s'agit pas encore d'une sécession (*Heraustreten*) qui érige l'homme en juge de l'être. C'est chez Platon et Aristote que Heidegger décèle le début de cette sécession.

L'interprétation de cette sécession et l'identification de sa cause rejoint la conclusion du troisième chapitre : une fois encore, tout se joue autour de la détermination « ousiologique » de l'être comme présence constante. Ce « titre principal qui fixe l'interprétation régulatrice de l'être de l'étant » (148; 197) affecte la compréhension de la φύσις et du λόγος, sans oublier l'ἀλήθεια et le νοεῖν. Il détermine en même temps la lecture canonique des trois délimitations de l'être examinées jusqu'ici. Si l'être s'oppose au devenir (principalement conçu comme mouvement local), c'est parce qu'il est compris comme ce qui demeure constamment. S'il s'oppose à l'apparaître comme simple apparence, c'est parce qu'il est à jamais pareil à lui-même. S'il s'oppose au penser, c'est parce qu'il est le subsistant.

En réalité, l'empire du penser s'étend encore plus loin: le penser se montre capable d'aller au-delà de l'être même. Ce n'est qu'après avoir donné son interprétation ousiologique des trois premières distinctions que Heidegger introduit la quatrième, celle de l'être et du devoir-être. La complémentarité entre les deux polarités de l'axe vertical du schéma semble être d'un autre type que celle des polarités de l'axe horizontal. Si la pensée n'était pas comprise comme « fondement porteur et déterminant de l'être » (149; 199), la distinction de l'être et du devoir-être serait littéralement inconcevable. *Gründung* (qui « traduit » le grec ὑποκείμενον) et *Überhöhung* (« traduction » du grec ἐπέκεινα) sont ici les termes mis en contraste. Si l'être n'était pas « fondé » par en bas sur l'acte de penser, le devoir-être ne pourrait pas en quelque sorte venir le « coiffer ».

En parlant d'un *Sollen*, Heidegger joue sur deux tableaux, qui s'accordent peut-être moins facilement que le suggère le commentaire succinct qu'il en donne. C'est l'idée platonicienne du Bien qui prépare d'après lui le terrain à la distinction kantienne, puis fichtéenne du *Sein* et du *Sollen*. Paradoxalement, le « dépassement » de l'être n'est possible que si l'être est d'abord « idéalisé », c'est-à-dire interprété comme idée. Cette dévaluation (*Herabsetzung*) est artificiellement compensée par une revalorisation : au-dessus de l'être, il y a ce que l'être n'est pas encore, mais ce qu'il doit être, l'exigence d'être qu'exprime le *Sollen*. La philosophie des valeurs néo-kantienne ou la phénoménologie des valeurs de Max Scheler poussera cette scission jusqu'au bout, en inventant une axiologie qui tient lieu d'ontologie, ce qui représente le comble de la confusion et de l'égarement dont on retrouve les traces même chez Nietzsche.

L'analyse que Heidegger propose de cette distinction, comme celle des trois distinctions précédentes, ne veut pas être historique, mais historiale. Il ne s'agit pas tant de passer en revue les différentes façons dont l'être a été cadré et délimité, mais la manière dont celui-ci s'est manifesté et, en quelque sorte « compris » lui-même ! C'est ce que confirme la reprise textuelle des sept directives sur laquelle s'était ouvert le quatrième chapitre. Même si Heidegger estime maintenant avoir donné tout leur relief aux six premières directives, la septième, qui est aussi la plus décisive, demeure en souffrance et laisse le lecteur du cours sur sa faim. Il se trouve en effet confronté à un nouveau paradoxe : ce qui, pour la pensée ontologique traditionnelle, est le signe distinctif de l'être, à savoir qu'il est « le plus étant », se trouve maintenant délégué au devenir, au paraître, au penser et au devoir-être qui ne sont pas de simples concepts, mais des puissances historiales auxquelles le *Dasein* doit se mesurer.

En fin de compte, c'est le schéma des quatre délimitations de l'être qui doit s'effacer pour laisser place à un autre « schéma », mais dont on peut se demander s'il est « schématisable » et en quel sens : « l'être qui est encerclé par les quatre scissions doit devenir lui-même le cercle encerclant et le fondement de tout étant » (129; 207). Comment entrer dans ce cercle encerclant que dessinent la vérité de l'être et la différence de l'être et de l'étant ? Et qu'arrive-t-il aux quatre « altérités » étudiées dans le chapitre 4, si on accepte cette « révolution » ? Heidegger lui-même se pose cette question : « Mais comment cette scission peut-elle se produire ? Où la philosophie doit-elle intervenir pour pouvoir la penser ? » (156; 207). Quelle est cette « perspective (*Blickbahn*) originaire » qui s'ouvre ici ?

Est-ce un hasard si toutes ces questions demeurent provisoirement sans réponse ? Dès l'avertissement liminaire, Heidegger avait invité le lecteur à se demander en quel sens et pour quelle raison le terme « métaphysique » figure dans le titre du cours, titre dont le chapitre premier avait souligné le caractère « *consciemment* ambigu » (15 ; 31). Le lecteur qui a accompagné Heidegger jusqu'au bout du cours a maintenant une conscience plus aiguë de cette ambiguïté, ce qui l'incitera peut-être à se demander si ce cours n'est pas plus un adieu à la métaphysique qu'une introduction à celle-ci. Si cette hypothèse est recevable, on peut se demander si cet adieu n'appelle pas un autre commencement, celui qui trouve son expression dans les *Beiträge zur Philosophie*.

CHAPITRE IX

LA QUESTION DE L'ÊTRE DE L'HOMME DANS L'*INTRODUCTION À LA MÉTAPHYSIQUE*

C'est pour répondre à l'objection selon laquelle l'être est le concept le plus général et le plus indéterminé – objection qui était déjà mentionnée dans l'Introduction à *Être et temps*[1] – que Heidegger entreprend dans le chapitre IV de *l'Introduction à la métaphysique*[2] de montrer que l'être est au contraire déterminé de multiples manières et qu'il se distingue ainsi de ses autres que sont respectivement le devenir, l'apparence, la pensée et le devoir. On pourrait ainsi s'attendre à un traitement équivalent de ces grandes distinctions dont Heidegger nous dit lui-même qu'elles sont non seulement restées dominantes à l'intérieur de la philosophie occidentale mais qu'elles pénètrent en outre tout savoir, tout faire et tout dire (101; *105*). Or on s'aperçoit au contraire que la troisième d'entre elles, celle par laquelle l'être se voit délimité par la pensée, fait l'objet d'un exposé qui représente à lui seul plus du tiers de l'ensemble du cours. Certes Heidegger nous avertit d'emblée, au début du chapitre, que la scission «être et pensée» est la distinction la plus complexe et la plus problématique des quatre et qu'elle ne reçoit sa véritable forme qu'au début des temps modernes (102; *106*). La direction de l'opposition est en effet ici essentiellement différente, explique-t-il un peu plus loin, au début de la longue

1. M. Heidegger, *Sein und Zeit,* Tübingen, Niemeyer, 1953, § 1, p. 3; *Être et Temps,* trad. fr. par E. Martineau, Paris, Authentica, 1985 et par Fr. Vezin, Paris, Gallimard, 1986.

2. M. Heidegger, *Einführung in die Metaphysik*, *Ga.* 40; trad. fr. par G. Kahn, *Introduction à la métaphysique*, Paris, P.U.F., 1958. Dans ce qui suit, on indiquera, pour chaque référence ou citation, d'abord la pagination du texte allemand, puis celle de la traduction française, laquelle sera souvent modifiée.

analyse qu'il lui consacre (124; *128*), au sens où la pensée se pose *en vis à vis de* l'être et en fait pour ainsi un objet. La pensée en effet ne fait pas que se distinguer de l'être, comme c'est le cas du devenir, de l'apparence et du devoir, mais elle s'*oppose* à lui, au point de devenir la base à partir de laquelle l'être même reçoit son sens. On voit bien ce qui peut se produire alors, qui n'est rien d'autre qu'une inversion de priorité entre l'être et la pensée. Or c'est précisément dans cette inversion que Heidegger voit ce qui caractérise la «position de fond de l'esprit de l'Occident», à laquelle il déclare s'attaquer, tout en précisant qu'elle ne peut être surmontée que de manière originaire, c'est-à-dire en lui assignant ses limites. Il ne faut donc pas s'étonner de voir alors Heidegger remonter jusqu'aux débuts mêmes de la pensée occidentale, jusqu'à ce moment qui précède l'apparition de la philosophie avec Socrate et Platon.

Mais ce qu'il y a de nouveau en 1935, ce n'est pas seulement le recours aux Présocratiques, à Héraclite et Parménide, dont les noms n'apparaissent que de manière marginale dans *Être et temps*, mais aussi et surtout la référence à la poésie dramatique et à Sophocle. Nul doute que cette référence à la poésie en général et à l'*Antigone* de Sophocle en particulier – qu'il mentionne comme exemple particulier d'œuvre d'art dans la conférence qu'il fait à la même époque sur «De l'origine de l'œuvre d'art»[1] – ne vienne de la nécessité ressentie par Heidegger, après l'échec du rectorat, de se tourner vers le dialogue avec les poètes, non, comme on a coutume de le penser, pour y chercher un refuge et y fuir la réalité, mais afin au contraire de pénétrer plus profondément dans la compréhension du destin de l'Occident en tant qu'il est essentiellement lié à la question fondamentale de la métaphysique, celle de l'être (53; *60*). C'est en effet pendant l'hiver 1934-1935, au semestre précédant le cours consacré à *l'Introduction à la métaphysique*, qu'il choisit de faire porter son cours sur deux des plus grands hymnes de Hölderlin, *La Germanie* et *Le Rhin*[2]. On sait certes que Heidegger a lu très tôt, dès ses années d'études, les poètes auxquels il dédiera plus tard cours et conférences: non seulement Hölderlin, mais aussi Rilke, George et Trakl. Mais on ne voit guère émerger le thème de la poésie que dans les années trente. La seule référence que l'on puisse trouver dans *Être et temps* à la poésie concerne une fable d'Hygin,

1. *Cf.* M. Heidegger, *De l'origine de l'œuvre d'art, Première version inédite (1935)*, trad. de E. Martineau, édition bilingue, Paris, Authentica, 1987, p. 23. Voir également la version de 1936 dans *Chemins qui ne mènent nulle part*, Paris, Gallimard, 1962, p. 42.

2. *Cf.* M. Heidegger, *Hölderlins Hymnen «Germanien» und «Der Rhein»*, *Ga.*, 39, Hrsg. Suzanne Ziegler, 1980; trad. fr. par Fr. Fédier et J. Hervier, *Les hymnes de Hölderlin, La Germanie et Le Rhin*, Paris, Gallimard, 1988.

poète latin du Ier siècle de notre ère et ami d'Ovide. Dans cette fable, qui avait déjà retenu l'attention de Herder et de Goethe, Heidegger découvre un « témoignage préontologique »[1] du fait que le *Dasein* s'y comprend lui-même comme souci en dehors de toute interprétation théorique et que le souci (*cura*) y est non seulement envisagé comme ce qui possède l'homme tout au long de sa vie, mais où il apparaît aussi comme premier par rapport à la conception qui voit dans l'homme un composé de matière et d'esprit[2].

C'était donc pour tenter de cerner l'être de l'homme qu'un recours à la poésie s'avérait alors nécessaire. Il est significatif que ce soit à nouveau pour déterminer qui est l'homme que Heidegger ait recours dans l'*Introduction à la métaphysique* au premier chœur de l'*Antigone* de Sophocle. Un peu plus haut, une première référence à Sophocle concernait non pas *Antigone*, mais *Œdipe-Roi*, dont Heidegger considère qu'on y trouve la présentation la plus pure de l'unité et de l'antagonisme de l'être et de l'apparence, Œdipe devant être compris comme la figure même du *Dasein* grec, en tant que celui qui s'aventure le plus loin dans ce qui en constitue la passion fondamentale, à savoir la passion du combat pour l'être même (114; *118*). Heidegger mentionne ici le nom de Karl Reinhardt, déjà cité dans *Être et temps* à propos de son interprétation du poème de Parménide[3], auquel on doit en outre une interprétation d'*Œdipe-Roi* comme « tragédie de l'apparence » que Heidegger qualifie ici de « grandiose » (115; *119*)[4]. Mais c'est surtout à Hölderlin qu'il renvoie ici, à ce poème tardif qui dit que « le roi Œdipe a peut-être un œil de trop », Hölderlin dont il a sans doute lu avec attention les traductions de Sophocle et les *Remarques* qui les accompagnent, bien qu'il n'y fasse explicitement allusion que dans le troisième cours qu'il consacre à un autre hymne de Hölderlin, *Der Ister*, en 1942[5]. C'était donc déjà dans ce qu'il nomme « la puissance du dire poétique » (115; *119*), celui de Pindare en ce qui concerne « la force nommante » du

1. Cf. *SuZ*, § 42, p. 197 *sq*.

2. Je me permets de renvoyer, en ce qui concerne l'ensemble des rapports de la question de l'être et de la question de l'homme chez Heidegger à mon ouvrage, *Heidegger et la question anthropologique*, Louvain-Paris, Peeters, 2003.

3. Cf. *SuZ*, § 43, p. 223, note 1.

4. *Cf.* K. Reinhardt, *Sophocle*, trad. par E. Martineau, Paris, Minuit, 1971.

5. *Cf.* M. Heidegger, *Hölderlins Hymne « Der Ister »*, Gesamtausgabe 53, Hrsg. Walter Biemel, Frankfurt am Main, Klostermann, 1984 (noté par la suite *Ga.*, 53). Heidegger a en effet consacré à *Andenken* son cours du semestre précédent : *Hölderlins Hymne « Andenken »*, *Ga.*, 52, Hrsg. Curd Ochwald, 1982. Dans son cours sur l'*Ister*, Heidegger met en évidence l'importance du dialogue poétique entre Sophocle et Hölderlin, affirmant que « la résonance du premier chœur de l'Antigone de Sophocle dans la poésie hymnique de Hölderlin est une nécessité poético-historiale dans laquelle l'être chez soi et le ne pas être chez soi de l'humanité occidentale se décide » (*Ga.*, 53, p. 69).

mot φύσις (108; *112*), celui du dernier chœur d'*Œdipe-Roi* pour ce qui est de celle de la δόξα (115-116; *119-120*), que Heidegger cherchait à éclaircir la distinction entre l'être et l'apparence. C'est également dans le premier chœur de l'*Antigone* de Sophocle qu'il trouve « une esquisse poétique de l'être de l'homme » susceptible de nous aider à comprendre la détermination pensante de celui-ci qui est l'œuvre de Parménide (155; *160*).

De manière plus nette encore que dans *Être et temps*, il apparaît ici qu'il n'est pas possible de donner de l'être de l'homme une « définition savante », car ce qu'est l'homme, précise Heidegger, nous ne l'apprenons qu'à travers l'explication et le combat avec l'étant dans lequel il entre et la fondation poétique qu'il donne de l'être de l'étant (153; *158*). On ne peut en effet définir l'homme de manière scientifique, selon son genre et sa différence spécifique, mais uniquement de manière philosophique, à partir du rapport qu'il entretient avec l'être de l'étant. Or c'est précisément ce que font les Présocratiques, dont la pensée est encore poétique. C'est en particulier dans le *Poème* de Parménide, où retentit la fameuse affirmation selon laquelle « être et penser sont le même », c'est-à-dire s'entre-appartiennent, que Heidegger découvre une détermination de l'être de l'homme à partir de son *appartenance* à l'être. Ce qui apparaît clairement ici, du fait que la pensée n'est pas une possession de l'homme mais bien plutôt ce qui le possède, c'est ce que Heidegger, d'un bout à l'autre de son œuvre, n'a cessé d'affirmer, à savoir que la question « qui est l'homme? » ne peut être posée qu'à travers la question de l'être (152; *157*).

Il s'agit donc d'interroger cette forme de poésie pensante dans laquelle le *Dasein* des Grecs s'est véritablement instauré, à savoir la tragédie (153; *158*). C'est ce qui conduit Heidegger à s'engager dans une interprétation détaillée du premier chœur (v. 332-374) de l'*Antigone* de Sophocle, dont on peut dire qu'elle est entièrement centrée sur le mot δεινόν, que Heidegger traduit d'emblée par *unheimlich*, mot qui apparaissait à plusieurs reprises dans *Être et temps* sous la forme du substantif *Unheimlichkeit* et que les traducteurs ont rendu par « dépaysement » (Boehm et De Waelhens), « étrangeté » (Vezin), voire « étrang(ère)té » (Martineau). Or le mot δεινός a en grec le double sens de ce qui inspire la crainte, et est par conséquent malfaisant ou funeste, et de ce qui frappe l'imagination et provoque l'étonnement, et est par conséquent extraordinaire. C'est ce qui explique que d'autres traducteurs de Sophocle ait pu rendre ce terme par « merveilleux », comme c'est le cas de Robert Pignarre qui traduit ainsi les deux premiers vers: « Entre tant de merveilles du monde, la grande merveille, c'est l'homme »[1]. Hans Jonas, qui s'appuie également sur ce chœur dans *Le principe responsabilité*[2] le traduit par *Ungeheuer*, terme qui a lui aussi le double sens de monstrueux et de prodigieux et auquel Heidegger aura recours dans la *Lettre sur l'« humanisme »* pour traduire le fragment d'Héraclite ἦθος ἀνθρώπῳ δαίμων, où il le comprend au sens du non familier, de l'extra-ordinaire[3]. C'est également la traduction qu'en propose Hölderlin, comme le rappellera Heidegger dans son cours de 1942[4]. Il n'est pas douteux que ce soit l'idée de crainte (en grec δέος) qu'exprime fondamentalement le terme de δεινός, alors que dans sa traduction en allemand par *Unheimlich* ou *Ungeheuer*, c'est plutôt celle d'étrangeté qui est mise en avant. Le radical de *Unheimlich* est en effet le mot *Heim*, qui a le sens de « foyer », « chez soi »[5], dont dérive l'intraduisible *Heimat*, qui désigne le pays natal, le lieu dont on est originaire et qu'on habite. Or Heidegger a, préalablement à son cours de 1935, mis essentiellement en rapport dans *Être et temps* cette expérience de l'*Unheimlichkeit* qu'est l'angoisse et l'être propre de l'homme, et c'est donc de cette analyse de l'angoisse dont il nous faut tout d'abord rappeler les grands traits.

Ce sur quoi Heidegger met en effet l'accent dans *Être et temps*, c'est sur le fait que c'est la disposition, la *Befindlichkeit*, – ce que les premiers traducteurs de l'ouvrage avaient nommé si justement le « sentiment de la situation »[6] –, qui constitue « le mode existential fondamental dans lequel le *Dasein*, l'être-Là, est son « Là » »[7]. La disposition, loin de constituer seulement l'accompagnement « affectif » d'un voir ou d'un faire, est au

1. *Cf.* Sophocle, *Théâtre complet*, Paris, Flammarion, 1964, p. 77. C'est également la traduction de P. Mazon, Paris, Les Belles Lettres.

2. *Cf.* H. Jonas, *Der Prinzip Verantwortung*, Francfort, Suhrkamp Taschenbuch, 1984, p. 17.

3. *Cf.* M. Heidegger, *Lettre sur l'« humanisme »*, trad. R. Munier, Paris, Aubier Montaigne, 1964, p. 151. <Nous corrigeons ici – et il faudrait corriger une fois pour toutes – la traduction française du titre de la *Lettre : Brief über den « Humanismus »*.>

4. *Ga.*, 53, p. 85.

5. Terme qui renvoie à la racine indo-européenne **kei*, être couché, qui a donné le verbe grec κεῖμαι, qui a la même signification.

6. Cf. *L'Être et le Temps*, traduit par R. Boehm et A. de Waelhens, Paris, Gallimard, 1964, p. 301, où les traducteurs, dans la note relative à la page 134 de l'original allemand, expliquent que Heidegger rapproche dans le mot *Befindlichkeit* les deux significations du verbe réflexif *sich befinden*, qui veut dire d'une part « se sentir » et d'autre part « se situer ».

7. *SuZ*, § 29, p. 139. *Dasein* sera constamment traduit dans ce qui suit, comme le fait d'ailleurs Gilbert Kahn lui-même, par « être-Là », la majuscule indiquant que le sens à donner ici à « là » est celui de l'ouverture à l'être, et ne désigne pas le pur être *de facto* de l'homme. Sur le problème de la traduction de *Dasein*, je renvoie à *Heidegger et la question anthropologique, op. cit.*, p. 11 et 19.

contraire ce par quoi nous découvrons primairement le monde. Et l'angoisse est cette disposition insigne où ce *pour quoi* on s'angoisse, à savoir l'être dans le monde comme tel, est aussi ce *devant* quoi on s'angoisse[1]. L'angoisse, contrairement à la peur, apparaît en effet comme indéterminée, sans objet assignable, car « ce qui angoisse dans l'angoisse, c'est le monde comme tel »[2]. Ce avec quoi l'être-Là rompt dans l'angoisse, c'est avec la *familiarité* qui caractérise l'être-dans-le-monde quotidien. C'est ce lien avec le monde qui subit une modification : l'être-dans, qui dans la quotidienneté a le sens d'un habiter, acquiert la modalité existentiale du non-chez-soi (*Un-zuhause*), ce qui implique que l'expérience du ne pas être chez soi, de l'« étrangeté » (*Unheimlichkeit*), est encore une manière d'avoir un rapport essentiel au monde. Cette manière d'être-dans-le-monde sur le mode de l'étrangeté est cependant, du point de vue existential et ontologique, « le phénomène le plus originel »[3] à partir duquel il peut y avoir quelque chose comme un être-dans-le-monde sur le mode de la familiarité. La fuite qui caractérise ce que Heidegger nomme la *Verfallenheit*, l'être-déchu, est donc fuite *vers* la familiarité *devant* l'étrangeté de l'être-Là en tant précisément qu'il est *jeté* comme Là dans le monde. Remarquons donc que, déjà en 1927, Heidegger voit dans la familiarité un mode de l'étrangeté (de l'*Unheimlichkeit*) foncière et originaire du *Dasein, de l'être-Là,* ce qui implique que ce dernier ne trouve jamais sa véritable *Heimat,* son véritable « lieu natal » que dans le ne pas-être chez soi. Or c'est la même thématique, celle de l'*Unheimlichkeit*, de l'étrangeté et du ne pas être chez soi de l'être-Là en ce qu'il a de propre, que Heidegger développe non seulement dans son cours inaugural de 1929, sous le titre de *Qu'est-ce que la métaphysique ?,* où l'analyse de l'angoisse est approfondie, mais aussi dans l'*Introduction à la métaphysique* de 1935, au moment même où Heidegger commence à voir dans l'*Heimatlosigkeit*, l'absence de lieu natal, comme il l'écrira en 1946 à Jean Beaufret, un « destin mondial », celui d'une modernité qui a atteint au plus profond « oubli de l'être »[4].

C'est en effet dans cette perspective, celle de la question cruciale de savoir si l'être n'est qu'un mot et sa signification une vapeur, comme le prétend Nietzsche dans le *Crépuscule des idoles* (39; *44*), ou au contraire « le destin spirituel de l'Occident » (40; *46*) qu'il faut situer l'interpré-

1. *SuZ*, § 40, p. 188.
2. *Ibid.*, p. 187.
3. *Ibid.*, p. 189.
4. M. Heidegger, *Lettre sur l'« humanisme »*, *op. cit.*, p. 100 *sq.*

tation, articulée en trois parcours différents, que Heidegger entreprend du premier chœur de l'*Antigone* de Sophocle[1].

Dans le premier parcours, Heidegger commence par mettre lui-même l'accent sur une autre ambiguïté du sens du mot δεινόν, qui, explique-t-il, désigne d'une part le *Furchtbare,* ce qui provoque la frayeur *(Furcht)* et qui, en tant que puissance subjuguante[2], est l'origine aussi bien de la terreur panique que de la crainte cachée, et d'autre part le *Gewalt-tätige*, le faisant-violence, ce dont l'usage de la puissance *(Gewalt)* constitue non seulement le trait fondamental de son action, mais aussi de son être-Là. L'homme est ainsi doublement δεινόν, non seulement parce qu'il appartient au domaine de l'étant, qui est en lui-même la puissance subjuguante, mais aussi parce qu'en portant à l'ouvert la puissance de l'étant, il fait lui-même usage de puissance contre ce qui le subjugue ainsi. On comprend alors qu'il puisse être dit τὸ δεινότατον, « ce qu'il y a de plus violent ».

Il reste cependant à expliquer pourquoi δεινόν est traduit ici, au risque d'affaiblir son sens premier, par « *unheimlich* ». Heidegger insiste au contraire sur ce qu'a de « décisif » cette traduction, l'*Unheimlich* devant être compris, au sens littéral, comme ce qui jette l'homme hors de ce qui lui est familier *(heimisch)*, ce qui l'empêche de « rester dans son élément »[3]. Car ce qui le pousse à sortir des limites de ce qui lui est familier et habituel, c'est bien la puissance subjuguante de l'étant contre laquelle il fait lui-même usage de puissance. Dans *Être et temps,* Heidegger mettait déjà l'accent sur le fait que la vérité « doit toujours tout d'abord être arrachée par la lutte *(abgerungen)* à l'étant » et que ce dernier doit être lui-même « arraché à l'occultation », de sorte que la mise à découvert de l'étant « est toujours un *rapt* », comme l'indique bien le terme *privatif* ἀ-λήθεια dont usent les Grecs pour exprimer la vérité[4]. Et dans *Qu'est-ce que la métaphysique ?,* il expliquait que dans l'angoisse « on ressent une inquiétante étrangeté *(ist es einem unheimlich)* » et que nous faisons ainsi l'expérience

1. On ne procédera ici qu'à une analyse de l'interprétation que donne Heidegger de ce chœur, sans entrer dans la discussion du bien-fondé de la traduction qu'il en propose.

2. Gilbert Kahn traduit, non sans pertinence, *überwältiges Walten* par « perdominance prépotente ». Tout le lexique ici mis en jeu renvoie au verbe *walten* (régner, gouverner) dont il faut rappeler qu'il provient de la même racine indo-européenne que le *valere* latin, qui veut dire « être fort, puissant », le mot *Gewalt* signifiant en allemand la puissance, la force, et *Gewalttätigkeit* plus précisément la violence.

3. C'est ce qu'il soulignera de manière encore plus explicite dans son cours de 1942 en précisant qu'il entend l'*Unheimlich* dans la direction du non-habituel *(Nicht-geheuren)* « au sens de ce qui ne se sent pas chez soi *(daheim)*, – de ce qui n'est pas chez soi *(heimisch)* dans le chez soi *(Heimischsein)* » (*Ga.*, 53, p. 87).

4. *SuZ*, § 44, p. 222.

d'un « recul de l'étant dans son ensemble », de sorte que dans cette « dérive de l'étant », « il ne reste rien comme appui »[1]. Cette expérience d'un « dé-paysement » est en effet la révélation de « la parfaite étrangeté *(Befremdlichkeit)* jusqu'alors cachée » de l'étant qui se révèle à nous comme « le radicalement autre »[2], étrangeté qui, lorsqu'elle nous assaille, suscite l'étonnement[3] et est ainsi à l'origine même de la question fondamentale de la métaphysique « pourquoi y a-t-il quelque chose et non pas plutôt rien » dont part le cours de 1935. Dire donc de l'homme qu'il est ce qu'il y a de plus *unheimlich*, c'est dire à la fois qu'il est ce qu'il y a de plus « inquiétant », *unheimlich* ayant le sens en allemand courant de ce qui inspire de l'angoisse, mais aussi qu'il est ce qu'il y a de plus dépourvu de « chez soi », de lieu propre et de familiarité avec ce qui l'entoure. Or c'est en précisément en cela que Heidegger voit « la véritable définition *grecque* de l'homme » (160; *165*).

C'est dans une autre parole du chœur, l'expression παντοπόρος ἄπορος (v. 360) qu'il découvre une interprétation de cette définition de l'homme. Ce n'est pas en effet seulement parce qu'il se fraye en tous sens et partout (πάντη) une voie (πόρος) à l'intérieur de l'*Unheimlichkeit*, de l'étrangeté de l'étant, qu'il est lui-même ce qu'il y a de plus *unheimlich*, de plus étrangement inquiétant, mais bien parce que, ce faisant, il ne trouve nulle issue, il aboutit à l'aporie, et que, se voyant ainsi privé de tout rapport avec la quiétude familière, il donne prise à l'ἄτη (v. 185), à cette ruine et à ce malheur qui est le cœur même de la tragédie. Une troisième parole saillante, ὑψίπολις ἄπολις (v. 370), qui unit de la même façon des contraires, renvoie à ce lieu historial[4] et non seulement politique au sens étroit du terme qu'est la *polis*, où advient la violence créatrice des hommes, qui sont à la fois au plus haut dans le site historial (ὑψίπολις) et pourtant sans assise historiale, ἄπολις, c'est-à-dire sans foyer, *unheimlich*, précisément parce qu'il leur faut tout d'abord le fonder.

Dans le second parcours, il s'agit de prêter attention à la manière dont se déploie l'être de l'homme en tant que δεινότατον. Il est d'abord question

1. M. Heidegger, « Qu'est-ce que la métaphysique? », *Questions I*, Paris, Gallimard, 1968, p. 58 (traduction modifiée).

2. *Ibid.*, p. 61-62.

3. *Ibid.*, p. 71.

4. On reprend ici la traduction de *geschichtlich* par historial proposée par Henri Corbin dans sa traduction en 1938 d'extraits de *Être et temps*, dans M. Heidegger, *Qu'est-ce que la métaphysique ?* Paris, Gallimard, 1938 car elle permet de rendre compte de la distinction faite par Heidegger entre *Geschichte* (l'histoire en tant que processus réel) et *Historie* (la science historique).

de ces domaines de la puissance subjuguante que sont la mer, que l'homme affronte dans la tempête, et la terre, dont il dérange le calme et la croissance. Puis de l'ensemble des êtres vivants, qui contrairement à l'homme, qui leur fait violence et les arrache à leur ordre, s'insèrent dans la puissance subjuguante maritime et terrestre. Une telle description, Heidegger y insiste, est celle d'un commencement de l'histoire auquel il ne s'agit pas d'appliquer les catégories de l'ethnologie, car loin d'être ce qu'il y a de plus primitif et de plus maladroit, il est au contraire ce qu'il y a de plus étrangement inquiétant et de plus puissant. C'est pourquoi le mystère d'un tel commencement ne peut nullement être approché par une science historique empruntant sa méthode aux sciences de la nature, mais uniquement par une mythologie (165; *169*). Ce qui reste ici une indication énigmatique sera développée dans la longue réinterprétation du même chœur d'Antigone qu'entreprend Heidegger dans son cours de 1942[1]. Heidegger y explique que la mythologie n'est pas un stade primitif du savoir, mais bien au contraire « le « processus » historial dans lequel l'être lui-même vient poétiquement à l'apparaître »[2], ce qui manifeste l'entre-appartenance originelle de la poésie et de la pensée et interdit de considérer, comme on le fait habituellement, que la pensée philosophique libère de tout son contenu mythique la poésie mythologique et en traduit la teneur restante en froids concepts. La pensée ne consiste pas, aux yeux de Heidegger, en la « démythisation » du mythe, car cela laisserait faussement supposer que la pensée existe déjà, toute faite, à l'intérieur de la poésie et qu'il suffirait donc de l'en extraire. Une telle perspective, précise Heidegger, qui est celle de l'époque dite des « Lumières », appartient à la métaphysique et s'annonce d'ailleurs déjà dès l'apparition de la philosophie, comme le montre la position adoptée par Platon à l'égard des poètes. Que la pensée ne s'identifie pas à la pensée métaphysique qui est celle d'une démythisation du poétique, c'est précisément ce que qu'atteste la pensée grecque initiale, celle des Présocratiques ou des tragiques.

Car tout comme il s'agit de ne pas considérer que l'homme et la nature constituent des domaines séparés, il faut considérer que la parole (φθέγμα), dont il est question tout de suite après (v. 353), n'est nullement une propriété de l'homme et appartient elle aussi, tout autant que la mer et la terre, à la puissance subjuguante de la φύσις. Le langage n'est pas en effet une création de l'homme, et Heidegger refuse ici de traduire le terme ἐδιδάξατο (v. 355) par « il s'est enseigné sans maître », comme le fait par

1. Cf. *Ga.*, 53, p. 63-152.
2. *Ibid.*, p. 139.

exemple Pignarre, car, explique-t-il, ce mot « ne signifie pas : l'homme a inventé, mais : il s'est trouvé dans ce qui le subjugue et ne s'est trouvé lui-même en tant que puissance d'un tel agir qu'en celui-ci » (166; *171*). Car il n'est de mer, de terre et d'animal, c'est-à-dire de déclosion de l'étant *en tant qu*'étant que par la puissance d'un agir qui ne consiste pas pour l'homme à exercer un pouvoir qu'il serait seul à posséder, mais au contraire à entrer dans l'étant pour en dompter et ajointer les puissances. Cette puissance d'agir, cette violence, est celle par laquelle l'homme se fraie de multiples chemins dans l'étant, et, comme le proclame hautement Sophocle, seule la mort peut lui faire échec. Mais celle-ci, qui l'expose définitivement à l'absence de chez soi, n'est pas, comme Heidegger l'a montré dans *Être et temps*, ce qui met un terme à l'existence, mais ce en quoi l'homme se tient constamment et essentiellement[1], de sorte que son existence, son être-Là, est *die geschehende Un-heimlichkeit selbst,* « l'avènement de l'absence de chez soi elle-même » (167; *172*).

La mort est ainsi, en tant que telle, la limite interne du projet poétique de l'être en même temps que de celui de l'être-homme lui-même. C'est pourquoi la suite du chœur consiste simplement en la reprise du même motif fondamental, qui est celui de l'homme défini comme δεινότατον. Or ce qui caractérise la puissance d'agir et la violence de l'homme, c'est ce que les Grecs nomment τέχνη, mot qui, selon Heidegger, ne signifie pas fabrication, mais savoir. Car ce qui définit le savoir, c'est la vue par delà le préexistant, la prise en vue de l'être par delà l'étant, afin de le porter à la présence et à la stance dans une œuvre. C'est là ce que Heidegger à la même époque explique également dans ses conférences sur *L'origine de l'œuvre d'art* : l'œuvre d'art, qu'il faut donc comprendre à partir de l'essence de la τέχνη grecque, « porte à l'œuvre *(er-wirkt)* l'être dans un étant » (168; *173*) de sorte qu'en cette œuvre c'est la φύσις elle-même qui vient au paraître. Or une telle conception de l'œuvre d'art, Heidegger la tire tout entière de la poésie pensante de Hölderlin, ce qu'il reconnaît de manière plus explicite dans les cours qu'il lui consacre de 1934 à 1942. Pour Hölderlin en effet, l'être humain dépend du tout, de la nature, mais inversement, la nature dépend aussi de l'être humain, car elle ne peut apparaître qu'à travers son activité poétique. C'est ce que Hölderlin nomme un « paradoxe » dans une lettre à son frère datée de juin 1799 où il affirme que « le besoin formatif et artistique [...] est un véritable service que les hommes rendent à la

1. Cf. *SuZ*, § 48, p. 245 : « Le finir auquel renvoie la mort ne signifie pas un être-à-la-fin du *Dasein,* mais un être *pour la fin* de cet étant. La mort est une manière d'être que le *Dasein* assume aussitôt qu'il est : "Aussitôt qu'un homme vient à la vie, il est déjà assez vieux pour mourir" ».

nature »[1]. La nature n'est pas sous la domination de l'homme qui ne peut jamais la soumettre à son pouvoir, mais elle a néanmoins *besoin* de l'homme, auquel elle donne la mission de favoriser et de compléter son propre développement. Car elle ne peut pas apparaître par elle-même, sa force ne peut se manifester de manière immédiate, elle requiert pour cela quelque chose de plus faible qu'elle, à savoir l'art de l'homme. C'est précisément ce que Hölderlin explique dans le petit texte intitulé « La signification des tragédies », texte tardif qui a probablement été rédigé en 1803, à l'époque où Hölderlin travaillait à l'édition de ses traductions des tragédies de Sophocle[2]. Or il en va de même pour Heidegger : la puissance d'agir et la violence de l'homme est tout entière empruntée à celle de la φύσις, qu'il retourne ainsi contre elle-même. Il s'agit donc bien dans la τέχνη, dans le savoir, d'un combat interne à la φύσις elle-même qui venant à l'apparaître dans l'œuvre se voit ainsi tirée hors de sa fermeture initiale.

Mais le terme δεινόν renvoie aussi et d'abord à la puissance subjuguante elle-même, à la φύσις. Ici ce n'est pas au terme de τέχνη, mais à celui-ci de δίκη que les Grecs font appel pour la caractériser. Il ne s'agit cependant pas de traduire ce terme, comme on le fait habituellement, par « justice », en réduisant ainsi sa signification au domaine juridico-moral, mais bien, en lui restituant ainsi son contenu métaphysique fondamental, par *Fug*, ajointement et ordonnancement[3], au double sens actif et passif de ce terme : ce qui ajointe et ce qui est ajointé, *das fügende Gefüge* (169 ; *174*). On a ainsi rendu compte du double sens du δενόν, qui renvoie à la fois à la puissance d'agir et la violence de l'homme et à la puissance subjuguante de la φύσις. Ainsi τέχνη et δίκη se tiennent-elles face à face non pas comme deux choses séparées, mais comme l'alternance entre soulèvement de la τέχνη contre la δίκη, l'ajointement qui, de son côté, dispose de la τέ'νη.

Ce qui apparaît donc clairement maintenant, c'est le rapport réciproque entre les deux sens antérieurement distingués du δεινόν, la puissance subjuguante de la *φύσις* et la violence de l'agir humain. La déchirure *(Riss)* par laquelle l'être est mis en œuvre dans l'étant ne permet pourtant à l'homme, comme Hölderlin l'a bien compris, aucune maîtrise de sa puissance subjuguante. C'est ce que Heidegger, citant un autre des grands

1. Hölderlin, *Œuvres*, « Bibliothèque de la Pléiade », Paris, Gallimard, 1967, p. 711.

2. Je me permets de renvoyer à ce sujet à mon livre, *Hölderlin, Le retournement natal*, La Versanne, Encre Marine, 1997, en particulier aux pages 119-135 sur « La tragédie de la nature ».

3. Que *Fug* ou *Fuge* soit le nom même de l'être en tant que φύσις, c'est ce qu'attestent les textes du milieu des années trente et en particulier ce passage du cours du semestre d'hiver 1941-42, *Hölderlins Hymnen « Andenken »*, *Ga.*, 52, p. 100 : « Nous nommons ajointement *(Fuge)* l'être dans lequel tout étant se déploie »

tragiques, Eschyle, mettait déjà en évidence en 1933 dans son *Discours de Rectorat.* Il se proposait là en effet de déterminer l'essence de la science, et c'est pour ce faire qu'il citait le vers 514 du *Prométhée enchaîné* : τέχνη δ'ἀνάγκης ἀσθενεστέρα μακρῷ, qu'il traduisait ainsi : « mais le savoir est bien plus faible que la nécessité »[1]. Et il parlait à cet égard déjà de la « faiblesse créatrice du savoir » qui, parce qu'il échoue en œuvrant *(wirklich versagt)*, permet justement à l'étant de s'ouvrir « dans son insondable immuabilité ». Ici, en 1935, il souligne plus fortement encore que tout domptage par la violence de la puissance subjuguante de la φύσις est ou victoire ou défaite, mais que toutes deux sont menacées d'aller à la ruine, car celui qui fait usage de violence, le créateur, celui qui tente d'obtenir l'être par la lutte, se tient constamment dans le risque (τόλμα, v. 371) et doit nécessairement s'exposer à la menace de la dis-jointure *(Un-gefüge)* et du dés-ordonnancement *(Unfug).*

Dans le troisième parcours, Heidegger se propose d'aller au-delà de ce qui est immédiatement dit dans ce chœur, et donc d'user lui-même de violence pour faire apparaître ce qui y est dit en dehors des paroles mêmes et qui n'est autre que ce qu'indique le vers d'Eschyle cité dans le *Discours de rectorat*, à savoir que, dans l'affrontement de τέχνη et δίκη, la violence de l'agir humain doit nécessairement se briser contre la puissance subjuguante de la φύσις. Or cette nécessité vient précisément de ce que la φύσις a besoin, pour apparaître, de la τέχνη. C'est donc à partir de cette nécessité qui est celle de l'être lui-même que la manière dont l'être-homme se déploie peut alors s'ouvrir à nous. On aboutit ainsi à une tout autre définition de l'homme que celle que nous livre la tradition : « L'être-Là de l'homme historial, cela veut dire : être exposé en tant que la brèche au sein de laquelle la puissance subjuguante de l'être fait irruption en apparaissant, afin que cette brèche (*Bresche*) elle-même se brise sur l'être » (172 ; *176-177*).

On peut comprendre alors pourquoi l'homme peut être dit le plus « *unheimlich* » : c'est parce qu'il ne sauvegarde la quiétude du foyer que pour s'en évader et permettre ainsi l'irruption de la puissance subjuguante de la φύσις. Il est jeté par l'être lui-même dans cette voie où il se voit forcé de maintenir l'être ouvert. Le créateur, celui qui use de violence, voit ainsi dans son propre déclin le consentement le plus profond à la puissance subjuguante de la φύσις. Car le véritable créateur sait que son œuvre, comme le dit Héraclite, n'est qu'une disjointure *(Unfug)* et un « tas de fumier » (σάρμα) et que ce n'est qu'en se brisant qu'elle peut laisser à la

1. M. Heidegger, *L'auto-affirmation de l'université allemande*, trad. par G. Granel, Mauvezin, TER, 1982, p. 9.

φύσις son ajointement (172; *177*). Le fragment 124 d'Héraclite, «le monde le plus beau est semblable à un tas de fumier répandu au hasard», a été cité un peu plus haut (142; *146*), et Heidegger voit en lui une attestation et non pas une infirmation de l'expérience grecque de l'être pour laquelle précisément la φύσις en tant que λόγος n'est pas immédiatement accessible et demeure cachée, comme cette ἁρμονία ἀφανής, cet unisson qui ne se montre pas, dont le fragment 34 dit qu'il est «plus puissant que celui qui est toujours manifeste». En tant qu'une telle brèche pour la déclosion de l'être ainsi mis en œuvre dans l'étant, l'être de l'homme n'est qu'un *incident, ein Zwischen-fall,* un événement qui s'intercale dans la φύσις et dans lequel soudain les puissances déchaînées de celle-ci se déploient et font leur entrée dans l'œuvre en tant qu'histoire. C'est ce que comprirent les Grecs, qui loin d'éluder la détresse *(Not)* dans laquelle ils se trouvaient, ne firent au contraire que l'accroître. Car pour Heidegger, les Grecs ne furent pas tant, comme le classicisme veut nous le faire croire, les éducateurs de l'humanité, que ceux qui ont eu le «profond pressentiment» de ce que requiert l'historial, à savoir la soudaineté de la violence par laquelle s'ouvre, de manière unique, ce site de l'être qui est aussi celui de l'homme. Heidegger rejoint ainsi une conception du «grand commencement de tout l'être-Là grec» qui fut déjà celle de Nietzsche, et qui n'a été dépassée que par Hölderlin (135; *139*). Dans son cours de 1942, Heidegger sera encore plus explicite à cet égard, en affirmant que l'hellénité a pour Hölderlin une autre détermination historiale que le monde grec pour le jeune Nietzsche, qui lui a d'ailleurs par la suite préféré la romanité, et que son rapport à la Grèce n'est ni classique, ni romantique, ni métaphysique, ce qui lui permettra d'entretenir avec elle un rapport authentique, lequel suppose la reconnaissance de ce qui l'oppose essentiellement à la germanité[1].

Il ne s'agit donc pas de porter un jugement moral sur l'orgueil et l'outrecuidance dont l'homme fait ainsi montre dans son soulèvement contre les puissances de la nature. C'est pourquoi il ne faut pas interpréter de manière négative les dernières lignes du chœur où il semble que le poète récuse implicitement une telle manière d'être homme, en proclamant que «de mon foyer il ne devienne pas un intime [...] l'homme qui accomplit cela». On a en effet coutume de considérer que Sophocle, fidèle en cela à l'esprit grec tel que le comprend le classicisme, condamne ainsi l'ὕβρις, la démesure de l'homme, et recommande au contraire la modération, la σωφροσύνη. Mais pour Heidegger, la sentence finale du chœur ne contredit pas ce qu'il a déclaré auparavant au sujet de l'être de l'homme. Le

1. Cf. *Gu.*, 53, p. 67.

chœur ne s'élève donc pas contre l'*Unheimlich*, contre l'absence de quiétude et de chez soi qui le caractérise, mais se borne à reconnaître qu'une telle manière d'être n'est pas celle de la quotidienneté. Cette distinction que fait ainsi le chœur entre une quotidienneté qu'il faut comprendre comme familiarité avec le monde environnant et l'être véritable de l'homme comme étranger à celui-ci rejoint celle que Heidegger a établi dans *Être et temps* entre quotidienneté « moyenne » et être en propre du *Dasein*[1]. Dans son cours de 1942, Heidegger revient longuement sur la question de l'interprétation à donner à la parole finale du chœur, dans laquelle on ne peut simplement voir une condamnation de l'homme en tant que δεινότατον, puisque l'héroïne, Antigone, a elle-même un rapport au δεινόν. Antigone est en effet celle qui prend en charge le δεινόν, qui en court le risque et l'endure, comme elle le dit à sa sœur Ismène[2], ce qui fait d'elle l'être humain le plus *unheimisch*, le plus dépourvu de lieu propre, de chez soi[3]. Prenant ainsi en charge le ne pas être chez soi, elle est « proprement » sans chez soi, ce qui veut précisément dire en quête du chez soi. Or ce que la parole finale du chœur répudie, c'est le non être chez soi impropre de l'aventurier, qui persiste dans le ne pas être chez soi, non celui d'Antigone, qui « tente l'impossible », comme le lui reproche sa sœur (v. 92), en se réclamant de lois non écrites (v. 454), c'est-à-dire, explique Heidegger, de ce qui seul donne au respect dû aux morts et à la primauté des liens du sang leur fondement et leur nécessité, à savoir l'être lui-même, le foyer véritable, auquel, par sa mort, elle fait retour[4]. L'interprétation que tente Heidegger de l'*Antigone* de Sophocle culmine en effet dans l'affirmation selon laquelle ἑστία, « foyer », au sens de lieu où brûle la flamme[5], est le mot grec pour « être », ce « rien » qui octroie à tout son pouvoir-être et qui ne peut qu'être dit dans le poème ou pensé dans la pensée[6]. Antigone est au sein de l'étant *die Unheimlichste*, celle qui y est la plus étrangère, la plus dépourvue de chez soi, précisément parce qu'elle se réclame *uniquement* de ce foyer qu'est l'être. Vue dans cette lumière,

1. Cf. *SuZ*, § 9, p. 43 *sq.*

2. L'expression παθεῖν τὸ δεινὸν τοῦτο (v. 95) sur laquelle s'appuie Heidegger est en effet traduit par Pignarre par « courir ce risque ».

3. *Ga.*, 53, p. 129.

4. *Ibid.*, p. 147.

5. *Ibid.*, p. 130. Heidegger souligne ici que la racine du mot ἑστία a le sens de « briller » et « brûler ». Il y aurait beaucoup à dire sur tout ce qui lie le discours heideggérien sur l'esprit et le rapport qu'il établit entre l'être, l'ἀλήθεια, la lumière et le feu, avant même la lecture qu'il propose, dans ses derniers textes, de la poésie de Trakl, comme l'a montré J. Derrida dans *De l'esprit* (Paris, Galilée, 1989, en particulier p. 158 *sq.*).

6. *Ibid.*, p. 150.

l'*Antigone* de Sophocle n'est donc rien autre que « le poème du parvenir au chez soi dans le ne pas être chez soi »[1].

Toute cette interprétation du premier chœur de l'*Antigone* de Sophocle a représenté, Heidegger le reconnaît lui-même, une sorte de digression. La question qui se pose alors est celle du rapport entre cette définition poétique de l'être de l'homme et la parole parménidienne qui dit l'entre-appartenance de l'être et de la pensée. La thèse de Heidegger est à cet égard la suivante : il y a entre le dire poétique et le dire philosophique une cohérence essentielle, ce qui veut dire que le rapport réciproque de τέχνη et δίκη dans le chœur sophocléen est la même que celle de νοεῖν et εἶναι dans le poème parménidien (174; *179*). Il faut donc, pour étayer cette thèse, d'abord montrer que δίκη, aussi bien chez Héraclite que chez Parménide, est bien le nom pensant de l'être, mais aussi, et cela est plus délicat, que l'appréhension, le νοεῖν, est quelque chose qui, dans sa co-appartenance avec l'être, fait usage de violence et relève de la nécessité d'un combat.

Heidegger commence par mettre en lumière ce qui constitue la violence interne de l'appréhension, à savoir le fait qu'elle est « décision *pour* l'être *contre* le néant et par là explication *avec* l'apparence », ce qui permet de penser qu'elle est « *arrachée par la lutte* à l'activité habituelle » (177; *182*). Il s'agit ensuite de montrer que l'appréhension est en communauté interne d'essence avec le λόγος. Heidegger s'appuie pour cela sur le début du fragment VI du poème parménidien, χρὴ τὸ λέγειν τε νοεῖν τ' ἐὸν ἔμμεναι, où λόγος et appréhension sont nommés ensemble et liés par la même nécessité. Il est par conséquent nécessaire de faire ici une distinction entre deux modes du λόγος, dont l'un en tant que rassemblement accompli *(Gesammeltheit)* et ajointement *(Fuge)* appartient à la φύσις elle-même, et l'autre en tant qu'acte de rassembler *(Sammlung)* est le faire de l'homme et obéit en tant que tel à la nécessité. Il apparaît clairement à partir de là que la détermination de l'homme qui s'accomplit au commencement de la philosophie occidentale ne consiste pas en la saisie des propriétés par lesquelles il se distingue des autres êtres vivants, mais uniquement en la relation qu'il entretient avec l'ensemble de l'étant. L'être de l'homme, son *Wesen*[2], se déploie comme la relation qui l'ouvre à l'être, et cette relation qui est *besoin*

1. *Ibid.*, p. 151.

2. Le terme *Wesen*, tel que le comprend Heidegger, ne peut qu'imparfaitement être traduit par « essence » et ne renvoie nullement à l'invariance d'une espèce, mais à la manière éminemment temporelle dont une chose déploie son être. Comme il l'explique dans sa conférence de 1953 sur « La question de la technique » (*Essais et conférences*, Paris, Gallimard, 1958, p. 41), ce terme doit être compris à partir du verbe *wesen* qui a le même sens que *währen*, durer.

d'appréhension et de rassemblement le contraint à la liberté qui, de son côté, prend en charge la τέχνη, c'est-à-dire la mise en œuvre de l'être. Le λόγος pro-duit ainsi le non-occulté – comme Platon, qui définit le λόγος comme δηλοῦν, comme un rendre manifeste, et Aristote, qui le caractérise comme ἀποφαίνεσθαι, comme un amener-à-se-montrer, l'ont, à la suite d'Héraclite, bien compris –, et, en tant qu'il devient le faire nécessaire de l'homme, il détermine alors l'essence de la langue. Or celle-ci, comme l'a montré le chœur d'*Antigone*, n'est pas une invention humaine, elle ne peut avoir trouvé son origine que dans l'irruption de l'homme dans l'être et donc à partir de la puissance subjuguante de la φύσις et de son *Unheimlichkeit*. Dans la mesure où en elle l'être devient parole, elle est poésie, c'est-à-dire ce qui donne forme à l'étant. Car le mot, la nomination, replace dans son être l'étant qui se presse dans sa puissance subjuguante immédiate, et lui octroie la constance et la délimitation. Il est ainsi lui-même, en tant que ce qui ouvre l'être, un faire-violence à l'origine de ce rassemblement second qui est le fait de l'homme, lequel devient ainsi le rassembleur de l'être, celui qui assume et accomplit la prise en main de la puissance subjuguante, sa régie, sa *Verwaltung* (181 ; *186*). Mais ce faire-violence est précisément ce qu'il y a de plus *unheimlich*, et là où la langue accomplit le domptage de la φύσις, il y a aussi nécessairement déliaison et perte, ce qui implique que la langue peut aussi devenir *Ge-rede*, ce discours *(Rede)* rassemblé sur lui-même de telle sorte qu'il ne permet nul retour à la chose dont il parle[1] et qu'il recouvre ainsi l'être au lieu de l'ouvrir.

Il en découle que le langage de la quotidienneté ne vient à sa vérité que lorsqu'il est mis en rapport avec le λόγος en tant que dimension de la φύσις. C'est ce qui donne au λέγειν et à l'appréhension propres à l'homme son caractère de rassemblement. C'est la raison pour laquelle le λέγειν humain doit se détourner de tout *Gerede,* et être au contraire, comme Parménide le suggère, l'instrument de la discrimination, du κρινεῖν par lequel l'être est distingué de la simple apparence. C'est de cette manière que le λόγος devient le fondement de l'être-homme. C'est donc dans le poème de Parménide qu'on trouve la toute première détermination de l'être-homme, qui est la suivante : « Être-homme, c'est *prendre en charge* le rassemblement, l'appréhension rassemblante de l'être dans l'étant, la mise en œuvre dans le savoir de l'apparaître et ainsi *prendre en main* la non-occultation, la *préserver* de l'occultation et du recouvrement » (183 ; *188*).

Pour Heidegger, une telle définition initiale de l'être de l'homme, qu'il qualifie de décisive, n'a pu être maintenue, comme le montre bien la

1. Cf. *SuZ*, § 35, p. 169.

définition de l'homme comme être vivant raisonnable qui devint par la suite courante pour tout l'Occident. Il advint ainsi un étrange renversement qui devient patent si l'on met en regard l'un de l'autre d'une part la définition traditionnelle : ἄνθρωπος = ζῷον λόγον ἔχον, l'homme en tant que vivant ayant en partage la raison, et d'autre part la formule que l'on peut donner du commencement grec : φύσις = λόγος ἄνθρωπον ἔχων, l'être, la puissance subjuguante de l'apparaître, a besoin du rassemblement qui possède l'homme et le fonde.

Un tel renversement est-il le résultat d'une interprétation arbitraire, conséquence d'une méthode exégétique, celle de Heidegger, dont la partialité et la violence sont devenues proverbiales ? C'est là la question que pose Heidegger lui-même. Il reconnaît certes qu'ici un saut est exigé, mais que celui-ci, qui provient d'une interprétation véritablement questionnante, est lui-même rendu nécessaire « à partir de la détresse et du besoin *(Not)* de l'être-Là historial » (185 ; *190*). Il ne s'agit en effet pas ici d'une enquête relevant de la science historique et concernant les conceptions que l'on peut se faire de l'homme en Occident, mais d'un questionnement métaphysique par lequel « notre être-Là est convoqué devant son histoire » et appelé en elle à la décision (48 ; *54*). Cette détresse et ce besoin, ce sont donc les nôtres, à nous qui questionnons, car, comme Heidegger l'a souligné avec force dans son cours inaugural de 1929, « nulle question métaphysique ne peut être posée sans que celui qui questionne – comme tel – ne soit lui-même compris dans la question, c'est-à-dire mis en question »[1]. C'est donc dans la mesure où celui qui questionne ne demeure pas extérieur à la question qu'il pose qu'il peut être amené à s'écarter des représentations habituelles que l'on se fait de l'être-homme.

Ce qu'il s'agit en effet de comprendre, à la suite de Hölderlin, c'est que la violence exercée *contre* la φύσις est toujours en même temps une violence exercée *pour* elle. Il n'y a donc ici nul amour de la violence pour la violence, mais au contraire la prise en compte de la possibilité, dans cet usage de la violence, de n'accomplir pleinement la prise en main, la maîtrise, de la φύσις que lorsque lui est assurée l'occultation et que lui est ainsi refusée en quelque sorte toute possibilité d'apparaître. Car en un tel refus, qui est en réalité la plus haute reconnaissance possible de celle-ci, consiste la présomption même du faire-violence, qui parvient alors à tenir en échec, en lui fermant le lieu de son apparaître, la puissance subjuguante de la nature. Mais cela n'est possible, pour l'être-Là, que par le renonce-

1. M. Heidegger, « Qu'est-ce que la métaphysique ? », *Questions I*, *op. cit.*, p. 48 (traduction modifiée).

ment au déploiement de son être, ce qui veut dire pour lui : sortir de l'être ou n'y jamais entrer. Heidegger s'appuie ici sur un passage d'un chœur de l'*Œdipe à Colone* de Sophocle (vv. 1224 *sq.*), passage que Hölderlin a placé en exergue au second volume de l'*Hypérion* : « Le meilleur est de n'être pas né ; mais pour qui est apparu, ce qu'il y a de mieux ensuite, c'est de retourner aussitôt que possible là d'où il est venu »[1]. Voici comment Heidegger traduit pour sa part le premier vers de ce passage : μὴ φῦναι τὸν ἅπαντα νικᾷ λόγον : « ne jamais être entré dans l'être-le-là prévaut sur l'être rassemblé de l'étant dans son ensemble. » Il y voit, à travers le mot φῦναι (être né) le fait que l'homme est ici pensé en relation avec la φύσις, alors que le mot λόγος exprime l'ajointement des puissances de celle-ci. Il en conclut que « cette parole poétique énonce le rapport le plus intime de l'être-Là à l'être et à son ouverture, par le fait de nommer le plus grand éloignement par rapport à l'être, le non être-Là » (186 ; *191*). C'est en effet cela qui constitue la possibilité la plus *unheimlich* de l'homme : briser, en usant de la plus haute violence contre lui-même, la surpuissance de l'être. Que l'être-Là doive se briser contre l'être, cela est en effet ce qui le caractérise au plus profond. Heidegger reprendra le même motif et se l'appliquera à lui-même en 1946 dans la *Lettre sur l'« humanisme »* lorsque, répondant à ceux qui prétendent que la tentative de *Être et temps* a abouti à une impasse, il déclare qu'à une pensée qui échoue, qui se heurte à la dureté de la chose qu'elle cherche à penser, à savoir en ce qui le concerne la vérité de l'être, n'advient aucun malheur, mais au contraire « l'unique don qui puisse lui venir de l'être »[2].

Car il ne s'agit pas de considérer que les Grecs, s'ils ont bien pensé cela, sont tombés dans le pessimisme. Pessimisme et optimisme relèvent en effet d'une interprétation de l'existence qui consiste à la considérer du point de vue des profits ou des pertes auxquelles elle peut donner lieu. Ce point de vue, qui est celui de Schopenhauer lorsqu'il déclare que « la vie est une affaire qui ne couvre pas ses frais » (186 ; *191*), ne s'applique pas aux Grecs, comme Hölderlin et Nietzsche l'ont bien compris, et comme sans doute Schelling ne l'a pas non plus ignoré. Heidegger, qui consacrera son cours de l'année suivante, pendant le semestre d'été 1936 à la question de la liberté chez le jeune Schelling[3], ne fait pas mention de la conception de la tragédie que celui-ci expose schématiquement dans la dernière de ses *Lettres philosophiques sur le dogmatisme et le criticisme* de 1795, dans

1. *Cf.* Hölderlin, *Œuvres*, *op. cit.*, p. 1154, note de la page 212.

2. *Lettre sur l'humanisme*, *op. cit.*, p. 113.

3. *Cf.* M. Heidegger, *Schelling, Le traité de 1809 sur l'essence de la liberté humaine*, trad. par J.-Fr. Courtine, Paris, Gallimard, 1977.

laquelle il s'efforce de montrer que la tragédie grecque fut un hommage rendu à la liberté humaine. Ce fut une grande idée, explique-t-il, que « de prendre sur soi volontairement le châtiment même pour un crime *inévitable*, afin de témoigner, jusque dans la perte de sa liberté, de cette liberté même, et de succomber tout en proclamant sa libre volonté »[1]. Pour Schelling, le héros tragique n'accepte pas de voir dans certaines de ses actions l'effet de la seule fatalité et choisit d'être responsable de tout ce qu'il a fait, même de ce qu'il n'a pas conscience d'avoir fait, comme c'est le cas d'Œdipe, parce que c'est la seule manière pour lui d'avoir accès au niveau d'une liberté absolue et de s'identifier avec le destin. Mais il ne peut le faire qu'en mourant, de sorte qu'il gagne une liberté absolue au moment même où il la perd. Il est à la fois vainqueur et vaincu : il s'identifie au destin, mais pour cela il doit perdre sa vie, sacrifier son individualité finie. Schelling en conclut qu'« aucun peuple plus que les Grecs n'est demeuré jusqu'ici fidèle au caractère de l'humanité »[2].

C'est la même conception de l'être-homme que Heidegger découvre lui aussi chez les Grecs. Ce qu'ils ont compris, souligne-t-il, c'est que « c'est le non-être-Là qui est la plus haute victoire sur l'être », car l'être-Là est constamment contraint par l'être à être le site de son apparaître, il est donc toujours lui-même soumis à la détresse de la défaite et de la résurgence de la violence faite à l'être (186/187-*192*).

Il ressort donc de tout cela que la question de l'être et celle de l'homme sont intimement liées et que le déploiement de l'être de l'homme doit être compris comme celui du « site dont l'être a besoin en vue de son ouverture » (214; *220*). Car l'homme est le Là ouvert en soi, dans lequel l'étant se tient et vient à l'œuvre. C'est la raison pour laquelle l'être de l'homme est, au sens strict du terme, le *Da-sein*, l'« être-Là ».

C'est donc en cette période où Heidegger tient apparemment un discours nationaliste à ses étudiants, en leur parlant de la nécessité de prendre en charge la mission historiale du peuple allemand en tant qu'il est « le milieu de l'Occident » (53; *60*) qu'il met l'accent, plus encore que dans *Être et temps*, sur le caractère foncièrement « apatride » du *Dasein*. Comment rendre compte de cette apparente contradiction ? Car il n'est pas possible, comme certains le voudraient, de distinguer ici, dans le discours heideggérien, le philosophique de ce qui relèverait de l'idéologie ambiante : Heidegger insiste en effet, comme nous l'avons vu, sur la profonde indissociabilité du métaphysique et de l'historial.

1. *Cf.* Schelling, *Premiers écrits*, trad. par J.-Fr. Courtine, Paris, P.U.F., 1987, p. 209.
2. *Ibid.*

C'est ici à nouveau la figure de Hölderlin qu'il faudrait invoquer et du sens que celui-ci a donné à ce qu'il nomme dans les *Remarques sur Antigone vaterländische Umkehr*, ce « retournement natal » auquel il invite les Hespériens, les habitants de ce pays du soir qu'est l'Occident, et qui n'a nullement le sens de l'exaltation d'un patriotisme au sens étroit[1]. Dans son cours de 1942, Heidegger met l'accent sur le fait que l'unique souci du poète, c'est de parvenir à se sentir chez soi dans ce qui lui est propre, ce qui implique précisément que le chez soi ne soit pas une donnée de départ et qu'il faille d'abord pour y atteindre passer par une explication avec l'étranger[2]. C'est bien en effet ce que Hölderlin déclare à son ami Böhlendorff auquel il écrit en 1801 que « ce qui est propre, il faut l'apprendre tout comme ce qui nous est étranger » et que par conséquent « le plus difficile, c'est le *libre* usage de ce qui nous est *propre* »[3]. De la même manière, Heidegger insiste sur le fait qu'un peuple historial n'est jamais par lui-même « chez lui *(beheimatet)* dans sa propre langue » et qu'il « n'est qu'à partir du dialogue entre sa langue et les langues étrangères »[4]. Le chez soi et le non chez soi, le propre et l'étranger demeurent ainsi intimement en relation. C'est pourquoi il faut bien voir que l'absence de chez soi est secrètement habité par le désir et la recherche d'un chez soi, et que celui-ci demeure présent de manière privative dans l'absence de chez soi lui-même, ce qui ne veut cependant pas dire qu'il faille comprendre cela de manière chrétienne, comme le résultat de l'expulsion de l'homme hors du paradis et la recherche d'une rédemption, pas plus que de manière dialectique, comme c'est le cas dans la métaphysique de l'idéalisme allemand avec Schelling et Hegel[5]. Le négatif n'est en effet ni à éliminer, ni à surmonter, il doit, comme Hölderlin l'a compris, être *enduré*, car seul celui qui est proprement sans chez soi peut avoir une relation au foyer, à un foyer auquel on ne peut que faire retour sans jamais pourtant pouvoir coïncider avec lui.

Lorsque Heidegger en appelle donc en 1935 à un réveil spirituel des Allemands, c'est sous l'obédience de Hölderlin qu'il se met. Hölderlin dont il affirme à nouveau, en 1946, dans la *Lettre sur l'« humanisme »*, que ce qu'il nomme « *Heimat* », lieu natal, n'a pas un sens patriotique, mais relève uniquement de l'histoire de l'être, son seul souci étant « de faire accéder ses compatriotes à leur essence », sans la chercher « dans un égoïsme natio-

1. Je me permets de renvoyer à nouveau ici à mon livre, *Hölderlin, Le retournement natal, op. cit.*, en particulier p. 15-20.

2. *Ga.*, 53, p. 63.

3. Hölderlin, *Œuvres, op. cit.*, p. 1004.

4. *Ga.*, 53, p. 80.

5. *Ibid.*, p. 95.

nal », mais en la voyant plutôt « à partir de l'appartenance au destin de l'Occident », un tel Occident ne devant cependant pas être pensé géo-politiquement, mais uniquement « à partir de la proximité à l'origine »[1]. C'est une telle proximité à l'être, et elle seule, qui peut constituer la « patrie » de ces expatriés que sont par essence les humains, dont la tâche la plus urgente demeure celle de penser l'absence de patrie, l'*Unheimlichkeit* qui leur est propre.

1. *Lettre sur l'« humanisme »*, *op. cit.*, p. 97-99.

INDEX

PRÉSENTATION DES AUTEURS

Jean-François COURTINE, Professeur à l'Université Paris-Sorbonne (Paris-IV), Membre de l'Institut Universitaire de France, Directeur des Archives Husserl de Paris (UMR 8547, Ens-Cnrs).

Marc CRÉPON, Directeur de rercherches au CNRS (UMR 8547 – ENS-CNRS).

Françoise DASTUR, Professeur émérite de philosophie à l'Université de Nice Sophia-Antipolis.

Éliane ESCOUBAS, Professeur émérite à l'Université de Paris-XII Val de Marne.

Jean GREISCH, Professeur émérite à l'Institut Catholique de Paris, chercheur associé aux Archives Husserl de Paris (Ens-Cnrs).

Jean GRONDIN, Professeur à l'Université de Montréal.

Servanne JOLLIVET, Ancienne élève de l'École Normale Supérieure (Lyon), agrégée de philosophie, Servanne Jollivet achève actuellement une thèse consacrée à l'historisme, notamment chez Martin Heidegger, à l'Université de Paris-Sorbonne (Paris IV) et l'Université Humboldt de Berlin. Elle est également rattachée au Centre Marc Bloch de Berlin.

Martina ROESNER, Docteur en philosophie, chargée de cours à l'Université de Mayence (Allemagne), a travaillé notamment sur Heidegger et la phénoménologie allemande mais également sur les influences de la philosophie et de la mystique médiévales sur la pensée moderne.

Christian SOMMER, *Research fellow* de l'Alexander von Humboldt-Stiftung auprès de l'Albert-Ludwigs-Universität Freiburg.

Franco VOLPI, Professeur à l'Université de Padoue.

TABLES DES MATIÈRES

Imprimerie de la Manutention à Mayenne (France) – Juillet 2007 – N° 213-07
Dépôt légal : 3e trimestre 2007